大学生心理健康教育

DAXUESHENG XINLI JIANKANG JIAOYU

（微课版）

主　　编　令狐彩桃　冉龙彪

副主编　于　松　赵小青　帅懿芯

编　　委（以姓氏拼音为序）

陈姝殊　符虔　贺颖　金言　宋超

孙　丽　杨戈　汤满云　赵　明

中国纺织出版社有限公司

内 容 简 介

本书坚持育心与育德的有机统一，紧紧围绕大学生成长、成才过程中遇到的心理困惑和问题，对大学生思想、心理、行为的生理原因和心理原因进行分析，内容涉及大学生活适应与发展、自我意识与培养、学习心理与调适、人际关系、恋爱与成长、情绪管理、人格发展与心理健康、职业生涯规划及能力发展、挫折应对与压力管理、互联网与大学生心理健康、生命教育与心理危机应对等，旨在帮助大学生解决其面临的心理问题，注重其健康心理素质的提升，促进大学生的全面发展。

本书是一本融科学性、实用性和可读性于一体的大学生心理健康读物，就像一面镜子，能帮助你认识自我、了解自我，从而完善自我，成为更好的自己！

图书在版编目（CIP）数据

大学生心理健康教育／令狐彩桃，冉龙彪主编.--
北京：中国纺织出版社有限公司，2022.8（2024.6重印）
    ISBN 978-7-5180-9782-1

Ⅰ.①大… Ⅱ.①令…②冉… Ⅲ.①大学生—心理
健康—健康教育 Ⅳ.①G444

中国版本图书馆CIP数据核字（2022）第146396号

责任编辑：张 宏 责任校对：高 涵 责任印制：储志伟

中国纺织出版社有限公司出版发行
地址：北京市朝阳区百子湾东里A407号楼 邮政编码：100124
销售电话：010－67004422 传真：010－87155801
http://www.c-textilep.com
中国纺织出版社天猫旗舰店
官方微博 http://weibo.com/2119887771
北京印匠彩色印刷有限公司印刷 各地新华书店经销
2022年8月第1版 2024年6月第3次印刷
开本：787×1092 1／16 印张：17
字数：359千字 定价：40.00元

凡购本书，如有缺页、倒页、脱页，由本社图书营销中心调换

前　言
Preface

在经济高速发展的今天，社会正发生着复杂而深刻的变迁，人们的生活每天都在发生着变化，这些改变必然深刻影响着大学生的学习和生活。面对所肩负的责任和使命，当代大学生表现出了奋力拼搏、勇于担当的历史责任感和使命感。但同时社会竞争激烈、生活节奏加快、就业形势严峻等问题，也给大学生的心理健康带来了影响和冲击，并由此引发了大学生许多的心理问题和危机事件，大学生的心理健康问题已引起学校、家庭和社会的普遍关注。新形势下，如何提升大学生的心理素质和能力，已成为高校教育工作者需要认真研究和实践的新课题。

近年来，教育部党组印发了《高校思想政治工作质量提升工程实施纲要》《高等学校学生心理健康教育指导纲要》等文件，要求高校要切实加强对大学生的人文关怀和心理疏导，深入构建教育教学、实践活动、咨询服务、预防干预、平台保障"五位一体"的心理健康教育工作格局。明确提出创新心理健康教育教学手段，有效改进教学方法，通过线上线下、案例教学、体验活动、行为训练、心理情景剧等多种形式，激发大学生学习兴趣，提高课堂教学效果，不断提升教学质量。课堂教学是大学生心理健康教育的主渠道，如何进一步增强大学生心理健康课程的吸引力和影响力是高校心理健康教育工作者的重要任务，编写高质量的心理健康教育教材是其中的重要一环。

基于此，我们一直在探索一种适合大学生心理发展需要，符合大学生身心特点，真正使大学生爱学、学以致用，能够帮助大学生解除心理困惑、提升心理素质的心理健康教育课程。在大学生心理健康课上，我们认真聆听学生们的心声，感受学生们的内心，分享他们的快乐；在陪伴大学生成长的过程中，我们更加了解大学生的需求，也更加积极地进行着教育教学的改革与创新。今天，我们怀着一颗关怀大学生健康成长的心，肩负培养大学生成长成才的使命，在各位领导、老师和同行的关心下，在人民出版社已出版的《大学生心理健康》基础上，又编写了这本《大学生心理健康教育》。

本书共十二个章节，以目标为导向，以问题为出发点，注重引入学术前沿问题，融入课程思政，强化能力提升。既可以作为教师用书，也可以作为学生心理自助和助人用书。

本书由贵州大学心理健康教育咨询中心组织编写，系贵州省教育厅 2022 年高校思想政治理论课相关建设项目成果之一。令狐彩桃、冉龙彪担任主编，负责全书的筹划和审阅定稿工作。各章编写情况为第一章杨满云，第二章冉龙彪，第三章贺颖，第四章符虔，第五章赵小青，第六章帅懿芯，第七章陈姝殊，第八章赵明，第九章孙丽，第十章宋趁，第十一章金言，第十二章杨戈，统稿帅懿芯、赵小青，审校于松。在编写过程中，我们参阅了国内外有关心理健康教育的文献，并引用了一些专家学者的研究成果，在此一并表示感谢。

由于编写时间紧张，编者水平有限，疏漏与错误在所难免，敬请广大读者批评指正。

编　者

2022 年 8 月

目　　录
Contents

第一章　阳光心灵
——大学生心理健康导论

此区区心理合一之体，知行并进之功，所以异于后世之说者，正在于是。

——王守仁

【学习目标】

知识目标：掌握心理的实质；明晰大学生心理健康的标准；理解心理咨询的定义。

能力目标：关注自己的生理和心理发展特点，追求身心的全面协调发展。

情感与价值观目标：能主动进行心理调适，能够对心理异常与心理正常进行初步的识别，知道面对不同心理危机状况时的求助渠道与要点。

【本章重点】

1. 心理健康的评判标准。

2. 心理正常与心理异常的区分与诊断要点。

【思维导图】

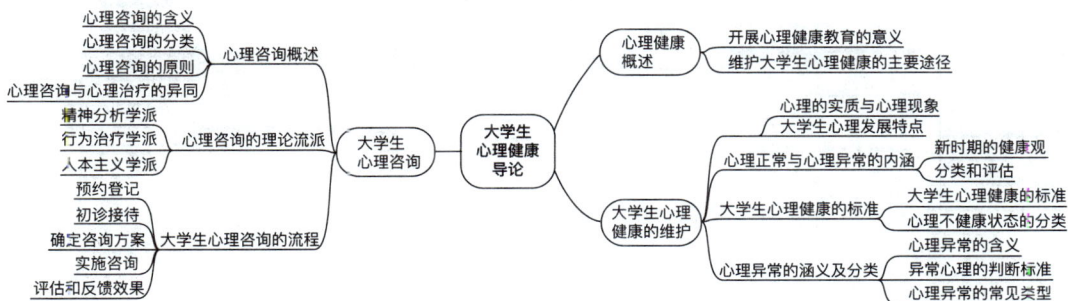

青春期是形成社交和情感习惯的关键时期。然而，随着信息技术的飞速发展处于青春期的大学生在身体、情感和社会方面都面临着新的变化与挑战。他们出现的焦虑、抑郁与心境状况问题日渐突出。《2021年世界儿童状况》报告显示，2020年，全球10～19岁青少年中有超过13%的人患有世界卫生组织定义的精神疾病。生命早期发生的事情影响青少年时期的健康和发展，青少年时期的健康和发展继而也影响成年时期，并最终影响下一代的健康和发展。基于此，重视大学生的心理健康教育，提高大学生的心理健康素养，让大学生掌握心理健康知识及情绪调适技巧，对于维护和提高他们的心理健康水平具有重要意义。

第一节　心理健康概述

一、心理的实质与心理现象

（一）心理的实质

心理是指实践活动中人脑对客观现实的能动反映。

首先，心理是脑的机能。心理活动是脑的高级机能的表现。脑的生理研究和临床观察证明，任何一种心理活动都和脑的某一部位有关。任何脑部位的损伤，在其生理机能变化的同时也会引起心理变化。离开脑这一物质基础，任何心理现象都不会发生。

【知识链接】

神经科学的传奇：菲尼亚斯·盖奇的意外

脑科学历史上，除了爱因斯坦和亨利·莫莱森（H.M.）的大脑，就属这位来自 19 世纪初美国大西部铁路公司一位名叫菲尼亚斯·盖奇的爆破工头的大脑最为著名。1848 年 9 月 13 日，当时 25 岁的盖奇带领其他工友，负责炸开掉在铁轨上妨碍火车运行的大石头。工人们因为分心没有铺上防炸的泥土，而此时盖奇无意间用自己随身携带的长 110 厘米的铁棒点燃了引线。因为缺少了防炸装置，铁棒直接炸飞，由盖奇左下脸颊刺入，穿越他的左眼后方，再由额头上方头顶处穿出脑壳，掉落在 25 米外的地方。原本被以为会命丧当场的盖奇，在两分钟后竟还可做出动作，同事们把他送到小镇上的医院，他竟然奇迹般地活下来了。然而，由于大脑的额叶受损，他的性格和行为发生了很大的变化，大家公认盖奇原本是个认真负责，做事有始有终，人缘良好的工头。但意外受伤之后他变得粗鲁不雅，不听劝导，自以为是，虎头蛇尾。1994 年，研究人员利用神经成像技术重建了盖奇的头骨，并确定了他的左右前额叶皮质都受到了损伤，这导致他的情绪处理和理性决策出现了问题。随着信息技术的进步，2004 年的另一项研究使用三维计算机辅助重建分析盖奇的受伤程度，发现影响仅限于左额叶。2012 年，一项新的研究估计，铁棒破坏了盖奇额叶中大约 11% 的白质和 4% 的大脑皮层。今天，科学家们更好地理解了额叶皮层在推理、语言和社会认知等重要的高级功能中所扮演的角色。盖奇成为神经科学史上的著名患者，让十九世纪的科学家第一次意识到脑外伤与人格改变之间存在着生理联系。

其次，心理是对客观现实主观地、能动地反应。客观现实是人心理的源泉和内容，如果把大脑比作加工厂的话，那么感知到的东西就是原材料，心理就是产品。没有客观事物作用于人的感觉器官，大脑这个加工厂就没有原料生产，当然也不会有心理活动产品。但是人对客观现实的反应不是死板的、机械的，而是带有人的主观能动性，个体总是根据已有的知识经验、个性特点和当前的心理状态来反映客观事物。

此外，社会生活实践是人的心理发生、发展的根源。人的心理基础是社会实践，没有社会实践，人的心理就不会发展，甚至不能产生。诸多实例证明，人在儿童期如果没有机会与文明的社会生活相接触，大脑得不到适当的刺激，其心理发展就会陷于停滞。印度"狼孩"卡玛拉就是典型的例子。

（二）心理现象

中国古代用词通常将"心"与"理"分开。所谓"心"指精神、意识。"理"指道理、原理、规律。心理学是研究心理现象及其规律的科学。人的心理现象是指人的心理活动及其表现形式。心理现象可以分为个体心理和群体心理。个体心理结构可以分为心理过程、心理状态、个性心理三大类，如图 1-1 所示。

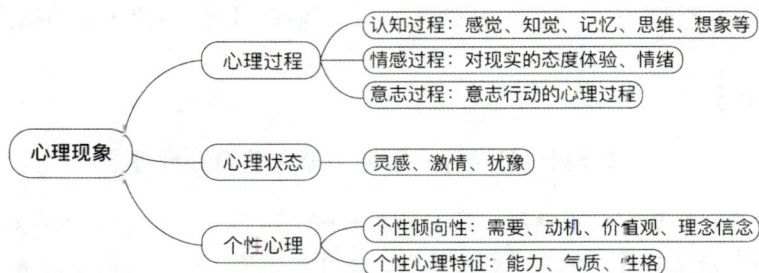

图 1-1　个体心理结构图

1. 心理过程

心理过程是指人的心理活动发生、发展的过程。具体地说，就是客观事物作用于人脑，在一定的时间内大脑反映客观现实的过程。包括认识过程（简称为"知"）、情绪和情感过程（简称为"情"）、意志过程（简称为"意"）。心理过程是人的心理现象最重要的一个方面。人的心理过程从其活动结构和发生机制来看，具有人类的共同性，它们都受共同的规律制约。但是，心理过程在每一个具体的人身上的表现又不会完全一样，这是因为人的心理过程总是体现在人的各自不同的生活实践中，也会受到社会文化差异规律的制约，从而表现出个人心理的不同倾向和特点。

2. 心理状态

从心理过程到个性心理特点形成阶段，会出现一种相对持续的状态。这类心理现象，我们称为心理状态。例如，伴随心理过程的注意状态；在创造性思维过程中出现的灵感状态；在情绪过程中出现的心境状态；在意志过程中表现出来的信心、决心和犹豫状态；等等。这些心理状态，只是在心理活动的进程中，在一定的时限内出现的某种相对持续的状态，它既不像心理过程那样的动态变化，也不同于个性心理特点那样持久、稳定。

3. 个性心理

人的心理除了一般的共性之外，还有个性。个性心理是人们在长期的认知、情绪和意志活动中形成的稳定而经常出现的心理特征，一个人的个性常体现在能力、气质和性格方面。

个性与心理过程是紧密联系的。心理过程是个性形成的条件，即个性是通过心理过程形成的。已经形成的个性特征是通过心理过程表现出来的，并影响和制约着心理过程的进行。心理过程是动态的反应过程，个性特征是相对稳定的心理特征的综合，二者相互影响、密不可分，从而形成一个完整的心理结构。

【知识链接】

印度"狼孩"卡玛拉

1920 年 9 月，一位印度传教士辛格（Singh, J. A. L.）在印度的加尔各答丛林中发现了两个由狼哺育的女孩。两人回到人类世界后，都被孤儿院抚养，分别取名为卡玛拉与阿玛拉。她们被发现时的实际年龄已经无从得知，卡玛拉看起来大约 8 岁，阿玛拉被发现时只有约 1 岁半。

当她们被领进孤儿院时，她们的言语、动作姿势、情绪反应等方面都同野生狼一样：不会用双脚站立，而是四肢着地，像松鼠般机灵地四处跑动；再热也不淌汗，而是像狗一般张大嘴巴喘气，借以散热降温；害怕光亮，白天萎靡不振，午夜之后却变得十分活跃；喜欢生肉的味道，进食的时候像狼一般舔食食物；不肯洗澡，也不肯穿衣服，而且随地大小便。

辛格夫妇很爱护她们，耐心地教育她们融入人类社会。总地说来，年幼的阿玛拉比年长的卡玛拉发展得快些，但是进入孤儿院一年多后，年幼的阿玛拉就去世了。年长的卡玛拉一直活到 17 岁，她的动作姿势变化缓慢，进院 16 个多月后才会用膝盖走路，2 年 8 个月后才会用两脚站立起来，5 年多以后才会用两脚走路，但快跑时又会用四肢。在言语发展上，她两年后才会说两个单词，4 年后掌握 6 个单词，第 7 年学会了 45 个单词，不过，直到死时还没真正学会说话，智力只相当于三四岁的孩子。

为什么狼孩具有完整的人类器官，却不会像人一样说话、吃饭、睡觉、奔跑？为什么在返回人类社会之后不能适应社会？狼孩案例证明了，人类的知识和才能并非天赋的、生来就有的，而是人类社会实践的产物。社会化是个体出生后，由自然人成长、发展为社会人的过程，个体同他人交往，接受社会影响，学习掌握必需的社会技能，形成自己的社会角色、人格心理，适应社会环境，这是一个社会化的过程，也是自然人转变为社会人的过程。狼孩因为没有在社会中长大，从发展心理学角度来说，他的婴儿期和幼儿期的心理发展被阻滞了，因此他失去了"社会化"的机会。尽管后来回到了人类社会接受教育，但是一旦错过"关键期"，将会对其以后的发展产生障碍，这种障碍有时是难以弥补的。

二、大学生心理发展特点

大学生基本处于从青少年向成人过渡的时期，也称始成年期（Emerging Adulthood)。美国心理学家阿奈特（J. J. Arnett）教授于 2000 年将始成年期作为一个全新的概念提了出来。始成年期具体指 18～25 岁这一个时期，处在此阶段的大学生已经脱离了青少年阶段，然而多数人却还未能担负起作为一个成年人所应承担的持久的责任，即处于"长大未成年"的状态。阿奈特提出始成年期是一个自我关注、自我同一性探索的时期。这一阶段的主要特征是探索，在思维、情绪、意志三方面呈现以下特点。

（一）大学生思维发展特点

大学生认知发展与中小学生相比，有了长足的进步，主要表现为注意力、观察力、记忆力、想象力和思维能力的发展。心理学研究指出，人的一般认知能力成熟的年龄在 20 岁左右。大学生正处于智力成熟的阶段，已具有较完备的观察能力、记忆能力、想象能力。在思维的发展上，大学生呈现出以下特点。

1. 辩证逻辑思维逐渐趋向成熟和完善

在形式逻辑思维发展的同时，大学生辩证逻辑思维逐渐趋向成熟和完善。

形式逻辑思维是指在感性认识的基础上，对事物本质联系的抽象统一的反映。它所反映的是事物的相对静止性和不同事物之间的区别。辩证逻辑思维则是对客观现实的本质联系的对立统一的反映。它不仅反映事物之间的相互区别，而且反映它们之间的相互联系，它并不否认事物自身的统一性，但认为这种统一只存在于差异和对立之中。

我国学者朱智贤开展的全国青少年心理研究协作组的研究表明，形式逻辑思维从初一开始占优势，到高二时几乎趋于基本成熟。尽管青少年时期个体的辩证思维发展也是相当迅速的，但他们辩证推理能力的发展远远落后于辩证概念和辩证判断能力的发展。因此，也有研究者认为，中学阶段只是辩证思维出现、形成和迅速发展并逐渐趋于占优势的阶段，而不是其成熟阶段，辩证逻辑思维能力更完善的发展要到大学阶段才能出现。

大学生自身神经系统功能的完善和知识经验的积累，为大学生辩证逻辑思维的迅速发展提供了必要的条件。大学生的生活、活动和他们所接触到的人际关系，需要他们产生新的思维形式和思想方法，他们逐渐意识到对同一个问题可能有多种不同的答案，问题的解决可以通过多种方法来实现。大学生变得喜欢用批判的眼光对待周围的一切，不愿意沿着别人提供的方法去思考和解决问题，其思维的辩证性、发展性都有所提高。但是，大学生抽象思维水平并没有达到完全成熟的程度，主要表现在思维品质发展不平衡，思维的广阔性、深刻性和敏感性发展比较慢。由于个人阅历浅、社会经验不足，看问题时容易钻"牛角尖"，有偏激、固执己见的倾向。

2. 常规性思维发展的同时，创造性思维迅速发展

常规性思维要解决的问题，是人类认识已经解决但对解决者来说是新颖的问题。创造性思维所要解决的问题，是人类认识尚未解决并且具有巨大的社会价值的问题。大学生学习的主要任务是继承人类已有的知识经验，其思维活动总体上属于常规性思维。但同时，大学生的学习又有别于中小学生，对他们来说，更重要的是学会自己寻找知识和创造知识，培养创造性思维和开拓能力。这既是时代发展的需要，也是个体创造力发展的必然要求。

大学阶段是创造性思维发展的最佳阶段。莱曼和戴尼斯（G. Leman & W. Dennis）曾以传记统计方式研究世界上杰出的科学家、艺术家、思想家在创造方面的高峰年龄，发现创造的高峰年龄集中在 20~40 岁，在不同的职业领域有一定的差别。其中，数学家创造的高峰年龄在 23 岁，化学家创造的高峰年龄在 29~30 岁，物理学家创造的高峰年龄在 32~33 岁，天文学家创造的高峰年龄在 40~44 岁。我国学者张笛梅对 1243 名科学发明家的统计分析，也发现了类似的结果。在该项统计中，年龄在 16~20 岁有重点发现的人数占样本总数的 1.7%，21~25 岁有重点发现的人数占总数的 8.9%，26~30 岁有重点发现的人数占样本总数的 18.7%，31~40 岁有重点发现的人数占样本总数的 38.1%。

（二）大学生情绪发展特点

情绪是因人的需要是否得以满足而产生的一种心理体验。大学生处在情感最为丰富以及强烈的青春期，告别了高中单调枯燥的学习生活，在大学中接触到更为广阔的天地。大学生情绪波动的对象以及内容的丰富性，使其有了更加丰富的情绪体验。主要表现为情绪的丰富性、冲动性、压抑性、理智性和迁移性等。

（三）大学生意志力发展特点

意志力是指人们为了达到既定目标而自觉努力的程度或坚强的意志品质。大多数大学生已经能够较好地实行自我节制，遵守学校的各项制度，面临多种动机冲突时，已经能够分清主次、缓急，主动排除干扰，保证预订目的的实现。但是由于青春期情绪变化强烈的特点，一部分学生在情绪性的干扰面前，自制力又显较低，遇到困难容易灰心，半途而废，表现出优柔寡断、盲目从众、动摇不定或草率武断的心态。

此外，大学生意志品质的发展仍然有不稳定、不平衡的特点。同一个学生在某个时期、某件事情上意志品质水平高，但在另一个时期或另一件事情上，却又表现得意志品质水平较低。譬如，在克服学习困难或坚持体育锻炼上意志力水平较高，在克服自己不良嗜好和习惯时，却又表现得自制力不强。

因此，大学生意志行动自觉性与自控性的增强，表现了他们的意志过程发展已趋向成熟，但是意志品质发展得不平衡和表现不稳定，又表明大学生的意志力发展尚未成熟。

三、心理正常与心理异常的内涵

（一）新时期的健康观

传统的健康观是"无疾病即健康"，然而，随着人们生活水平的提高和物质生活条件的改善，由于恶劣生活条件所导致的疾病，如结核、痢疾等，已大大减少，而由于社会压力、情绪紧张所造成的疾病却大大增加了。1989 年世界卫生组织对健康给出了新的定义："健康不仅是没有疾病，而且包括躯体健康、心理健康、社会适应良好和道德健康。"

（二）心理正常与心理异常的分类

在生活中，心理正常、心理异常、心理健康、心理不健康是常使用的概念。在临床上，鉴别心理正常和心理异常的标准与区分心理健康水平高低的标准不同。心理正常就是指具备正常功能的心理活动，即不包含有精神障碍症状的心理活动。心理异常指有典型精神障碍症状的心理活动。心理正常与异常是讨论"有精神障碍"和"没有精神障碍"这一问题的范畴。心理健康和心理不健康包含在"心理正常"这一概念之中，是在心理正常这一范畴下，讨论"正常心理"水平的高低和程度如何。四者关系如图1-2所示。

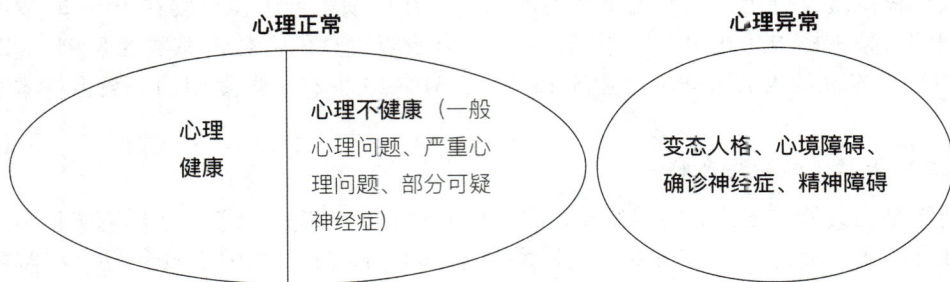

图1-2 心理正常与异常图示

四、大学生心理健康的标准

心理健康和心理不健康包含在"心理正常"这一概念之中，心理健康和不健康不是截然不同的两面，而是同一连续体的两端。

（一）大学生心理健康的标准

心理学家对于大学生心理健康标准做了积极的探索，提出了各种观点，归纳起来有以下八条标准。

1. 人格完整

人格完整是指有健全统一的人格，即在能力、气质、性格、动机、兴趣、理想、信念、世界观等各方面都能平衡、和谐地发展，而不存在明显缺陷与偏差。大学生应以积极进取的人生观作为人格的核心，并以此有效地支配自己的心理行为。个人的所想、所说、所做都是协调一致的，即胸怀坦荡，言行一致，表里如一。

2. 智力正常

智力是人的观察力、注意力、记忆力、想象力、思维力、实践活动能力等的综合水平。一般来说，大学生的智力总体水平高于其他同龄人，关键是看大学生的智力是否正常地、充分地发挥了效能。

3. 情绪健康

情绪健康的主要标志是情绪稳定和心情愉快，这是心理健康的重要标志，情绪异常往往是心理疾病的先兆。大学生应保持愉快、开朗、自信的心情，善于从生活中寻求乐趣，对生活充满希望；情绪稳定，具有调节控制自己的情绪以保持与周围环境动态平衡的能力。

4. 意志健全

意志是人意识能动性的集中表现，是人的重要精神支柱。意志健全是指大学生应有坚强的意志品质，包括目的明确合理、自觉性高、善于分析情况、能果断地作出决定、有毅力、心理承受能力强、自制力好、抗干扰能力强等。

5. 适应能力强

较强的适应能力是大学生心理健康的主要特征。一个适应能力良好的大学生能适应大学的学习、生活和人际关系，能迅速完成从中学到大学的角色转变；能与社会保持良好的接触；能正确认识社会，了解社会，其心理行为能适应社会文化的进步趋势，在发现自己的需要和愿望与社会需要发生矛盾和冲突时，能迅速进行自我调节和修正，使自己和社会保持协调一致，而不是逃避现实，更不是与社会需要背道而驰。

6. 能够悦纳自己

正确地认识、了解、悦纳自己是大学生心理健康的重要条件。一个心理健康的大学生能体验到自己的存在价值，有自知之明，能对自己的能力和性格作出恰当的、客观的评价，能悦纳自己的优点和缺点，例如身高、相貌等；对自己不会提出苛刻的、非分的期望与要求；生活目标和理想也能切合实际；同时，他们会努力发展自身的潜能，即使面对挫折事件也能正确接受。

7. 和谐的人际关系

和谐的人际关系是人们获得心理健康的重要途径，大学生和谐的人际关系应体现在乐于与人交往，而且交往动机端正，既有稳定而广泛的人际关系，又有知心朋友；在积极的交往中保持独立完整的人格，有自知之明，不卑不亢；能客观地评价别人和自己，在交往中善于取长补短，宽以待人，友好相处，乐于助人。

8. 心理行为符合大学生的年龄特征

人的生命发展在不同年龄阶段，都有相对应的心理行为表现，从而形成不同年龄阶段独特的心理行为模式。大学生应具有与年龄和角色相适应的心理行为特征，即大学生的言行举止符合其年龄特征是其心理健康的表现。

（二）心理不健康状态的分类

按照个体主观感受的痛苦程度可以将心理不健康状态分为一般心理问题、严重心理问题、可疑神经症。

（1）心理不健康的第一类型——一般心理问题

一般心理问题是由现实因素激发的，持续时间较短，情绪反应能在理智控制之下，不严重破坏社会功能，情绪反应尚未泛化的心理不健康状态。来访者要被诊断为一般心理问题，需要满足以下条件：

①产生内心冲突，并因此而体验到不良情绪。
②不良情绪持续一个月或间断地持续两个月仍不能自行化解。
③始终能保持行为不失常态。
④不良情绪的激发因素仅局限于最初事件（不泛化）。

（2）心理不健康的第二类型——严重心理问题

严重心理问题由相对强烈的现实因素激发，初始情绪反应剧烈、持续时间长久、内容充分泛化的心理不健康状态。来访者要被诊断为"严重心理问题"，需要满足以下条件：①是较为强烈的、对个体威胁较大的现实刺激；②痛苦情绪间断或不间断地持续两个月以上半年以下；③多数情况下会短暂地失去理性控制；④反应对象被泛化，有时伴有某一方面的人格缺陷。临床上，严重心理问题需要与神经症进行鉴别。严重心理问题的心理冲突是常态的、持续时间限定在半年以内，社会功能受到一定程度的影响。如果持续时间超过半年且在一年之内，求助者在社会功能方面出现严重的缺损，那么需要注意鉴别神经症或其他精神障碍。

（3）心理不健康的第三类型——神经症性的心理问题（即"可疑神经症"）

属于神经症性的心理问题的个体其内心冲突是变形的，往往带有非典型的异常精神现象，如注意力涣散、好幻想、意志力减弱、自我评价偏离常态、社会交往和人格方面有一定改变。根据国内临床权威专家许又新教授的神经症简易评定法不能确诊为神经症，却接近神经症或其本身就处于神经症的早期阶段。

五、心理异常的涵义及分类

（一）心理异常概念的发展

心理异常在广义上可根据心理功能、心理状态是否发生病理性变化分为非病理性心理异常和病理性心理异常。非病理性心理异常表现为心理功能、心理状态没有病理性变化，与前文所提及的心理不健康范畴相对应。病理性心理异常是在心理功能、心理状态上发生了病理性变化。

人们看待异常心理的观念随着时代的发展也在不断地变化。在古代，人们认为疾病和灾难无处不在，在这样的背景下，精神障碍被视为是"恶魔"或"幽灵"掌控了人的心灵和身体。在公元前400多年，古希腊医生希波克拉底提出，不正常的行为具有生理原因，他将心理异常解释为四种体液的不平衡状态。18世纪后半叶，医学模型认为，精神障碍是精神的疾病，它与普通生理疾病一样，需要特定治疗。现代心理学家同意医学模型提出的生理影响精神障碍的观点，同时还考虑了行为、认知、发展和社会文化等医学模型忽视的因素。近几十年涌出的大量神经科学研究证实，大脑作为心理的生理基础，它的机能依赖于化学物质和不断被经验改变的神经回路的平衡。因此，现代生物心理学认为，许多精神障碍不仅涉及认知、行为、发展和社会文化因素，而且与大脑和神经系统有关。

（二）心理正常与心理异常的区分

随着心理健康的观念日渐普及，人们对身心健康与否日益重视。在区分心理正常与心理异常时，通常采用以下判断方法。

1. 统计学标准

心理学研究者常采用统计学上常态分布的概念，取某心理特征的平均值作为区分"健康"与"不健康"的标准。这种标准以正态分布理论为基础，根据个人的心理行为是否偏离某一人群的平均值来判断其心理健康与否。这种健康评判标准客观、具体、可量化、易于操作，可反映心理健康标准的相对性，许多心理健康量表的设计与解释都是从正态分布假设出发的。但是该方法有一定的局限性。首先，健康与不健康是相对的，它们之间并无明确界限；其次，与身高、体重等不同，并不是所有的心理健康现象都是正态分布的（如勇敢、爱国、幸福），也不是所有对平均值的偏离都意味着心理健康有问题（如智力分布）。

2. 社会规范的标准

依照社会规范标准，如具特定个体的某种心理特征和行为表现符合其社会角色规范，即被视为健康的，反之则被视为是不健康的。这一标准的问题在于社会规范本身具有地域性、历史性方面的局限。首先，由于文化背景的差异，不同的社会行为规范可能不同，即使在同一社会文化背景下，不同宗教、地区、社会阶层的人，衡量行为也有不同的标准。其次，随着社会不断进步，其社会规范也会随之发生变化和改革，在一定时期与社会规范相背离，并不意味着不健康（如改革先行者）。

3. 社会心理适应的标准

在给心理健康下定义的观点中，最普遍的一种观点是以个人能否适应环境来划分健康与不健康。若一个人对环境适应良好，则此人的心理是健康的，反之则不健康。社会适应标准的主张者沃尔曼认为，一个人是否健康要以他的行为是否与所处环境相协调，或他的人际关系是否和谐，他对社会事件和社会关系的态度是否符合社会要求来判定。这一标准的局限性在于，心理健康影响因素涵盖个体、群体、机构、文化等多个层面，而社会心理适应标准仅从个体层面界定心理健康的标准，这必然带来诸多理论上及实践上的局限性。

4. 判断心理正常与异常的"病与非病三原则"

我国心理学家郭念锋提出区分心理正常与异常的三条原则。

（1）主观世界与客观世界的统一性原则

因为心理是客观现实的反映，所以任何正常心理活动和行为，必须在形式和内容上与客观环境保持一致。

（2）心理活动的内在一致性原则

人类的精神活动虽然可以被分为知、情、意等部分，但它自身却是一个完整的统一体，各种心理过程之间具有协调一致的关系，这种协调一致性保证人在反映客观世界的过程中的高度准确和有效。

（3）人格的相对稳定性原则

每个人在自己长期的生活道路上都会形成自己独特的人格心理特征。这种人格特征形成之后具有相对的稳定性，在没有重大外界变化的情况下，一般是不易改变的。

（三）心理异常的常见类型

《精神障碍诊断与统计手册》是最早、最系统的心理异常分类专书。在 1952 年初版手册中，将心理异常分为 108 种，2000 年第四版（简称 DSM - IV - TR）将心理异常分为 17 类 200 余种。世界卫生组织制定的《国际疾病分类》第十次修订版（ICD - 10）

也常作为诊断心理异常的标准。ICD－10 将精神和行为障碍分为如下十一类：一是器质性精神障碍；二是使用精神活性物质引起的精神和行为障碍；三是精神分裂症、分裂型障碍和妄想性障碍；四是心境障碍；五是神经症性、应激相关的躯体形式障碍；六是与生理紊乱和躯体因素有关的行为综合征；七是人格和行为障碍；八是精神发育迟滞；九是心理发育障碍；十是通常起病于童年与青少年期的行为和情绪障碍；十一是未特指的精神障碍。

几种常见的精神障碍如下。

1. 精神分裂症及其他妄想型障碍

（1）精神分裂症（schizophrenia）

精神分裂症是一种病因未明的常见精神障碍，具有感知、思维、情绪、意志和行为等多方面的障碍，以精神活动的不协调和脱离现实为特征。通常能维持清晰的意识和基本智力，但某些认知功能会出现障碍。多起病于青壮年，常缓慢起病，病程迁延，部分患者可发展为精神活动的衰退。发作期自知力基本丧失。

（2）偏执性精神障碍（paranoid mental disorders）

偏执性精神障碍又称妄想性障碍，突出的临床表现是出现单一的或一整套相关的妄想，并且这种妄想通常是持久的，甚至终身存在。妄想内容有一定的现实性，并不荒谬。个别可伴有幻觉，但历时短暂而不突出。病前人格多具有固执、主观、敏感、猜疑、好强等特征。病程发展缓慢，多不为周围人觉察。有时人格可以保持完整，并有一定的工作及社会适应能力。

（3）急性短暂性精神障碍（acute and brief psychotic disorders）

急性短暂性精神障碍的共同特点主要有：一是在两周内急性起病；二是以精神病性症状为主；三是起病前有相应的心因；四是 2~3 个月内完全恢复。

2. 心境障碍

心境障碍是一类具有高患病率、高复发率、高自杀率和高致残性等特点的情绪障碍，是一个严重的公共卫生问题。全球疾病负担调查结果显示，心境障碍是首要的慢性疾病负担，同时也是自杀和缺血性心脏病的主要影响因素，严重影响患者的身心健康，对其家庭和社会带来巨大的精神压力及经济负担。由于病因未明，心境障碍与其他绝大多数精神疾病一样，临床诊断依赖诊断分类系统。

（1）躁狂发作

躁狂发作的主要特点是：情绪高涨、思维奔逸、精神运动性兴奋。躁狂发作的形式主要有：轻型躁狂、无精神病性症状躁狂、有精神障碍症状躁狂和复发性躁狂症。

（2）抑郁发作

抑郁发作的特点主要是：情绪低落、思维缓慢、语言动作减少和迟缓。抑郁发作的发作形式主要有：轻型抑郁症、无精神病性症状抑郁症、有精神病性症状抑郁症、复发性抑郁症。

（3）双相障碍

双相障碍主要表现为情绪高涨与情绪低落交错发作。

（4）持续性心境障碍

持续性心境障碍的特点主要有，持续性并常有起伏的心境障碍，每次发作极少严重到足以被描述为轻躁狂，甚至不足以达到轻度抑郁。因为这种障碍可以持续多年，有时甚至占据生命的大部分时间，因而造成个体相当大的痛苦和功能缺陷。持续性心境障碍的发作形式主要有：环性心境障碍（反复出现心境高涨或低落）以及恶劣心境（持续出现心境低落）。

3. 神经症

排除躯体器质性精神障碍、精神活性物质与非成瘾物质所致精神障碍、各种精神病性障碍，如精神分裂、偏执性精神病及心境障碍。常见的典型神经症包括：恐惧症如场所恐惧、社交恐惧；焦虑症如惊恐障碍、广泛性焦虑障碍；强迫性障碍如强迫思维、强迫行为（强迫仪式动作/洗涤/询问/计数等）；躯体形式障碍，如疑病症、躯体形式植物功能紊乱、躯体形式疼痛障碍；神经衰弱，以脑和躯体功能衰弱为主要特征的神经症，表现为易烦恼、易激动、入睡困难、多梦易醒。

在临床实践中，经常使用许又新的诊断标准对神经症进行诊断。该诊断标准从刺激的性质、反应的持续时间、反应的强度和反应是否泛化这四个维度鉴别神经症性障碍。该方法简单易行，具体如下：

（1）病程

短程：不足 3 个月，评 1 分。

中程：3 个月到 1 年，评 2 分。

长程：1 年以上，评 3 分。

（2）精神痛苦的程度

轻度：患者自己可以主动设法摆脱，评 1 分。

中度：患者自己摆脱不了，需借助别人的帮助或处境的改变才能摆脱，评 2 分。

重度：患者几乎无法摆脱，即使借助别人的帮助也无济于事，评 3 分。

（3）社会功能

能照常工作、学习以及人际交往只受轻微妨碍者，评 1 分。

中度社会功能受损者工作学习或交往效率显著下降，不得不减轻工作或改变工作，或只能部分工作，或对某些社交场合不得不尽量避免，评 2 分。

重度社会功能受损者完全不能工作学习，不得不休假或退学，或对某些必要的社会交往完全回避，评 3 分。

如果总分小于或等于 3 分（≤3），可以认为不够诊断为神经症。如果总分不小于 6 分（≥6），神经症的诊断是可以成立的。4～5 分为可疑病例，需要进一步确诊。以上诊断对精神痛苦和社会功能的评定至少要考虑最近 3 个月的具体情况。

【管窥之见】

人之幸福，全在于心之幸福。

——歌德

【心理训练】

第二节　大学生心理健康的维护

进入大学以后环境的变化和来自学习、生活、人际、自我发展等方面的压力，会使大学生产生挫折感或内心冲突，导致个体心理失衡，出现精神崩溃，甚至产生心理障碍。因此，加强大学生心理健康教育工作是时代发展的要求，具有重要的意义。

一、高校开展心理健康教育的意义

（一）普及心理健康教育知识，增强学生心理保健意识

高校通过开展形式多样、内容丰富的心理健康教育活动，可以全面普及心理健康教育知识，增加学生的自我心理保健意识，提高学生的心理应对能力，促进学生的自身身心健康发展。

（二）提高学生心理调适能力，塑造健康积极的心态

高校开展心理健康教育活动，不管是课堂教学还是课外实践活动，目的都是提高学生自我心理调适能力，从课堂教学来看，每一章节针对不同的心理健康问题提出相关的应对措施，从课外实践活动来看，每一专题的活动主题突出，力求让学生在学习和活动中愉悦心情，提高自我心理调适能力，塑造健康积极的心态。

（三）提高学生心理健康素养，预防校园恶性事件的发生

大学生正处在心理发展和人格逐渐成熟的重要历程中，提高大学生心理健康水平，是现代社会对大学生心理健康教育提出的严峻挑战。高校通过心理健康教育课程以及第二课堂活动的开展宣传、普及心理健康知识，可增强大学生心理健康素养，防止心理疾病污名化认知，消除偏见、误解、歧视等负性认知根源。

二、维护大学生心理健康的途径

大学生心理健康教育是学校教育的重要组成部分和基本内容，对大学生的健康成长起着积极的作用。从学校层面和个体层面来说，维护大学生心理健康包括以下内容。

（一）学校层面

1. 宣传心理健康知识，提高大学生心理健康素养

学校应该通过多渠道进行心理健康知识宣传、普及，包括开设必修课或选修课、举办专题讲座、开展心理健康实践活动等方式。心理健康教育课堂主渠道可以发挥其普及率高、传授知识快、学生接受信息量大等优势。目前，按照教育部及各省（市）教育主管部门的要求，各高校基本开设了"大学生心理健康教育"公共必修课和系列选修课，课程覆盖全体学生。

2. 开展第二课堂活动，强化学生参与意识

大学生社会阅历相对较浅，而且受中、小学应试教育和传统"家长式"教育的影响，一些同学表现出个性懦弱、缺乏自信、孤僻内向、独立生活能力较差的特点。高校心理健康教育积极开展第二课堂，鼓励大学生多参加集体活动，在社会实践中展示自己的能力，能使大学生增强信心，锻炼胆量，培养良好的个性。每年5月，各高校可通过"心理健康教育月""心理健康教育节"等活动，结合学校特色开展如心理沙龙、心理情景剧、心理知识竞赛、心理游戏等各类活动，让学生通过活动增强克服障碍的信心。

【知识链接】

大学生心理健康活动日

为引导大学生关注自身的心理健康，2000年5月25日全国"大学生心理健康节"在北京师范大学拉开帷幕，活动的主题是大学生人际交往和互助问题，口号为"我爱我——走出心灵的孤岛"。此后（2004年），教育部团中央，全国学联办公室向全国大学生发出倡议，把每年的5月25日确定为全国大学生心理健康日。"5·25"是"我爱我"的谐音，对此，发起人的解释是：爱自己才能更好地爱他人。心理健康的第一条标准就是认识自我，接纳自我，能体验到自己存在的价值，乐观自信，这样的人才能用信任、友爱、宽容、尊重的态度与他人相处，能分享、接受、给予爱和友谊，能与他人同心协力。选择"5·25"是为了让大学生便于记忆，关注自己的心理健康。随后"5·25""大学生心理健康日"在全国各高校得到认同，全国高校都利用这一天开展多种形式的心理健康教育活动，如今"5·25""大学生心理健康活动周""大学生心理健康活动月"已遍及全国各地，成为全国大学生活动的一个著名品牌，其影响力将会越来越大。

3. 开展心理咨询与行为指导，加强危机干预

高校的心理咨询服务主要是运用心理学的理论和方法，为出现心理适应问题或成长困惑的学生提供咨询服务。目前全国高校基本都已建立"校—院—班"等多级的心理预警机制，通过团体心理辅导与个体心理辅导相结合的方式，开展心理咨询服务。心理咨询不仅为学生提供倾吐烦恼、宣泄郁闷、寻求理解与慰藉的场所，而且给予来访者行为上以科学指导，帮助来访者克服自身弱点，获得心理平衡。此外，高校心理咨询的工

作还包括转介有神经症、精神分裂症等心理疾病的学生到专业医疗机构进行治疗。

4. 开展心理普查，建立心理健康档案

新生心理普查是高校心理健康教育的起点，通过心理普查可以了解大学新生的整体心理健康状况，对心理亚健康的学生进行关注，给心理危机预警系统的建立提供可靠依据。目前，各个高校基本上都已经开展了心理普查活动。目前大学生心理普查量表主要采用《症状自评量表（SCL－90）》、大学生身心健康状况问卷（UPI）、16PF、霍兰德职业倾向量表等。

（二）个体层面

除了社会的积极努力外，大学生自身的努力也在促进心理健康中起着十分重要的作用。

1. 要努力学习心理健康知识

心理健康知识是大学生增进自我了解、进行自我调节的理论武器。大学生可通过听心理健康课或讲座，通过阅读心理健康书刊等途径来接受教育，并注意把知识运用于自己的生活中。

2. 要积极参加各类实践活动

人的心理是在社会文化交往、社会实践中形成和发展的，因而多参加人际交往、社会劳动和各种社会活动，往往有利于锻炼心理、增强意志、丰富体验、发展才智，从而促进心理的健康和发展。

3. 要培养良好的生活习惯

良好的生活习惯是一个人身心健康的重要保障。一般来说，一个良好习惯多、不良习惯少的人，往往是心理健康的人，反之则是欠佳者。世界卫生组织认为有害健康的不良生活习惯主要有：一是吸烟；二是饮酒过量；三是不恰当的服药；四是体育运动不够或突然运动量过大；五是吃热量过高和多盐的饮食及饮食没有节制；六是不接受合理的医疗处理，信巫不信医；七是对社会压力产生适应不良的反应；八是破坏身体生物节奏和精神节奏的生活。

4. 要大力加强自我心理调节

这是自我心理保健中最核心的一部分，离开了自我调节，心理保健就无从谈起。大学生自我心理调节包括调整认知结构，完善自我意识，学会情绪调节，锻炼意志品质，丰富人际交往，提高适应能力，塑造健全人格等。

5. 要及时寻求心理咨询帮助

大学生在日常生活中会面对许多人际关系、学习、恋爱、性心理、自我发展、择业、压力应对等问题，他们会期待自己能做出理想的选择，求得内心平衡，以及自身潜能最大的发挥，在维护和促进心理健康的过程中，大学生除了重视个体自我调节外，还应积极取得家庭、学校和社会的支持，争取亲朋好友的帮助，尤其是当心理负荷比较重，自己又不易调节时，及时寻求心理咨询机构的帮助是明智的选择。

"人们总说时间可以改变很多事，但事实上必须由你自己做出那些改变。"

——安迪·沃霍尔

第三节　大学生心理咨询

一、心理咨询概述

（一）心理咨询的含义

《心理学百科全书》中对心理咨询做出了如下定义：咨询者就访谈对象提出的心理障碍或要求加以矫正的行为问题，运用相应的心理学原理及其技术，借助一定的符号，与访谈者一起进行分析、研究和讨论，揭示引起心理障碍的原因，找出行为问题的症结，探索解决的可能条件和途径，协商出摆脱困境的对策，最后使来访者增强信心，克服障碍，维护心理健康。

（二）心理咨询的分类

心理咨询按照不同的标准可以划分出多种类型。

1. 按咨询的性质分类

心理咨询按其性质可分为发展咨询和障碍咨询。

发展咨询的目的是帮助来访者更好地认识自己和社会，充分开发心理潜能，增强适应能力，提高自我生活质量，促进人的全面发展。发展咨询所涉及的内容十分广泛，凡是在人生各时期出现的各种心理问题都属于咨询的范围，如工作、学习、恋爱、婚姻、家庭生活和职业选择等。

障碍咨询是针对存在不同程度心理障碍的来访者进行的咨询。目的在于宣泄来访者的消极情绪，改变来访者在认知上的错误观念，缓解其心理压力并确立正确合理的思考方向和方法，帮助来访者重新建立良好的社会适应行为。

2. 按咨询对象的数量划分

心理咨询根据咨询对象的数量可分为个别咨询和团体咨询。

个别咨询是咨询者与来访者之间的单独咨询，这是心理咨询中最常见的形式。其优点是针对性和保密性好，咨询效果明显，但咨询的成本较高，需要双方投入较多的时间和精力。

团体咨询也称集体咨询、群体咨询或小组咨询，是在团体情境下提供心理帮助与指导的一种咨询形式。其突出的优点是咨询面广、咨询成本低，对某些心理问题或心理障碍效果明显优于个别咨询。不足之处是团体咨询往往难以兼顾每个个体的特殊性，保密性也较个别咨询差些。

3. 按咨询的途径划分

心理咨询按其途径可分为门诊咨询、网络咨询、电话咨询。

门诊咨询是通过医院的心理咨询门诊或专门的心理咨询机构进行的咨询。其面谈咨询的形式，可以使来访者充分详尽地倾诉，并且咨询者可对来访者进行直接观察，有利于掌握来访者的全面情况，从而深入地为来访者提供有效帮助。

网络咨询是利用网络为咨询对象提供有效帮助的一种形式。网络以其极强的保密性、互动性、隐蔽性、快捷性和实时性，为心理咨询提供了无限发展的空间。通过网络，咨询对象可以毫无顾忌地倾诉和暴露自己存在的问题，从而使咨询者能在短时间内掌握其基本情况并做出适时分析和判断，从而作出切合实际的引导和处理。

电话咨询是利用电话的通话方式对咨询对象给予劝告、安慰、鼓励和指导，是一种较为方便而又快捷的心理咨询方式。这种形式主要用于防止咨询对象由于心理危机的一时冲动而酿成悲剧。其隐蔽性和保密性强的特点深受咨询对象的喜爱。

(三) 心理咨询的原则

遵循心理咨询的基本原则，是咨询者与来访者建立良好关系的重要条件，也是有效运用咨询方法和技术从而获得良好咨询效果的重要保证。心理咨询的基本原则可以概括为以下五个方面。

1. 保密与保密例外原则

保密性原则是心理咨询中最重要的原则，在没有征得来访者同意的情况下，心理咨询师不得透露来访者倾诉的内容。遵循保密性原则既是对心理咨询师的基本伦理要求，也影响着来访者对咨询师的信任。精神卫生法明确规定心理咨询人员应当尊重接受咨询人员的隐私，并为其保守秘密，当然也存在"保密例外"的情况。以下几种情况，属于保密例外情况：①来访者同意将保密信息透露给他人；②司法机关要求心理咨询师提供保密信息；③出现针对心理咨询师的伦理或法律诉讼；④心理咨询中出现法律规定的保密问题限制，如虐待儿童、老人等；⑤来访者可能对自身或他人造成即刻伤害或死亡威胁的；⑥来访者患有危及生命的传染性疾病。当遇到以上保密例外情况时，心理咨询师应将泄密程度控制在最小范围内。

2. 自愿原则

心理咨询是建立在咨询者和来访者双方"知情同意"基础上的，来访者必须以完全自愿为前提，不能以任何形式强迫来访者接受或维持心理咨询。在高校心理咨询实践中，学校与学生之间是教育与被教育的关系模式，但学校不能以教育者的身份强制学生前来咨询。

3. 发展性原则

在大学生心理咨询中，大学生的问题大多只是适应、交往和学习等方面的暂时性困难。因此，在咨询过程中咨询人员要以发展的眼光来看待来访者的问题，认识到大学生的问题大多处于发展变化过程中，需要更看重他们今后发展的可能性和发展方向。

4. 价值中立原则

价值中立原则是指在咨访过程中，咨询师要尊重来访者的价值信念体系，不要以自己的价值观念为准则，对来访者的行为准则进行任意的价值判断。尽管理解会有一定的差异，但咨询师应尽量避免向来访者灌输某一价值准则，或强迫来访者接受自己的观念、态度。

5. 防重于治原则

这一原则是指咨询者应注意加强对人们常见心理问题的分析和研究工作，努力掌握各种常见心理问题发生、发展的一般规律，从而促进这些心理问题的早期发现和诊治。在心理咨询过程中也要重视心理卫生知识的宣传教育，对心理疾病的预防重于治疗，可以更好地发挥心理咨询在促进人们心理健康方面的作用。在高校心理咨询工作中，坚持"防重于治"这一原则有利于保障绝大多数学生的心理健康。

（四）心理咨询与心理治疗的联系与区别

心理治疗是指在良好的治疗关系基础上，由经过专业训练的治疗者运用心理治疗的有关理论与技术，对在精神和情感等方面有障碍或疾患的人进行治疗的过程。两者的目标都是维护和增进心理健康。心理咨询与心理治疗存在诸多相似之处，认识二者的相互联系和区别十分必要。

1. 心理咨询与心理治疗的相互联系

两者所采用的理论方法常常是一致的。精神分析、合理情绪疗法、认知行为疗法等是心理咨询与心理治疗常用的基础理论。

两者都以帮助来访者成长和改变为目标。

两者都注重建立咨询师与求助者之间良好的关系。

2. 心理咨询与心理治疗的区别

心理咨询的服务对象主要是受到心理困扰但人格结构相对健全的人群，通常以对话的形式进行，而心理治疗的对象主要是患有严重心理冲突与障碍以及更严重的人格异常者，并且这些问题在不同程度上干扰了其个人或他人的正常生活，一般需要借助药物并辅以谈话进行治疗。《中华人民共和国精神卫生法》规定，心理咨询人员不得从事心理治疗或者精神障碍的诊断、治疗，否则将构成违法行为。

由于面向的人群不同，心理咨询与心理治疗主要处理的问题也有所不同。心理咨询主要处理的是正常人在生活中遇到的各种问题，讨论的议题涵盖了人生各个阶段中可能遇到的各种影响心理感受的事件，如婚姻家庭、人际关系、学业发展、职业生涯规划、宗教与信仰、性别认同等；而心理治疗处理的问题则主要是神经症、心理障碍、行为障碍、心理生理障碍以及身心疾病及康复中的精神病问题等。

心理咨询师与心理治疗师的工作场所亦有所不同。在美国，心理咨询师多数是在非医疗机构中进行工作（如学校和社区），而心理治疗则多数在医疗机构中或在咨询师的私人诊所中进行。

（五）心理咨询的认识误区

1. "有病的人才去心理咨询"的误区

目前，人们对心理咨询虽有所了解，但仍有人认为"心理咨询是治疗精神疾病"的，或者只有到了精神疾病的程度才会去看心理医生，还有一些人认为看心理医生是极其不光彩的事，往往是偷偷摸摸地来到心理门诊。其实，每个人在生活中都可能会遇到自己一时无法解决的问题，比如学习问题、人际交往问题、恋爱问题、婚姻问题、家庭关系问题、子女教育问题、职业选择、个人生涯发展等，这些都可以从心理咨询中获得专业、有效的帮助。心理咨询不仅可以帮助你解决遇到的心理问题，更可以为你的成长、发展以及提升生活品质提供有益的帮助。一旦遇到诸如情绪低落、情感挫折、环境不适应等心理问题，人们应首先想到心理咨询。有人这样形容说，美国成功人士的臂膀是靠两个人搀扶的，一个是律师，另一个是心理咨询师。据统计，30%的美国人定期做心理咨询，80%的人会不定期地去心理诊所。

2. 做心理咨询就是让咨询师提供问题解决策略

心理咨询并不是简单的说教。对于部分来访者而言，他们认为心理咨询就是咨询者（或心理医生）帮自己拿主意。一些来访者甚至把咨询者当成"救世主"，把自己所有的心理"包袱"丢给他们，自然而然地把传统的医患模式带到心理咨询室。然而事实上，咨询者只是帮助来访者发现其个性中的不足，并通过咨询提出解决和完善这一不足的一些建议，最后还是要由来访者自己找出解决问题的办法。如果咨询者直接替来访者在某类问题上拿主意，一来违背了心理咨询的原则，二来容易使来访者对咨询者形成心理依赖，不利于根本性的治疗。

3. 心理咨询就是聊天

谈话是心理咨询的主要形式，但并不是一般意义的聊天。心理咨询的谈话可以分为以诊断求助者心理问题为目的的摄入性谈话和以纠正求助者不合理的认知观念、挖掘求助者心理问题的根源为目的的咨询性谈话。它和漫无目的地聊天有本质的不同。除了谈话以外，心理咨询还有其他方法和手段，比如心理测验、行为训练、艺术治疗、催眠治疗、角色扮演、团体活动等形式。

有研究者根据心理咨询的特点，将其总结为以下一段话：

咨询不是说教，而是聆听；

咨询不是训示，而是接纳；

咨询不是教导，而是引导；

咨询不是控制，而是参与；

咨询不是制止，而是疏导；

咨询不是做作，而是真诚；

咨询不是改造，而是支持；

咨询不是解答，而是领悟；

咨询不是包办解决问题，而是协助成长；

咨询不是令人屈服，而是使人内心悦服。

【知识链接】

走出心理咨询的误区

心理学有漫长的过去，但只有短暂的历史。心理学的诞生，可以追溯到古希腊时期。但在当时，并没有心理学这一说，因为当时的心理学与哲学是融为一体的。"心灵""意识""观念"等词汇，一直是古代哲学家、教育家、医生等共同关心的问题。1879年，德国著名心理学家冯特在莱比锡大学建立了第一个心理学实验室，标志着心理学成为一门独立的学科。心理咨询与心理治疗在我国发展的历史不长，还未被人们广泛了解。因此，在社会上和大学生群体中都存在着一些对心理咨询的误解和偏见。

二、心理咨询的基本过程

大学生心理咨询通常包括如下三个步骤。

（一）预约登记

来访学生要接受正式的心理咨询，需事先预约咨询老师。目前，大多数高校开通了网络预约咨询系统，可通过预约系统了解心理咨询师，预约咨询老师和咨询时间。预约阶段一般会收集学生的基本资料，内容一般包括人口学资料、个人成长史、个人健康史、家族健康史、家庭情况、个人受教育程度、心理状况自我评估、求助问题与目的等。这些资料有助于咨询师进行准备工作。

（二）初诊接待

初诊接待阶段，咨询师通过沟通、观察、心理测验等方式，全面深入了解来访者的情况和问题，对来访者的问题类型和严重程度进行诊断。咨询师需要确定来访者的问题是否符合心理咨询的范围，如果超过心理咨询的范围，则需要建议来访者到相应机构或者及时转介。

（三）确定咨询方案

在咨询师诊断了来访者的问题类型和严重程度，以及造成问题的原因以后，咨询师会和来访者协商心理咨询解决问题的先后顺序，首先解决哪个问题，然后解决哪个问题，与来访者介绍将采用的心理咨询技术和方法，协商心理咨询的时间、周期等问题，与来访者达成一致。如果能够达成一致，就进入心理咨询阶段，如果不能达成一致，咨询活动就终止。

（四）实施咨询

在心理咨询师与来访者就咨询问题和使用方案取得一致的情况下，咨询师对来访者的问题进行咨询性谈话，咨询师可能使用的技术有认知矫正、行为疗法、心理分析等。根据使用方法的不同，咨询师可能会给来访者布置家庭作业，或者训练来访者等。

本阶段需要的时间往往和来访者问题的类型、问题的多少、咨询技术，以及来访者配合情况有关。

（五）评估和反馈效果

咨询目标达成，或者来访者不愿意继续进行咨询，咨询即告结束。在结束的时候，咨询师会和来访者一起评估咨询效果，告诉来访者在心理咨询过程中他（她）发生的变化和成长，也可以用相关心理学知识为背景，告知当事人在他（她）的人格中蕴含的积极成分，以对来访者形成积极暗示。在咨询结束后的一段时间内，还应根据来访者心理问题的严重程度与来访者联系，了解来访者最近的改善情况。

三、心理咨询的理论流派

心理咨询的理论流派和模式众多，据统计全世界范围内共有 400 多种心理治疗和心理咨询理论，可见心理咨询师可以选择的咨询理论范围十分宽广。在这众多的理论当中，影响最大、应用范围最广的包括精神分析学派、行为主义学派、人本主义学派、认知学派。

（一）精神分析学派

精神分析学派是由奥地利著名心理学家弗洛伊德（Sigmund Freud）创建的。其基本理论有潜意识理论、人格理论和性欲理论。基本方法有五种：自由联想、释梦、阻抗、移情和解释。该理论强调无意识的冲突对行为的主导作用，认为非理性的意欲与外界现实在内心引起的冲突是造成精神异常的原因。该理论把注意力集中到来访者过去的经历上，探索他们的内部心理动力过程。在精神分析治疗中，咨询者与来访者的关系是影响治疗的关键因素。该理论多用于对各种神经症的治疗，咨询者主要使用自由联想和释梦等技术来分析来访者无意识的症结，着重研究来访者幼年时期的经历和心理矛盾冲突，从而使来访者产生意识层次的领悟，真正了解其问题的症结所在。传统的心理分析疗法的治疗疗程较长，可能会持续半年、一年甚至更长。

（二）行为主义学派

行为主义学派主要代表人物是斯金纳、班杜拉。该理论认为人的行为决定于外界因素，人的行为是后天习得的。行为主义疗法认为一切的心理问题都是不良的"刺激—反应"联结在一起的过程。人的问题行为、症状是由错误的认知与学习所导致的，行为主义疗法主张把心理咨询的着眼点放在来访者当前的行为问题上，注重当前某一特殊行为问题的学习和解决，以促进问题行为的改变、消失或新的行为的获得。其核心目标在于消除来访者适应不良的行为方式，代之以更有建设性的行为方式。常用的基本方法有系统脱敏法、模仿学习法、角色扮演法、厌恶疗法和强化法等。

（三）人本主义学派

人本主义学派的主要代表人物是美国心理学家罗杰斯和马斯洛。人本主义心理学口有两大重要理论：一是马斯洛以需求层次为基础的自我实现理论；二是罗杰斯的以自我观念为基础的自我论。该理论强调在心理咨询中需要关注来访者的情感体验，强调在咨询过程中创造一种以来访者为中心的和谐咨询气氛，协助来访者进行自我探索、认识目身的价值和潜能、发现真正的自我，最终达到自我实现。

（四）认知学派

认知学派的心理咨询理论诞生于 20 世纪五六十年代，虽然诞生较晚，但很快就取得了引人瞩目的进展。认知学派的咨询理论认为，人一切的心理活动都是认知的产物，人对某些事件产生情绪和行为，其原因不是事件本身，而是人们对这些事件所持有的信念。人之所以产生心理障碍，是由于自己有着不合理的认知。

20 世纪 70 年代以后，行为治疗和认知疗法整合成为认知行为治疗。在这期间，不少理论经历了持续改良和改进，诞生了多种治疗形式，包括合理情绪疗法（详见第八章）、辩证行为疗法（DBT）、接纳与承诺疗法（ACT）、问题解决疗法、暴露疗法、认知行为疗法（CBT）、认知指导训练技术等。

我们可以看到，自弗洛伊德创立精神分析学派至今，心理学发展非常迅速，各种理论流派和方法技术不断涌现。随着心理咨询实践的发展，心理咨询工作者逐步认识到没有任何一种理论或方法能解决所有的心理问题。在此背景下，许多持不同流派理念的学者开始逐渐抛弃门户之见，相互彼此借鉴，取长补短，在心理咨询工作中能根据来访者的不同情况选择不同的方法和手段，或同时采用几种不同学派的方法。心理咨询方法上的兼容性也促成了多种理论之间的整合。在心理咨询理论蓬勃发展的今天，折中主义已逐渐成为心理咨询理论与实践发展的汇合点。

【管窥之见】

用心灵对话，让快乐同行。

【案例分析】

小宇，大一，自诉家里经济条件一般，父亲在其读小学时外出打工，母亲一直陪伴着他。母亲一直以来对他严格要求，且在管教上较权威。在高考填报志愿的时候，家人让其放弃喜欢的英语专业，而填报并不喜欢的专业。在咨询中，他说："我从小希望得到家长的认可，总觉得我永远都达不到他们的要求，我和周围的同学相处时是一个性格内向、敏感的人，真正交心的朋友几乎没有。进入大学一个多月以来，我很在意别人的眼光，专业课很难理解，入门特别困难，使劲儿学，还是感觉学得不好，有很多地方不明白，也不好意思问老师，怕老师笑话我，觉得自己笨。入学自我介绍时，由于太紧张，没表现好，感觉同学在嘲笑我，觉得同学、室友都不愿意和我在一起，最近情绪很低落，半夜经常惊醒，想回到高中时代。"

咨询师观察：来访者衣着整齐、举止得体，情绪不稳，时而悲观绝望，时而面红激动，讲话条理清晰，表达完整，主动求助，无泛化现象，无妄想。

初步诊断：该来访者出现焦虑、情绪低落、烦躁、失眠等症状，但从严重程度看，反应强度不大，无泛化，社会功能未造成严重影响，病程不足 1 个月。系适应不良，引发学习受阻和社会功能受损，因此属于入学适应障碍。

鉴别诊断：

①与精神病相鉴别：根据病与非病的三原则，来访者知情意统一、一致，个性稳

定，有自知力，对自己的心理问题认识清楚，主动求助，没有幻觉、妄想等心理异常症状。因此可以排除精神病，即排除心理异常。

②与抑郁症相鉴别：该生虽表现出情绪低落，与同学和老师交流受到影响，缺少集体活动兴趣，但没有自罪自责、自杀意念等症状，因此可排除抑郁症。

③与焦虑性神经症相鉴别：焦虑性神经症在症状表现上主要是焦虑。该生有持续的痛苦，但对社会功能未造成严重影响，未出现泛化和回避，持续时间短，虽有焦虑，但没有严重影响社会功能和逻辑思维，没有泛化和回避。因此可以排除焦虑性神经症。

④与严重心理问题相鉴别：该来访者并未出现反应泛化，并且不良情绪不足1个月，因此可以排除严重心理问题。

⑤与器质性病变相鉴别：来访者虽有睡眠、饮食等躯体症状，但并不是主要症状，而是由情绪引起的生活紊乱、躯体不适。因此可以排除器质性病变。

【心理微课】（请使用"知到app"进行扫描学习）

做一个健康幸福的大学生	心理的实质（一）	心理的实质（二）	健康与健康标准
大学生常见的心理问题	心理影响因素（一）	心理影响因素（二）	心理咨询与心理治疗的认识
心理咨询的技术与方法			

【学习与思考】

1. 简述心理的实质。

2. 如何区分心理健康与心理不健康，心理正常与心理异常？

3. 辨析心理咨询与心理治疗的异同。

第二章　学会适应
——大学生活适应与发展

最高明的处世术不是妥协，而是适应。

——吉姆·梅尔

【学习目标】

知识目标：了解大学新生入学后生活的特点和要求，认识常见的心理适应问题。

能力目标：掌握大学新生因适应困难而产生的矛盾冲突和解决问题的方法，提高大学新生自我适应与发展的能力。

情感与价值观目标：帮助大学新生尽快适应大学生活，克服心理适应困难，确立大学学习目标，规划大学生涯，顺利完成大学学业。

【本章重点】

1. 大学新生心理特点、变化及冲突。

2. 大学新生常见的心理适应问题及表现。

3. 大学生适应与发展的途径及方法。

【思维导图】

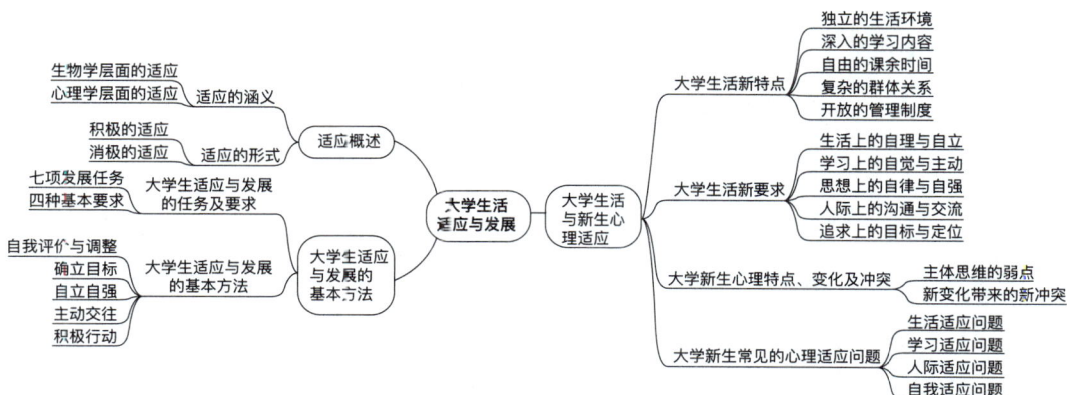

大学是人生的关键阶段。这是因为，进入大学是你一生中第一次放下高考的重担，开始追逐自己的理想、兴趣；这是你第一次离开家庭生活，独立参与团体和社会生活；这是你第一次可以有机会在学习理论的同时亲身实践；这是你第一次脱离被动，有足够的自由处理生活和学习中遇到的各类问题，支配所有属于自己的时间。

大学是人生的关键阶段。因为这是你一生中最后一次有机会系统性地接受教育和建构知识基础；这很可能是你最后一次可以将大段时间用于学习的人生阶段；也可能是最后一次可以拥有较高的可塑性、可以不断修正自我的成长历程；这很可能是你最后一次能在相对宽容的，可以置身其中学习为人处世之道的理想环境。

大学是人生的关键阶段。在这个阶段里，所有大学生都应当认真把握每一个"第一次"，让它们成为未来人生道路的基石；在这个阶段里，所有大学生也要珍惜每一个"最后一次"，不要让自己在不远的将来追悔莫及；在大学四年里，大家应该努力为自己编织生活梦想，明确奋斗方向，奠定事业基础。

大学四年，每个人都只有一次，因此，每一个进入大学校园的人都应当学会适应，学会学习，学会生活，学会处事，精彩度过每一天。

第一节　适应概述

经过高考的洗礼，大学新生们步入了向往已久的大学殿堂。对每一个大学新生来说，他们所面临的是一个全新的世界。无论是生活环境还是学习环境，无论是个人目标还是社会期望，都发生了很大的变化。从学习到生活，从交友到认识社会和人生，都需要更多地依靠学生自己的知识、能力去思考、判断、选择和行动。作为象牙塔里的"新手"，学习如何在进入大学之后感知新环境、了解新变化，探索身边的人、事、物以及找到新的基点，将成为同学们适应大学生活的关键，也是影响整个大学生活，乃至今后人生的关键。

一、适应的含义

适应是包括人类在内的所有生物的形态结构和生理机能与其赖以生存的一定环境条件相适合的现象。具体来讲，是指当外界环境有所改变时，人们能够通过调节自身功能包括行为、习性等使自己适合于在一定环境条件下生存和延续，从而实现人与新环境的平衡。这里的外界环境，包括生物学和心理学层面的适应。

（一）生物学层面的适应

"适应"一词的科学意义最早源自生物学。生物学认为，适应是指能增加有机体生存机会的那些身体和行为上的改变。通常情况下，适应包含多种含义，其中一点是，生物结构大多数适合于一定功能。这个层面上，可以知道生物的各类结构都会有相适配的功能，在进化的过程中逐渐完善。另一点是，这种适配性有利于这些生物对于下一代的培育。生物对环境的适应主要有两种方式：一种是现象型适应（Phenotypic adaptation）；另一种是基因型适应（Genotypic adaptation）。在第一种情况中，自然情况下，我们可以因环境条件的不同而做出适当的调节。第二种情况中，需要经过遗传的特殊化来完成适应，基因型的改变可与新环境形成一种新的反应形式，而原来的方式则无法适应这种环境。基因型适应也叫遗传型适应，如沙漠中的仙人掌，叶子呈针状以减少蒸腾，而热带的树木多是枝繁叶茂并具有较大的树冠，这种现象是自然选择的结果。现象型适应也叫非遗传性适应，这种在短时间内进行的形状和功能的适应，并不在实际中具有基因遗传的特性。

大学新生面临的生物适应主要是环境的适应，包括饮食、气候等方面的适应。这是一名新生进入新的环境必须熟悉的大学生活的一项基本内容。

（二）心理学层面的适应

心理学家艾夫考认为：适应是个人与环境的互动关系。个体在与环境相互作用的过程中，通过不断地调整自我心理状态，使身心与现实环境保持和谐一致，从而达到认识环境、改造环境和发展自我的目的。心理学家皮亚杰认为：心智等多种方面的影响因素更多地取决于个体是否主动，是否有积极情绪，愿意主动应对当前面临的变化。有机体不断运动变化与环境取得平衡的过程，包括同化与顺应两个方面。同化指把客体（外界事物）纳入主体已有的行为图式中；顺应指主体改变已有的行为图式或形成新的行为图式以适应客观世界变化。两者相辅相成，适应状态就是这两种作用之间取得相对平衡的结果。

心理学家林崇德认为，适应即是丰富或发展主体的动作以适应客体变化的过程。

虽然专家学者们对适应的概念有不同解释，但总的来看，在心理学上，适应是指个体在生活环境中，依据内外环境的变化，积极进行身心调整以维护与外部环境的协调或保持良好发展状态的过程。

适应的心理机制是由认知调节、态度转变和行为选择等环节构成的动态过程，即由三个基本环节组成：一是对环境的认知，这是适应的心理基础。包括对物理环境和人文环境的认识，物理环境主要是指学校的地理特点、基础设施、周边资源和气候特点等。人文环境是指学校的文化，所在区域的"习俗"，俗话说"入乡随俗"。熟悉新环境就是要认识原来和现在的差异，面对压力，从容面对。二是积极构建自身的价值观念。在认识新环境的基础上，进一步调整已有的价值观念，形成新的协调的符合大学生活与自我发展的新的价值观念。三是在新的价值观念指导下，进一步调整自身的价值需求、动机和情绪，达到与环境和谐一致，从而达到新的适应。

二、适应的形式

病理学上的适应是指细胞和其构成的组织、器官能耐受内外环境各种有害因子的刺激作用而得以存活的过程。在形态上表现为萎缩、肥大、增生和化生。这里所讲的适应就是在现实生活中个体对环境的适应。从适应的方向上看，主要有以下两种。

（一）积极的适应

是个体在客观环境中积极主动地调整自己与环境的不适应行为，增强个体在环境中的积极性、主动性，使自身得到不断地成长和发展。一是调整心态，融入新环境，要认识到环境变化是人生道路上的正常现象，要尽快地了解新环境、适应新生活，感受新的知识传授方法，从而培养起对新环境的适应能力和自我调适能力。二是主动交往，结交新朋友。师生之间的关系是通过交往产生的，要通过积极参与群体活动，增加师生相互间的认识、交流和了解，建立稳定、持续、融洽的良好人际关系。

（二）消极的适应

是人与环境的消极互动过程，在这一过程中，个体认同、顺应环境中的消极因素，压抑自身的积极因素，导致自身的潜能违背了人的心理发展方向。其结果是环境改造了人，而人自身未发挥对于环境的能动作用。

心理学家马斯洛认为："环境的作用最终只是允许他和帮助他，使他自己的潜能现实化，而不是实现环境的潜能。环境并不赋予人潜能，是人自身以萌芽或胚胎的形态具有这些潜能，正如他的胚胎形成的胳膊和腿一样。创造性、自发性、个性、真诚、关心别人、爱的能力、向往真理全都是胚胎形成的潜能，属于人类全体人员，正如他的胳膊、腿、脑、眼睛一样。"

因此，大学新生在初入新环境后，面对陌生的校园，可以以较强的心智去接受挑战，对于种种问题，即使不能很好地解决，也可以学会寻求帮助，以积极良好的态度去应对，以此为自己今后的学习与生活建立良好的基础。

【管窥之见】

新的生活给予我们欢乐和希望，催促我们奋发向上。

【心理实验】

九个人过桥的实验

教授说："你们九个人听我的指挥，走过这个弯弯曲曲的小桥，千万别掉下去，不过掉下去也没关系，底下就是一点水。"结果大家都顺利过了桥。

走过去以后，教授打开了一盏黄灯，透过黄灯九个人看到，桥底下不仅仅是一点水，而且有几条在蠕动的鳄鱼。

九个人吓了一跳，庆幸刚才没掉下去。

教授问："现在你们谁敢走回来？"没人敢走了。

教授说："你们要用心理暗示，想象自己走在坚固的铁桥上。"但只有三个人愿意尝试：第一个人颤颤巍巍，走的时间多花了一倍；第二个人哆哆嗦嗦，走了一半就再也坚持不住了，吓得趴在桥上；第三个人才走了三步就吓趴下了。

教授这时打开了所有的灯，大家这才发现，在桥和鳄鱼之间还有一层网，网是黄色的，刚才在黄灯下看不清楚。大家现在不怕了，说要知道有网我们早就过去了，几个人哗啦哗啦都走过来了。

只有一个人不敢走，教授问他："你怎么回事？"

这个人说："我担心网不结实。"

这个实验揭示了：心态影响能力。

启示：也许我们无法改变环境，但我们可以转变心境；也许我们无法避免挫折，但我们可以选择微笑面对；也许我们无法扭转命运，但我们可以使自己生活得更快乐些。

第二节　大学生活与新生心理适应

大学生活刚刚开始，一切都是未知的，一切都是崭新的。面对新的环境，新生们沉浸在对大学生活、对美好未来的憧憬之中，然而大学不是天堂，也不是游乐园，而是步入职业前充电加油的场所，大学也会与大学生们想象中的不一样，他们原先升学的愿望已实现，新的目标尚未找到，难免陷入暂时的迷茫，同时也感到大学与中学有着截然不同的生活、学习方式，需要尽快转变角色，适应大学生活。那么，大学生活究竟有哪些特点呢？

一、大学生活新特点

（一）独立的生活环境

大学是人才成长的特殊环境，它不仅要求学生掌握专业知识和专门技能，还要培养学生独立的生活能力。长期在生活上依赖父母、缺乏独立生活经验的同学，到大学后很快就会发现这里的一切都得靠自己。从叠被子、洗衣服这些日常生活小事，到购置生活用品，计划一个月的费用，都得自己费脑筋。除此之外，还有交朋结友、处理学业上的问题，乃至认识人生与社会，都需要更多依靠自己的能力去思考、判断和选择。在生活方式上已由依赖父母安排，转为凡事要靠自己处理的集体生活；生活习惯上，饮食、气候、语言、作息制度与卫生习惯的不同，都会造成适应不良。因此，大学生要树立正确的生活观念，学会独立生活。大学生活是丰富多彩的，应该做到有效地学习、有序地生活、有益地娱乐、有心地交往、有度地消费。

（二）深广的学习内容

大学的学习生活是中学的继续。大学的学习任务比起中学来，内容多、任务重、范围广；学习方式由依赖老师转为学生自己主动安排学习。大学的学习内容与中学相比也有着明显的差异。普通中学教育是基础教育，主要任务是向学生传授科学文化的各种基础知识，为他们的升学或就业做好一般性的准备。所以，中学的学习内容全面而不定向；大学教育则是向学生传授各种专业知识和专门技能，把他们培养成德才兼备的专门人才。因而，大学的学习内容增加了广度和深度。老师不仅要向学生讲授与专业有关的基础知识，还要讲授高、精、尖的理论和最新的科学技术成果；不仅要介绍科学发展史上已有的定论，还要介绍尚在探索和争论的问题。在教学广度上尽管所开设课程的涉及面有一定程度的缩小，但每门课的教学中却要体现对多方面知识的综合运用。同时除了专业方面的内容，大学生还需要学习一些其他知识，接触许多课外书籍，扩大知识面。因此，学习上必须学会安排自己的时间。大学中很多时间是留给自己掌握的，要把预习、做作业、锻炼身体、娱乐及休息时间安排好，要管得住自己。

（三）自由的课余时间

中学教学中的一切活动基本上都由老师安排，同学很少有自由支配的时间。到了大学，这一情况发生了很大的变化。在大学，尽管学习内容很多，但每周的课时却相对较少，老师上课时只讲重点、难点，课外作业和课堂测验都相对减少，这样，学生自己支配的时间就增加了。可以说，宽松的学习生活环境将大学生推入了一个广阔而自由的时空，给大学生的个性发展提供了良好的条件。

（四）复杂的群体关系

中学生大多以家庭为根据地，群体关系比较简单，接触的同学绝大部分来自同一个区域，语言、生活习惯等无太大差别，相互间充满了单纯、坦诚的气氛，可以无话不谈；进入大学后，新同学互不相识，地域的差别，语言、生活习惯、性格的差异，形成了较复杂的群体关系。而且，大学的生活特点决定了大学生群体关系比中学生要密切得多，同学们不仅要在一起学习，而且还要在一起生活，同宿舍的更是朝夕相处，形影难分。一方面同学们对人际交往的需求十分强烈，迫切希望建立新的良好的人际关系；另一方面由于人际交往的方式与对象的改变，缺乏交往技巧等原因，同学间常常难以建立友好的协调关系。

（五）开放的管理制度

从教学管理看，大学实行学分制，学生可提前修满学分提前毕业，也可以延长学习时间；从管理方法上看，大学更多地强调学生的自我管理、自我教育、自我服务、自我约束；从管理系统上看，大学校园各个职能部门都直接参与学生的思想教育管理、学籍管理、宿舍管理、课外活动管理等。大学生活的这些特点一方面是对新同学素质的全面考验，它可能会使一些人感到迷茫、困惑，难以适应；另一方面，它也是在培养大学生的自立、自律、自强，以及与人交往和适应环境变化的能力，促进大学生个性的成熟和走向社会化。

二、大学生活新要求

大学生活的新特点是由大学生的培养目标所决定的。大学生活中有严格的制度和管理，但另一方面对学生有生活上自理、学习上自觉、思想上自强、行为上自律等一系列要求。刚入大学的新生只有明确地了解这些要求，才能一开始就有目的、有计划地培养自己，合理安排自己的大学生活，使自己真正成为一个合格的大学生。

（一）生活上的自理与自立

上大学后，大学生应该摆脱过去的依赖心理，在辅导员班主任指导下自觉主动参与集体生活，学会自己照顾自己，独立处理生活与学习中的问题；注意向高年级优秀学生学习，听取他们介绍自己成长的体会和经验。

进入大学，就意味着离开家庭，失去对家长的依赖，生活上必须自立和自理。但有不少同学，中学时在家里都是重点照顾对象，由于生活上家长代替多于放手，迁就多于要求，缺乏生活自理能力。当他们刚刚开始大学生活，什么都得靠自己时，忽然发现有许多问题难以应对。有些同学，进入学校后失去了家庭的依靠，生活没有规划，连起码的生活小事都不会处理，有些同学经济开支毫无计划，甚至铺张浪费，生活上毫无节制。

这种现象普遍存在于刚刚入学的新生中。这不仅使许多新生情绪上难以稳定，而且直接影响到大学的学习生活。因而，要尽快适应大学生活，顺利完成大学学业，就必须首先学会生活自理，做到有计划、有目的地安排自己的日常生活。

（二）学习上的自觉与主动

大学教育的根本是基础知识的灌输和人文精神的培养，大学的学习已完全不同于中学。迈入大学校园，面临的是一个全新的学习和生活环境。学习任务十分艰巨，既要学专业知识，也要学专业外的知识；要学科学研究方法，也要学实验、技术操作；既要学做事，也要学做人。首先，大学里所学知识是由基础课、专业基础课和专业课组成的，循序渐进，一环扣一环，前面任何一环没有学好都将会影响后面课程的进行。大学以培养各类高级专门人才为目标，学生既要学习专业知识，又要掌握专门的技能，大学教育教学与整个社会需要紧密地结合在一起，使其具有很强的实践性和针对性。其次，学习内容不同。大学的学习是一种专业性很强的学习过程，但这些课程都紧紧围绕一个中心，就是为培养专门人才服务。此外，大学还根据培养专门人才的要求，开设大量的选修课、专题讲座和实验、实习及社会调查等许多反映现代科学技术发展的新知识和新内容的课程。最后，学习方式和学习方法不同。大学学习充分体现出学生学习的主动性、积极性和自觉性，学生要不断探索和总结适合自己的有效学习方法。大学的学习一定要改变往日应试教育的学习方式，积极参加课外实践和各种兴趣小组，这对于未来的发展十分重要。

正如前面所说，大学与中学相比，学习内容和方法都有很大变化。因此，学习上的不适应是大学新生中最常见、最广泛、最突出的现象。这要求同学不仅要提高学习的自觉性，而且要迅速掌握大学学习规律，选择最佳的学习方法，从被动转为主动。要正确认识大学学习的特点，逐步摸索与自己水平、基础相适应的学习方法，注重自学能力的培养，学会管理支配时间，学会使用工具书，利用图书馆等条件自学。

（三）思想上的自律与自强

大学教育非常强调培养学生坚强的意志和自强不息的精神。自强，才能在成绩面前不骄傲，不停顿；自强，才能面对困难，不屈不挠，迎难而上。意志坚强才有毅力，这从一些琐碎小事上也能表现出来。比如，早晨锻炼身体，人人都可以做到，但有的人"三天打鱼，两天晒网"，有的人却能风雨无阻，持之以恒。这就是意志与毅力在起作用。

（四）人际上的沟通与交流

沟通与交流是一种社会行为，是每时每刻都发生在我们学习、生活和工作中的事情。作为大学新生更需要学习和掌握人际沟通与交流技巧，沟通需要有意识地进行训练和培养，从而实现人与人之间的充分理解、认知和协同，使目标得以成功。大学生的沟通能力在很大程度上影响着我们的大学生活以及职业生涯的成败。因此，与来自各地、性格、习惯各异的同学交往，需要把握交往机会，学习沟通技巧，采取积极主动的方式与他人交往。

沟通的技巧是一门艺术，也是经验的积累，培养和训练是必须的，而悟性是要靠自身的体验和观察去发掘的。

（五）追求上的目标与定位

适应环境最根本的因素是要有明确的奋斗目标。进入大学后，专业方向已定，可以把美好的理想与所学专业结合起来，从社会理想的高度来认识上大学的意义，增强社会责任感和历史使命感，将社会需要与自身条件相结合，确立新的奋斗目标。

大学生活还要求大学生能自我控制、自我约束。从他律到自律，也是从中学生活到大学生活的一个重大变化。进了大学，家长的督促减少了，学校的管理、老师的教导虽然依旧存在，但也不可能那么具体。因此，对于大学新生来说，要适应大学的生活环境，应该认真走好以下四步。

1. 调整心态，从零开始

也许某学生是高中的佼佼者，是同学的榜样，家长的骄傲。但到大学后却失去了这种众星捧月的感觉，心里空荡荡的。其实，高中所学的只是基础，而大学才会将自己逐步培养成某方面的专业人才。刚入大学大家机会均等，站在同一起跑线上，至于最后的结果如何，全看自己的努力。

2. 相互包容，和睦相处

"家里"突然多了三五个操着各地口音的兄弟（姐妹），要在同一个屋檐下相处四年。相逢是缘，大家都有优点，可以共同分享；也都有缺点，更该彼此包容。

3. 立足自学，广猎知识

大学的学习几乎是堂堂要换老师，节节要换教室，上课同室学，下课各分散。自学是大学学习的主要特征，不仅上课所学的要靠你的自觉性去消化吸收，即便你整个的知识体系也要靠自己去补充完善。所以除了专业学习外，应适当广猎课外知识，使自己丰富起来。

4. 科学管理，合理开支

进入大学你得学会自己当家；攥着父母的血汗钱，算计每月的吃、穿、用，既要考虑物质产品，又要考虑精神食粮。切不可"月初吃咸肉，月末啃馒头"。当然要达到上述要求并非一朝一夕的事，但对每一个新生来讲，确实是必须做到的。

三、大学新生心理特点、变化及冲突

从中学到大学，是一个转折过程。这个过程的长短取决于每个大学生本人的心理状态。在大学里，常常会出现这样的情况，同是高分录取进来的同学，进校后，有的进步很快，成了全面发展的优秀学生；有的却成绩下降，精神不振，远远落后于同学；有的面对新的学习环境、新的生活和新的老师和同学，不仅没有产生自豪感、愉悦感，反而内心郁闷，无所适从，甚至会出现躯体上的不适症状，进而导致学习及生活能力减退，对学习和生活造成不良影响。出现这种分化状况的原因是多方面的，然而，其中一个很

重要的原因，就是能否清醒地看到自身的一些变化，找出原因，正确对待，使自己朝着健康、正常的方向发展。

那么，大学新生究竟有哪些心理特点、变化及反应呢？

（一）主体思维的弱点

从大学新生的主体来看，由于特殊的心理、社会特征，容易产生自身的思维弱点，造成心理失调。

1. 直观的思维定势

一些大学新生往往存在狭隘、浅薄、直观的思维方式，缺乏思维的发散性、独立性、创造性。在处理问题时，不是从纵横交错的多种联系中去认识事物，而是"一叶障目"，就事论事；不是透过事物的表象迅速地抓住事物的本质，而是仅仅停留在现象上；不是开动脑筋独立地发现问题和解决问题，而是"人云亦云"，容易受别人的观点支配。这样的同学在学习过程中会很快觉察到自己思维方式的落后，在与独立思维能力强的同学的无形比较中，更强烈地感觉到自己思维的浅陋。因此，他们急切地希望自己改换新的有效的思维方式，提高自己的思维能力。但这需要有一个较长的过程，而非一蹴而就，从而使许多同学的内心积下了沉重的心理负担，产生了深深的焦虑感。

2. 过激的情感支配

正确的思维方式，往往离不开全面而丰富的知识经验，尤其是大量的直接经验。一年级大学生的直接经验少于间接经验，而且由于资历浅，无论是直接经验还是间接经验都比较单薄肤浅，因而往往借助于情感作思维中介。但是，又由于他们社会阅历浅，价值观尚未正确形成，心理还很不成熟，在情感上就具有明显的两极性、不稳定性和心境性等特点。这种凭借情感的思维往往很片面、很肤浅、很不稳定，有时甚至会因过激的情感思维而造成过激的行为举动，产生不良的后果。

3. 盲目的标新立异

求新求异是青年人的特点，有些在中学时代"出类拔萃，鹤立鸡群"的新生，更喜欢"标新立异、与众不同"。这种求新求异的思维倾向在某种程度上可能促进创造性思维的发展。但是，有些同学却由于对这方面过于追求，而形成了盲目性，失去了自觉性，有时不联系客观实际，而轻信错误的所谓新思潮、新观念，以至于陷入了思维的困境。

在这个阶段，大学新生大多处于"心理断乳期"，这正是青年人从幼稚到成熟的转折点，也有人称为青年心理成长上的一次"危机"。而处于这一危机时期的大学生，又恰逢环境巨变，因而在这个过程中，思维常会呈现出错综复杂的矛盾特点。

（二）新变化带来的新冲突

大学新生跨入大学校门后，由于生活、学习环境的陡然变化，过去的自我容易受到强有力的冲击，以往的参照系改变了，面对这一切，他们产生了从未有过的心理体验，内心产生了强烈的冲突。

1. 新鲜感与恋旧感

大学是中学生十分向往的地方。在他们的心目中，大学就像一个充满着诗情画意的乐园。同学们兴冲冲地来到学校，所见到的一切的确富有迷人的色彩：宁静优美的校园，宽敞明亮的教室，种类繁多的图书，博学多识的师长，五湖四海的学友，深奥莫测的课程……置身于一个全新的世界之中，许多人最初的心理感受是复杂的，兴奋、轻松、愉快、新奇……种种体验集于一身。然而，大学毕竟是现实社会的一个组成部分，它既不是"神圣的殿堂"，也不是"世外桃源"。它不仅包含着现实社会的纷繁复杂，也体现出现实社会的不完善。同学们来到大学一段时间后，就会感到各方面都有一些不尽如人意的地方，尤其是当生活、学习、工作和人际关系等方面出现挫折时，久而久之，就会渐渐地感到失望，进而产生厌倦苦闷、彷徨。尤其是每逢周末和节假日，还会产生"周末恐惧症"。往往乡愁满腹，留恋过去，期望第一个寒假快快到来。可以说，恋旧感是新同学中普遍存在的，这是一种适应不佳的表现。这种现象一般会随着他们不断成熟而逐渐消失，但严重的学生会持续较长的时间，妨碍学习和生活。

2. 获胜感与失落感

考上大学，几乎成了所有参加高考的学生追求的目标，然而，在高考的角逐中，真正能够获胜的，只有少数。因此，大学新生多半是怀着"已经实现了奋斗目标"的胜利者的喜悦踏进大学校门的。可是，当他们进入了大学，兴奋的心态平静以后，突然会发现，大学生活与他们所期望的相去甚远，自己辛辛苦苦所追求的并非绝对的美妙，一种高期望值的落空感和奋斗目标的失落感油然而生。许多同学在新的学习生活中找不到自己的坐标，于是茫然困惑，不知所措。旧的动力消失了，新的动力还没产生；旧的目标过去了，新的目标尚未确立。跳出"龙门"的"鲤鱼"，不知游向何方。

3. 自豪感与自卑感

考取大学毕竟不是一件容易的事，因而，有幸升入大学的同学，往往以"天之骄子""竞争的胜利者"的姿态出现。他们在长辈们的夸赞中，同学们的羡慕下，心中陡然升起了一种自豪感和幸福感，有些人甚至飘飘然，大有"好风凭借力，送我上青天"的得意之情。然而，大学毕竟是一个"群英荟萃"之地，在这里，严格地恪守"优胜劣汰"的原则。不少同学进入大学后，慢慢地发现自己原来在中学的优势不复存在了，面临的是一种重新分化组合后的严峻局面。原来的第一名，可能考试不及格；在中学担任过班干部，指挥过别人的，尤其是那些尖子意识过强的同学，更觉得反差明显，难以接受这个现实。可以说，进入大学后，很多同学或多或少都会有一种失宠感，自豪感与优越感遭受了挫折，转而产生了自卑和焦虑。

4. 轻松感与被动感

在高考的压力之下，许多同学的高中生活过得十分艰苦，老师和家长的督促使他们放弃了很多课余爱好。为了考上大学，"卧薪尝胆"，苦苦拼搏了好几年。如今目标终于实现了，相当一部分同学都觉得如释重负，获胜后的轻松感油然而生。不少人以为考上大学就"船到码头车到站"，今后的道路自会宽阔平坦，该松口气、歇歇脚了，缺乏继续艰苦拼搏的思想准备。那些想"轻松一下"的同学，就把自由支配的时间用于看小说、看电影、玩游戏或"神吹海侃"，不太把学习当回事。然而，学习从来就不是一件轻而易举的事，大学学习更是如此。抱着"轻松一下"的想法学习的同学，会由于较长时间放松了学习而深感学习的被动。还有不少同学由于还没有掌握大学的学习方法，不善于自学，不会妥善安排时间，不懂得如何利用图书资料等。

5. 求理解与闭锁性

大学新生正处于"青春期"，此时的心理有一个显著的特征，即闭锁性，也就是说逐渐失去了儿童的天真、少年的爽直，不太愿意与他人接触，不太愿意随便吐露内心的感情。这时，他们往往愿意让自己的精神世界保留一层神秘的帷幕。一些隐秘和感情只对自己最亲近的朋友透露，有时甚至连最亲近的朋友也信不过，而只对自己最忠实的伴侣——日记本，吐露自己的思想感情。这种内心世界的丰富性，既产生了一种独处的需要，同时也容易使他们感到自己与他人之间有了一种心理距离，感到自己不被他人理解接受、尊重和信任，从而感到孤独和苦闷，这又进一步加剧了闭锁心理。在出现这种闭锁心理的同时，又有需要他人理解的强烈愿望。他们远离家庭和老同学，来到一个陌生的环境，特别容易感到孤独寂寞和无所依托，尤其当遇到困难而得不到帮助时，更觉苦闷和烦恼。对大学新生的情况调查表明，同学们认为来校后最苦恼的事情是"不被人理解"，最缺少的是"友谊"。许多同学发出了"理解万岁"的共同心声。闭锁性与寻求理解的矛盾同时存在于青年大学生身上，因而给同学间的交往带来了不少问题。

四、大学新生常见的心理适应问题

对大学新生来说，进入向往已久的大学，这是人生的一大转折，但由于高中与大学各方面的不同，有些同学夹杂着几许忧愁、几许焦虑，造成了自我与环境的平衡被打破，使一些同学出现了适应不良的问题。据调查表明，大学生中相当大一部分学生在心理上存在一系列不良反应与适应障碍，发生率为20%～30%，表现为焦虑、强迫、恐怖、抑郁、神经症等，这些明显影响了一部分同学的智能因素、心理因素及人格成长。大学新生的心理适应性不仅会左右他们的学业和人格，而且会影响他们未来的社会适应。如何尽快适应大学生活，是摆在每位新生面前的紧迫问题。

大学新生常见的心理适应问题主要有以下四方面。

（一）生活适应问题

上大学是新生第一次真正远离父母到陌生的环境。能否合理、有效地安排自己的日常生活是生活与环境适应的重要内容。大家来自不同区域，由于气候、水土和饮食习惯的不同，往往会给自身带来某些心理反应和躯体不适感。有的同学失去了往昔家庭的照顾，缺乏独立生活的能力，一时生活上不能自理；有的同学生活开支无计划，常常出现"经济危机"；有的同学面对丰富多彩的校园文化生活以及气候变化等，常常不知所措、无所适从，容易引发新生对身心健康的焦虑和担忧，从而出现烦躁、痛苦、紧张不安等情绪和心悸、疲倦、呼吸不畅等神经衰弱症状。

（二）学习适应问题

上大学是新生第一次真正领略"高、精、深"的知识。由于高中阶段与大学阶段学习方法和内容的不同，大学新生的学习动机呈多元化发展趋势。学习动机的多样化导致学生学习动力不尽相同，效果千差万别。大学对学生自主学习的要求较高，被老师牵着学习的学生再也无法适应新的学习形式，加之新生要面临新的授课方式和管理模式。如果学生不能及时调整则很容易对大学学习感到迷茫，严重影响新生的学习积极性和学习效率，往往会导致学生厌学、逃课等，从而产生紧张、焦虑、失眠等情绪问题。

（三）人际适应问题

上大学是新生第一次真正体验集体生活。新生必须面对新的师生关系、同学关系。在新的环境下，他们渴望被认同、被接纳，但由于原来所处的人际关系单纯，人际交往经验欠缺、人际交往技巧不足，他们往往对人际交往缺乏基本的正确认知。在新的交往过程中由于不愿意交往、不敢交往或不会交往，致使他们体验到自卑、寂寞、孤独、焦虑、恐惧等负面情绪，进而出现沟通不足、关系失调、人际冲突等现象，严重影响良好人际关系的建立。

（四）自我适应问题

上大学是新生第一次真正感悟"断乳期"的反应。自我适应问题主要表现为自我认识不清楚，自我意识不客观。新生正处于自我同一性形成的关键时期，这个阶段是新生从不成熟走向成熟的转折时期，他们从心理上依附于父母，到出现独立意向，自我意识逐渐增强，但由于缺乏生活经验不能对自己进行客观评价，容易出现理想与现实脱节、自我发展目标不明确等问题，尽管自我意识发展了，但自我适应和控制能力较差，导致他们对前途茫然、失望，严重影响其对大学生活的适应。

大学新生常见的心理适应性障碍主要表现如下。

1. 情绪障碍

进入大学的新生感觉高中阶段的那种奋进精神和激情消失殆尽，有"船到码头车到站"的想法，对什么事都不感兴趣，可能会出现睡眠障碍、食欲减退等，有的新生自认为考得不好或录取学校不理想的还会产生自卑、自责的心理。主要表现以情绪障碍为主，伴有适应不良的行为或生理功能障碍，而影响学生的社会适应能力，使其学习、工作、生活及人际交往等受到一定程度的损害。

2. 焦虑倾向

进入大学的新生首先面临的就是生活与环境的变化，他们对新的生活没有充分的思想准备，在角色转变的过程中当遇到困难和挫折时，常常容易产生一种紧张、忧虑、不安而兼有恐惧的消极焦虑状态。它包括自信心和自尊心的丧失，失败感和负罪感的增加等。而过度的或过于持久的焦虑会损伤人们正常的心理活动，导致心理疾病的产生，如忧虑症、神经衰弱等，从而严重地影响大学新生的正常生活和学习。

3. 行为障碍

行为是指外在的且能够被观察到的人类活动。当个体的行为与大部分人相比，已超出正常平均值，则认为其有行为上的异常。若个体的外在行为已经对其或周围人造成严重影响，则被认为其有行为障碍。行为障碍的产生主要是因为人们在采取各种行动以达到某种预订目标的心理过程中出现了障碍。诱发行为障碍的原因较多，与精神性疾病和意识障碍关系密切，如抑郁症、焦虑症、精神分裂症等。

4. 社会性退缩

社会性退缩是指个体与社会交往减少，孤僻、退缩，与外界接触的频度和程度减退。泛指社会情景下的独处行为，具有跨时间情景的一致性，是一种内化的问题行为。当一个人在面对困难时，表现出漠不关心的心态，缺乏进取精神，对任何事都不感兴趣，终日随波逐流，无所事事时，这种行为就是社会退缩的表现。

5. 躯体不适

当个体遭受不良生活刺激，又具有易感素质加之适应能力差，便可导致适应性障碍的发生。针对大学新生而言，诱发其适应性障碍的直接原因主要有个体心理素质不良和环境变化两方面。如果调节不当，不能及时排解内心的不良情绪，便会产生心理偏差，继之则会形成心理障碍。从而出现不同程度的头痛头晕、恶心呕吐、腰酸背痛、肢体麻木、食欲不振、消化不良、腹痛腹泻等症状。

以上这些心理的变化、矛盾冲突、出现的问题和表现等都是由环境的变化所导致的，这是同学们中学时的心理惯性与大学生活冲撞的结果。它在客观上是对残留在新同学身上的"依赖性""理想化""优越感"等意识的否定。这种否定，促使他们重新认识新的生活和环境。正是在这一否定之中，同学们才会更清晰、更深刻、更正确地认识自我，从而进一步思考和规划自己的人生。

【管窥之见】

人，只要有一种信念，有所追求，什么艰苦都能忍受，什么环境也都能适应。

——丁　玲

【案例分析】

案例一：

小张（化名），男，19岁，贵州某大学一年级学生，性格有点内向，自尊心极强。小张在高中阶段学习刻苦，成绩一直名列班级前茅。进入大学校园后，他突然发觉自己站在"山顶"的感觉没有了。面对新的生活他感觉找不到规律，学习找不到方法，他开始丧失信心，食欲不振，经常失眠，到后来竟想到了退学。最后在父母和老师的帮助下被送到省级专科医院看心理医生。

诊断：本案例属于适应障碍。一般来说，能通过高考的独木桥进入大学殿堂的大学生，在高中阶段都是学习中的佼佼者，会受到老师的青睐，同学的羡慕，无形中可能会产生某种过高的自我肯定和评价。但到了大学以后，很多新生面对新的环境和同学，发现自己显得较为平凡。这一突然的变化使一些新生措手不及，无法接受理想我和现实我之间的差距，于是开始怀疑自己的能力。

策略：积极组织新老生经验交流会，让新生借此机会向学长请教如何快速适应大学新生活，明确奋斗目标和方向；积极参加各级各类活动，如选择加入学生会组织、各种社团等，通过参加自己喜欢的组织和活动，缓解或消除大学新生因环境变化而出现的适应障碍；积极进行体育锻炼，如跑步、瑜伽等，不断提高肌肉控制能力，增强免疫力。让自己更有活力，以便在应激状态下，适应能力更强；积极进行自我探索，通过运用科学的测评软件对自己的性格、职业取向等进行探索，及时发现和修正自己存在的问题，正确认识角色变化，尽早做好思想准备，快速适应新的生活。

案例二：

小雨（化名），女，18 岁，上海某大学一年级学生，常表现出情绪紧张，眼神迟疑。小雨家在外地，家里有一个姐姐在当地上大学，父母身体、工作都很好。小雨在家时，除了学习以外的其他事情一概不用自己操心，她不懂得料理自己的生活，也不喜欢与他人交流。上大学之前没有集体生活的经验，一切都由家人全权代劳，学习成绩优秀，老师喜欢，同学赞扬。可上了大学以后这些优势都不复存在，她在学习和生活上经常感觉压力大，感到自己处处不如人，尤其是发现同寝室能说会道的 6 个上海同学懂得很多东西，会玩、会学、会生活，当与她们交流时更让自己紧张、心慌，她感到很孤独、很寂寞，觉得自己万分痛苦，快要发疯了。

诊断：本案例属于典型的"大学新生适应不良问题"。造成小雨环境适应不良的主要原因有家庭环境和社会环境两方面。前者体现了父母的教育思想和言行。为了让孩子专心学习，父母代劳了许多不该由孩子自己承担的责任，看似爱护实则剥夺了孩子的成长权利，成长过程中，孩子被养成了温室里的花朵，既自负又脆弱，抗挫折能力极差。现实中学校教育则表现为"以分数论英雄"，两耳不闻窗外事，一心只读圣贤书，学习成绩好就行，缺乏对学生的挫折教育，忽略了学生综合素质的提升。本案例当事人遇到了全方位的应激，表现在学习、生活、人际关系、原有性格弱点等方面，致使她遇到困难，就会自暴自弃，自我否定，从而陷入深深的情绪困扰中，迷失了自我。宜于用现实疗法进行处理。

策略：在治疗手段上采用现实疗法，帮助当事人认识自己、接纳自己，学会探讨和处理学习、人际、生活自理问题和性格重塑。使其重建自信，恢复积极的生活方式，使自己的人生健康地发展。

第三节 大学生适应与发展的基本方法

大学生活对于刚刚踏进大学校门的同学来说既是新鲜的，也是陌生的；既是神秘的，又是实在的。然而，无论怎样，它都是大学生成才的沃土和摇篮，它给同学们提供了一个增长知识、丰富头脑、锻炼意志、提高修养、完善人格的天地。只要我们珍视这一片天空，热爱这一段生活，积极乐观地面对现实，就一定能够成为一名合格的大学生，为将来成为一名社会所需要的人才打下基础。

一、大学生适应与发展的任务及要求

现代社会的急剧变化，对人们提出了新的适应与发展的任务和要求。世界各国都把大学生在大学期间的适应与发展作为人才培养的重要内容。了解高等教育对大学生适应与发展的具体要求，有助于同学们紧跟时代潮流，完成适应与发展的任务要求。

（一）七项发展任务

西方学者戚加宁提出大学生在校期间，应该完成七项发展任务。

1. 发展能力

在大学期间，大学生可以增进和发展多方面的能力，并更有信心来表达这些能力，包括智力、体力、人际交往能力等。

2. 管理情绪

大学生们每天都会面对许多挑战，有些来自学习，如选修课、考试、写论文，也有些来自人际关系、家庭、生活等，从而产生了种种不同的情绪，有积极的也有消极的。大学生们要充分了解、认识自己的情绪，并以恰当的方式来处理情绪。这对整个人生都有着深远的意义。

3. 独立自主，互相帮助

作为大学生，学会独立承担责任是十分重要的。在学习独立的同时也要学习如何互相帮助、互相包容。因为个体的每一个行动都会影响自己和他人，在有些情况下个人需要做出牺牲、让步，以便达成共识。

4. 发展成熟的人际关系

与别人建立关系对大学生的生活有很大的影响，建立成熟的人际关系十分重要。一是要容忍和欣赏别人与自己的不同；二是要有能力和信心与别人发展亲密关系。维持这样一种亲密关系需要良好的自我认识、自信心、社会支持等。

5. 确立自己的角色地位

这一点对于大学生来说十分重要，它既影响自尊心、自信心的建立，同时也影响也人对自己的满意及接纳程度，还会影响对自己的评价等。

6. 发展人生的目标

包括不断地增强能力，做出计划，定出方向、目标，并根据目标定出三方面。一是职业上的计划与期望；二是个人兴趣；三是对人际关系和家庭的承担。人生目标的制定往往与大学生自己的价值观和信念有关。

7. 发展整合

大学生的价值观是引导他们行动的方向，也是他们为人处世的原则。整合的意思是行为与价值的一致、顾及别人的利益、尊重别人的意见，同时能够肯定自己的价值观及信念。

（二）四种基本要求

1996年联合国教科文组织的报告《教育财富蕴藏其中》指出，21世纪教育必须围绕以下四种基本要求进行设计。

1. 学会认知

学习是一个终生的任务。大学生应当热爱学习，不断用新的知识充实自己，不但学好本专业的知识，而且学习与之相关的各种人文和自然科学知识，拥有跨学科的交融能力，拥有综合分析问题、解决问题和在复杂信息环境下检索和判断的能力，拥有不断创新的能力。因此，学会认知，不仅仅是为了获得知识本身，更重要的是获得一种认识世界的手段和能力。

2. 学会做事

大学生要有敬业精神和社会责任感，要有独立的生活管理能力，能独立选择、独立决断、独立处理问题，能够应对各种情况和各种环境，不断积累做事的相关经验，使工作富有成效。

3. 学会共同生活

在现代社会中，与人和谐相处既是一种人际交往的能力，也是人生成功的一种人际资源。大学生应当对他人有尊重、真诚的态度，能够接纳他人的长处与不足，能够与他人进行良好的沟通，在沟通中建立亲密的合作关系，在相互交流与分享中促进自我和他人的成长与发展。

4. 学会做人

适应与发展的目的在于使人日臻完善；使人格成熟，不断增强自主性、判断力和社会责任感；使人拥有正确的人生观、价值观，拥有正确的道德观念和是非观念，能够遵守社会公德，使自己的各项行为符合新时期大学生的行为规范。因此，学会做人是大学生适应与发展的重要前提。

此外，国外对大学生提出的能力要求是培养九种能力。一是很强的分析和解决问题的能力，包括系统思维的能力；二是对新问题、复杂问题的综合表达能力；三是跨学科知识的交融能力；四是用英语和外语进行交流的能力；五是判断自己的选择和决定的结果及对相关后果进行分析的能力；六是在复杂环境下的检索和判断能力；七是多元化环境下的工作能力；八是对民主价值、平等和社会责任的承诺；九是了解外来文化和复杂变化中的世界的能力。

二、大学生适应与发展的基本方法

适应与发展是个体毕生的课题，而从中学到大学是人生的重大转折，对大学生顺利实现社会化，完成由社会客体向社会主体、由学生向建设者的转变具有重要的影响。

（一）自我评价与调整

大学阶段是自我意识形成的重要阶段，健全的自我意识，是大学生塑造健康人格，培养良好情绪的基础，也是大学生全面发展的重要条件。自我评价是自我意识的一个方面，是指人对自身条件、素质、才能等各方面情况的一种判断，而大学生对自我的评价得当与否，将直接影响到大学生活中的学习效能、职业选择和事业奋斗的自信心。

1. 要建立理性的认知方式

正确的认知是人适应与发展的前提和基础。人对生活的不适应，大部分来源于人们对现实的不合理认知方式。例如，对自己、对他人的绝对化要求，对自己、对别人以偏概全的过分化概括，对自己行为"糟糕至极"的悲观预期等。因此，大学生要培养自己的辩证思维方式，改变对自我、他人和环境的不恰当认识。

2. 要适应角色要求

大学生们来到了新的环境中，面临着多方面的变化，如何使自己健康地适应环境，快乐发展呢？一是要了解客观的自己，了解自己的优点和缺点；二是要了解现代社会和环境对自己的要求，只有使他人的角色期望和自己的角色采择一致，才能有助于我们去控制或改变自己的态度与行为，以达到改善人际关系和提高工作和学习效率的目的，使现在的自己不断向理想的自己靠近。

3. 要正确控制情绪

情感和情绪不仅影响人的认知活动，而且对人的意志行为和个性心理等起着积极或消极的作用。同时，它还主宰人的健康，影响人际关系，影响学习和工作，甚至决定个人的成功与发展。大学生们面临着环境和角色的改变，难免会产生不良情绪，若不及时疏导、控制和调适，轻者会陷入情绪低落或淡漠之中，重者则会产生恐惧、焦虑、烦躁等情绪障碍，会影响个人的适应与发展。大学生应当使自己有积极、乐观、稳定的情绪。

（二）确立目标

目标对于大学生的适应与发展具有重要作用。当人们没有目标时，会感到迷茫和空虚；目标过低时，就会缺乏动力；目标过高时，又会因为达不到理想而失望。很多适应困难都与目标确定不当有关。要使自己能够成功发展，必须为自己确立一个合乎实际的目标。首先，应当根据社会发展和自我发展的需要，为自己制定一个远期目标。其次要制定一个为实现远期目标所设立的近期目标，即短期内要做的事。目标的确立，应当从大学生自身的实际和客观的实际出发，比如大学生的个性特点、能力以及所具备的条件，盲目地追随别人或社会时尚，不但不会获得成功，还会影响心理的平衡。最后，还应该随时根据已经变化了的情况，及时做出调整，以免因为脱离实际而不能实现目标。只要我们能确立一个合适的目标，就会有行动的方向和动力，人生就会充满信心与活力。

（三）自立自强

生活的实质就在于独立，世界上但凡有成就的人，没有一个人不是自立的。在现代社会里，这一点尤为重要。每个人都是一个独立的个体，应该具有独立思考和独立处理问题的能力。人不可能永远依赖于父母和他人，日常生活中的自我管理、社会生活中的各种矛盾、复杂的人际关系，都需要每个人独立面对，而这种独立处理问题和矛盾的能力不是天生的，主要靠在生活实践中去培养、去锻炼。有的人害怕失败，遇到问题不是躲避，就是依靠能力比自己强的人，于是就永远独立不了。其实，只要尝试着独立去解决，无论结果是成功还是失败，自己都会得到锻炼。成功了会获得经验，能力自然会提高；失败了，你并不是百分之百的失败了，仔细分析一下，只要纠正行动中的某些不足，你就会获得成功。失败，更能发展你的能力。只要你勇敢地一次次去尝试、去实践，你就会拥有应对各种环境和社会变化的能力。

（四）主动交往

法国作家罗曼·罗兰（Romain Rolland）说过："有了朋友，生命才显示出它全部的价值。智慧、友爱，这是照亮我们黑夜的唯一光亮。"可见友谊在人生中的分量。

人生的美好是人际关系的美好。人对环境的适应，主要是对人际关系的适应。有了良好的人际关系，人才有了支持的力量，有了归属感和安全感，心情才能愉快。人际关系的建立既有认识问题也有技巧问题。每个人都不能只是埋怨别人，埋怨周围环境，而应该首先主动关心别人，主动为别人做一些事情。人总是会投桃报李的，主动关心别人的人总是会得到别人的喜欢的。人应当主动开放自己，如果关闭自己的心窗，又埋怨别人不向自己吐露心声，那么是永远也找不到朋友的。感情的交流是相互的，你对别人开放得越多，别人从你那获得的安全感就越多，才会向你开放得越多。只有付出真诚，才会得到真诚，才会建立良好的人际关系。

（五）积极行动

美国著名心理学家和人际关系学家戴尔·卡耐基（Dale Carnegie）曾经说过："如果想要快乐，就为自己立一个目标，使它支配自己的思想，放出自己的活力，并鼓舞自己的希望。快乐就在你心里，它源于去做具体而明确的事，把自己全部心思和活力都放在其中，积极去行动。"

积极行动，可以摆脱由于对环境的不适应而产生的孤独、苦闷、烦躁、恐惧和空虚。当你对环境不熟悉、不满意时，只要你积极行动，为集体、为他人做些事情，你就会逐渐熟悉和了解环境，别人也会从你的行动中了解你，你就会逐渐融入新的环境当中。行动会使你充实和愉快，当你全身心地投入生活中的时候，就不会像往日那样去琢磨自己的心境。要知道，很多烦恼都来自自己的"冥想"。那些专心于干自己事业的人们，那些辛勤劳动的人们，是没有时间去空虚和烦恼的。为"活着太累"而烦恼的人，赶快积极行动起来，行动会带给你价值，行动会带给你心理的健康与欢乐。

　　积极行动，意味着你要积极投入学习和学校各项社会活动中去，投入社会的各项实践活动中去。在这些活动中，你提高了自我选择、自我决断、自我管理能力，也提高了处理各种复杂事物的工作能力。同时，也提升了自信，完善了人格。

【管窥之见】
这个世界是公平的，上帝给谁的都不会太多。一份耕耘，一份收获。

【心理训练】

【心理微课】（请使用"知到 app"进行扫描学习）

心理适应的概述　　　　大学生全新的生活　　大学生常见心理适应性障碍　　大学生自我适应的发展

【推荐读物】
1. 戈尔曼.情商：为什么比智商更重要［M］.北京：中信出版社，2018.
2. 约翰逊.谁动了我的奶酪［M］.北京：中信出版社，2015.
3. 拉金.如何掌控自己的时间和生活（升级版）［M］.北京：北京联合出版有限公司，2017.
4. 朱琳.大学生入学适应能力教育［M］.北京：知识产权出版社，2017.

【学习与思考】
1. 简述大学新生心理发展特点。
2. 你认为大学新生心理适应问题主要有哪些？
3. 请结合自身实际拟定一个大学生活发展规划。

第三章　认识自我
——大学生自我意识与塑造

人的意识是私有的、常变的和连续的。意识活动在任何一点上，都是一个统一体，并且无时无刻不在流动着和变化着，像河流一样川流不息。

——威廉·詹姆斯

【学习目标】

知识目标：掌握大学生自我意识的内涵；认识并了解自我意识的发展规律与特点；理解影响自我意识的因素。

能力目标：学会调试自我意识的常见问题。

情感与价值观目标：塑造健全的自我意识，能够对自己形成客观的、全面的自我意识，保持阳光心态，积极面对生活。

【本章重点】

1. 自我意识的概念及结构。
2. 大学生自我意识发展的特点及规律。
3. 大学生完善自我的途径与方法。

【思维导图】

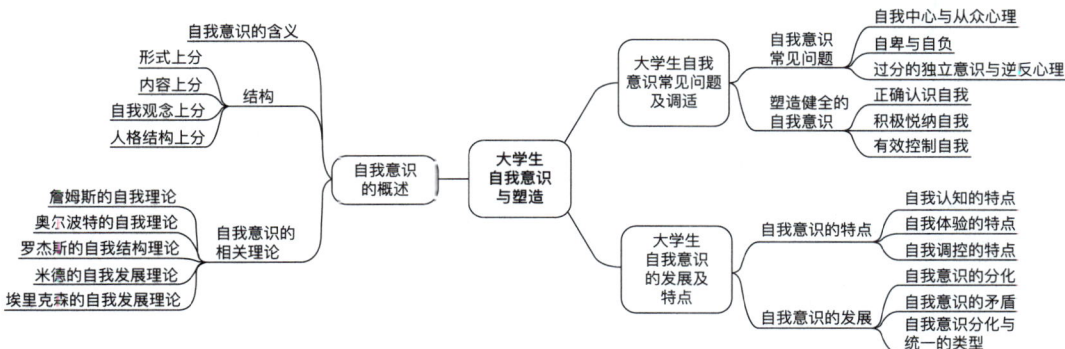

　　人的一生，始终都在寻找自我、实践自我、完善自我，这是生命赋予每个人的至高无上又不可推脱的神圣使命。进入青年期以后，我们的心理发生了巨大的变化，从以往对外界的好奇、追寻转移到了对内在的审视和思考。德国哲学家斯普兰格（E. Spranger）称青年是"第二次诞生"，也是指他们发现了一个内心的自我世界，正是这个自我的出现，使得他们的独立性、成人感日趋增强。

第一节　自我意识概述

一、自我意识的概念

（一）自我意识的含义

所谓自我意识（self – awareness）就是指一个人对自己的认识，即个体对自己的身心状况与特征，自己与他人、与周围世界的关系的意识；它是个体在社会实践中形成、发展的对于主体自身身心状态、活动及其与外部世界关系的主观反映和由此引起的情感体验和行为意向；它是人格的核心，是一个综合性的高级心理系统，对人的心理和行为起着调控作用。

（二）自我意识的结构

自我意识是一个多维度、多层次的复杂的心理系统，有关自我意识的结构及其各组成要素之间的联系和相互影响，心理学界有不同的诠释。

1. 从形式上分

从形式上分自我意识可分为认知的、情绪的和意志的三种，即自我认识、自我体验和自我调控，如图 3 – 1 所示。

（1）自我认识

自我认识属于自我意识的认知成分，指一个人对自己在生理、社会和心理层面上的认识。它包括自我感觉、自我观察、自我图式、自我评价等。其中自我评价是自我认识中最主要的方面，集中反映了个体自我认识乃至整个自我意识的发展水平。个体对自己身高体重的了解、对自己在社会群体中相互关系的理解、对自己的思维过程和内容的认知等，都属于自我认识的范畴。

（2）自我体验

自我体验属于自我意识的情绪成分，指一个人对自己的情绪体验，是在自我认识的基础上产生的，反映个体对自己所持的态度。它包括自尊、自信、自卑、内疚、自豪感、成就感、自我效能等。其中，自尊是自我体验中最主要的方面。个体对自己所处的地位感到骄傲或沮丧、对自己近来的表现感到满意或不满、对自己所做的事情感到高兴或愧疚等，都属于自我体验的范畴。

（3）自我调控

自我调控属于自我意识的意志成分，指一个人对自己的外显行为和内心活动的制动过程。它包括自制、自立、自主、自我监督、自我控制、自我教育等。其中自我控制是最主要的方面。

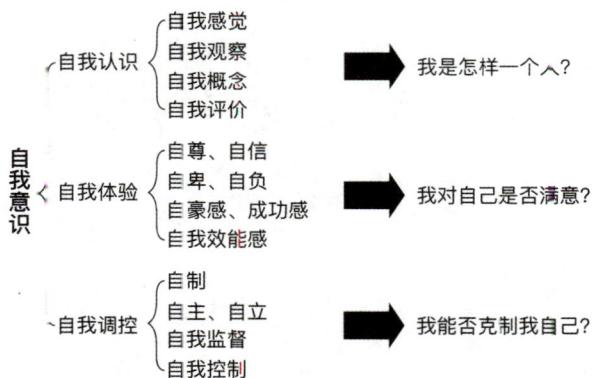

图 3－1　自我意识

2. 从内容上分

从内容上，自我意识又可分为生理自我、心理自我和社会自我，如图 3－2 所示。

（1）生理自我

生理自我是指个体的生理属性，即由细胞等有形物质构成的自我，包括个体的身体、外貌、体能、生理活动等方面。如个体的身高体重、身体状况、各种器官（如头颈、躯干、四肢及内脏）的组合等，就是所谓的"生理自我"。

（2）心理自我

心理自我是指个体的心理属性，即一个人心理现象的总和，包括：人格特点、人格倾向、心理过程、心理状态等方面。如个体思维的过程和内容，情绪的喜怒和哀乐，意志的坚强与消沉等，就是所谓的"心理自我"。

（3）社会自我

社会自我是指个体的社会属性，即一个人在社会关系中的地位、权利、责任、义务、角色、人际交往等。如你是一名学生，是社会的消费者，是你父母的儿女，是你同学的同学，是你朋友的朋友，是某一社会团体的成员等，这就是所谓的"社会自我"。

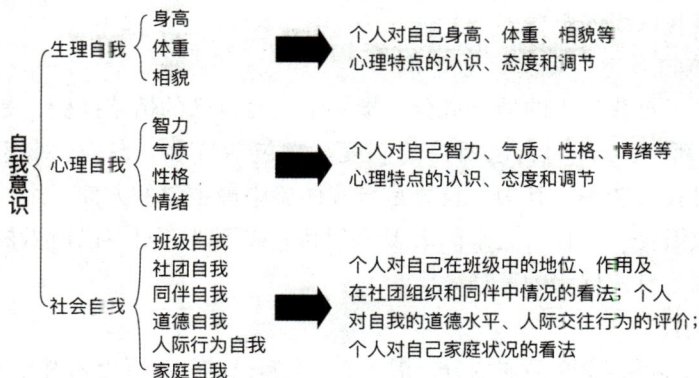

图 3－2　自我意识

3. 从自我观念分

从自我认识中的自我观念来划分，自我意识又可分为现实自我、投射自我和理想自我。

（1）现实自我

现实自我也称为现实我，是个人从自己的立场出发对现实中的我的认识。

（2）投射自我

投射自我是个人想象他人对自己的认识，如想象他人心目中自己的形象，想象他人对自己的评价以及由此产生的自我感。因此，投射自我又称镜中自我。

现实自我与投射自我不一定是相同的，两者之间可能会有距离。当这个距离加大时，个体就会觉得自己不为别人所理解，因而容易产生隔阂，甚至发生冲突。

（3）理想自我

理想自我也称为理想我，是个人对将来自我的构想，如个人将来的生活目标、抱负、成就以及自己想成为一个什么样的人等。理想我是个人追求的目标，不一定与现实自我一致。但理想我对个人的认识、情绪和行为影响很大，是个人活动的动力和参照系。

4. 从人格结构上分

精神分析学派创始人弗洛伊德将人格中的自我意识分为"本我、自我、超我"（id、ego、superego）三个层次。他认为：人的无意识本能（主要指性本能）是有意识心理（思想与行为）的基本原因和动力。"本我"（id）就是这种与生俱来的无意识本能冲动，它按"快乐原则"活动，构成心理活动的动力源泉。"自我"（ego）是人的有意识心理，它按"现实原则"调节来自"本我"的盲目冲动，使之有条件地得到实现。"自我"感知世界，控制行为，进行思想意识活动，调整自身与现实世界的关系。"超我"（superego）是从"自我"中分化出来的道德意识或者"良心"，它按"全善原则"扣制本能冲动的表现，约束人的不轨行为。

（1）本我

本我位于人格结构的最深层，是由先天的本能、欲望所组成的能量系统，包括各种生理需要。本我只有很强的原始冲动力量，这种力量被弗洛伊德称为"力比多"。本我是无意识、非理性、非社会化和混乱无序的，它遵循快乐原则。

（2）自我

自我是从本我中逐渐分化出来的，位于人格结构的中间层。自我的作用是调节本我和超我之间的矛盾，它一方面调节着本我，另一方面又受制于超我。它遵循现实原则，以合理的方式来满足本我的要求。

（3）超我

超我位于人格结构的最高层次，是道德化了的自我，由社会规范、伦理道德、价值观念内化而来，遵循道德原则，其形成是社会化的结果。

弗洛伊德认为，三者追求不同的目标，本我追求快乐，自我追求现实，超我追求完美。本我是生存的必要原动力，超我负责监督和控制主体按照社会道德标准行事，自我调整冲动欲望，对外适应现实环境，对内调节心理平衡。

二、自我意识的相关理论

从阿波罗神殿石柱上"认识你自己"到现代科技社会，人们对自我的探索从未间断。近百年来，心理学家们运用科学的研究方法，从不同的角度对自我进行了分析钻研，形成了各种自我意识理论，在此，我们挑选部分具有代表性的理论进行阐释。

（一）詹姆斯（W. James）的自我理论

著名心理学家威廉·詹姆斯，在《心理学原理》一书中，首次提出了"Self = I + me"的公式，将自我分为"主我"（"I"）与"客我"（"me"）两方面。这是在科学心理学创立之后，真正地从科学心理学的角度来阐述与研究自我问题的理论。他认为客体我由三个要素构成：物质我（material self）、社会我（social self）和心理我（mental self），其中物质包括个人的身体、穿着、财产等；社会是指得到他人的认可，例如声誉、评价等；精神包括个人的意识状态、特质、气质等。这三个要素都包括了自我评价、自我体验以及自我追求等方面，这些要素以某种方式整合在一起，形成了较为统一的自我感。詹姆斯对自我概念的成分分析，开辟了对自我概念进行元素分析的道路，影响了以后的心理学家，也为自我概念的测量研究提供了理论依据，如图3-3所示。

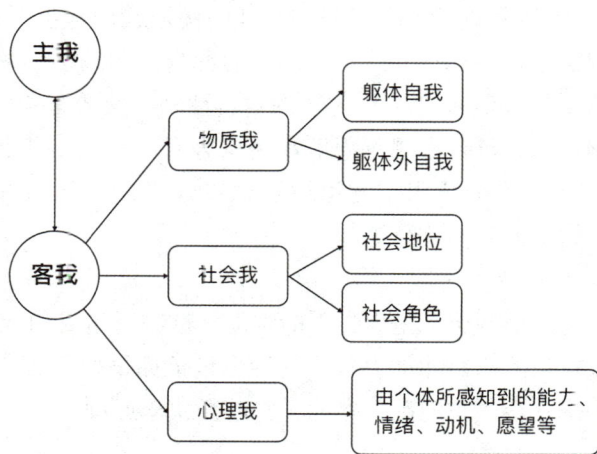

图 3-3　威廉·詹姆斯自我意识结构图

（二）奥尔波特（G. W. Allport）的自我理论

美国心理学家奥尔波特在其《人格的模式与成长》一书中，提出了一系列关于自我意识的概念，如自我同一、躯体感觉、自我尊重等。奥尔波特根据自我的发展阶段，把自我意识分为三个形态，即生理的自我、社会的自我和心理的自我。同时，将自我意识的发展分为三个阶段：自我中心期，客观化时期，主观化时期。

1. 自我中心期

奥尔波特等人对个体生理自我的发生做了详细的研究，他指出：自我意识最原始的状态是生理自我，生理自我是个人对自己身躯的认识，这些认识能使个人体会到自己的存在是寄托在自己的身躯上。在生命降生之初，婴儿是没有自我意识的，他们一般不能意识到自己和外界事物的区别，还生活在主体与客体尚未分化的状态之中。比如，他们经常吸吮自己的手指头，就像吸吮母亲的乳头一样津津有味。婴儿 8 个月左右，生理自我开始萌生，这就是自我意识的最初形态。到 1 岁左右，儿童开始能把自己的动作和动作对象区别开来，初步意识到自己是动作的主体。例如，当他们手里抓着玩具的时候，他们不再把玩具当作自己身体的一部分了。1 周岁以后，儿童逐步认识自己的身体，也开始意识到自己身体的感觉。不过，他们只是把自己作为客体来认识，他们从成人那里学会使用自己的名字，并且像称呼其他东西一样地称呼自己。到了 2 岁，儿童逐渐学会用代词"我"来代表自己。3 岁左右的儿童，自我意识有了新的发展。主要表现在：①出现了羞愧感与疑虑感。当做错事时，儿童会感到羞愧；当碰到矛盾时，儿童会感到疑虑。②出现了占有欲和嫉妒感。儿童看到自己喜欢的东西，就想独自占有，不愿与他人共享；如果母亲对其他儿童表现出关心和喜爱，他会产生强烈的嫉妒感。③对第一人称"我"的使用频率提高，许多事情都要求"我自己来"，开始有了自立的要求。3 岁儿童的自我意识已经有了一定发展，但其行为是以自我为中心的，即以自己的想法解释外部世界，并把自己的想法和情感投射到外界事物上去。

2. 客观化时期

从 3 岁到青春期，是自我意识的发展时期，是个体接受社会文化影响最深的时期，也是学习角色的时期。个体在家庭、学校中进行游戏、学习，并逐渐形成各种角色观念，如性别角色、家庭角色、伙伴角色、学生角色等。这段时期是个体接受社会文化影响最深的时期，也可以称为社会自我时期。这一时候，个体的眼光是向外的，引起个体兴趣和注意的是外部世界，较为忽视自己的内心体验。他们还不善于运用自己的眼光去认识世界，只是照搬成人的观点作为自己对外部世界的认识。这一时期，也是获得社会自我的时期。因此，心理学家也把这一时期的自我意识称为"社会自我意识"，即个体对自身社会角色的意识。

3. 主观化时期

从青春期到成年的大约 10 年时间里，是自我意识迅速发展并走向成熟的时期，也是心理的自我发展阶段。青春期是人发展过程中一个具有特殊意义的重要时期，是自我意识发展的关键时期。有人把这一时期称为是自我意识"客观化期"到"主观化期"的过渡。伴随着个体在生理、认知、情绪等各方面的急剧变化，如性的成熟、逻辑思维和想象力的发展、感受性的提高，个体把关注的重点转向内部，开始去发现、体验自己的内心世界，关心自己的形象，不再简单认同别人的观点，而有了自己的独特理解。此时，个体的自我意识表现出四个方面的特点。

一是用自己的观点来认识与评价事物，使自我意识成为个体认识外部世界的中介因素，从而使自己的思想和行为带有浓厚的个人色彩；二是个体会从自己所见到的人格和身体特征出发，形成特有的价值体系，以指导自己的言行，提高自己的社会地位；三是追求生活目标，出现与价值观相一致的理想自我；四是抽象思维能力大大提高，使自我意识能超越具体的情境，进入精神领域。

自我意识的发展是一个连续的过程，伴随人的一生。显然理论上一般可以分为以上三个阶段，但不同的个体在不同的生理机制、生活经历、社会文化环境的影响下又有所差别；同时并不是每一个个体都能获得成熟的自我意识，有的人一生都会处于"客观化时期"，使自己完全受外界环境的影响而缺乏主动性和自觉性；也有的人过早地进入"主观化"时期，显得与生理年龄不协调或者过度关注自身而产生焦虑、紧张等适应不良。因此，自我意识发展是否正常、是否完善是人心理健康的一个重要标志。

（三）罗杰斯（Carl Ransom Rogers）的自我结构理论

卡尔·兰塞姆·罗杰斯继承和发扬了詹姆斯的理论，把自我分为主我与宾我。主我是自我的动力部分，宾我是自我意识的对象，也是自我意识的主体。主我在宾我的范围内活动，但是因为主我具有前瞻性，能够超越宾我的范围，所以人的行为才可以具有创造性。另外，罗杰斯还区分了自我的两种概念：现实自我与理想自我。现实自我是一个人对自己存在的感知，对自己意识流的意识，也就是说个体能意识到的真实的自己。理想自我是指一个人按照一定要求对自己最希望成为什么样的人的总的观点。罗杰斯认为现实自我与理想自我两者之间差距过大将会导致心理疾病，两者和谐一致时才会引导个体人格健康发展。

（四）米德（G. H. Mead）的自我发展理论

按照米德的观点，自我的发展要经历三个阶段：模仿阶段，发生在 1 岁以内，在这个阶段，孩子和他的母亲进行手势交流，母亲是孩子的重要他人，即生活初期经常来往并对自我发展有重大影响的人，母亲的拒绝与孩子的受挫——孩子知道母亲的期待是什么；游戏阶段，2～4 岁，孩子们扮演他人的角色游戏，并通过游戏来实验重要他人所期待的态度和动作，在这个时候，孩子开始把自己看作是社会客体；博弈阶段，发生在 4 岁以后，开始与家庭以外的许多团体发生关系，把家庭看作是自己生活在其中的一个群体，并开始关心家庭以外的社会期待与要求，概括化他人的期待与要求。当个体内化了社会的价值观、态度、规范、目标时，自我便形成。由上可知，米德在他的理论中非常强调社会交互作用在自我发展中的作用。

（五）埃里克森（Erik. H. Erikson）的自我发展理论

心理学家埃里克森关于自我的形成与发展的理论，实际上就是他的关于人格的形成与发展的理论。他认为，在人格发展过程中，逐渐形成的自我意识在个体及周围环境的交互作用中起着主导和整合的作用。他提出人的自我意识发展持续一生，但要经历八个不同的发展阶段，这八个阶段是相互依存的，同时每个阶段又会形成自己独特的自我特征。在每个阶段，我们都将面临要解决的任务，如果个体难以完成他所处阶段的任务，就会出现发展危机。危机是危险，也是机遇，关键在于我们如何解决。如果成功解决了冲突，就可以顺利发展；反之，就会在这个转折点停滞不前。埃里克森的理论第一次对各个年龄阶段的自我进行了系统的分析，他的理论更加强调社会文化因素的影响，强调自我发展的自主性。

埃里克森人格发展八阶段论具体内容如表 3 - 1 所示。

表 3 - 1　埃里克森人格发展八阶段论

生命阶段	心理社会冲突	特征
出生后第 1 年	信任 vs 不信任	当婴儿受到温暖、持续的照顾时，他就能建立起信任感；缺乏照料或照顾不够时，则产生不信任感
1～3 岁	自主性 vs 羞怯和怀疑	当鼓励儿童探索自我和环境时，自主感得以发展；当儿童的探索受到抑制时，羞怯感和怀疑产生
3～5 岁	自发性 vs 内疚感	当鼓励儿童进行各种各样的尝试时，他们的自发性就得到促进；如果父母嘲笑孩子或过度批评他们，就会使他们产生内疚
6～12 岁	勤奋 vs 自卑	当儿童收到表扬时，他们就会获得勤奋感；当他们所做的努力被认为是不充分或差劲时，就会产生自卑感
青春期	同一性 vs 角色混乱	个体要面临的一个关键问题是"我是谁"，拥有可靠和整合特性的个体被认为是达到同一性的；无法建立稳定和统一特性的个体将会面临角色混乱
成人早期	亲密 vs 孤独	个体所面临的关键问题是建立一种承诺的和亲密的人际关系；这个过程出现失败将导致孤独
成人中期	生殖 vs 停滞	个体是社会中能够进行生产的成员，为社会做出贡献，为未来创造人口，这可以通过工作、志愿努力和抚养孩子来实现；与之相反的是停滞，它的特征是个体过度关心自己的幸福或认为生活是无意义的
成人后期	完整 vs 绝望	完整是指当个体回头看自己所经历的生活时，会有满足感，这使他们能够有尊严地面对死亡；如果遗憾成为主导，那么个体就会感到绝望

【管窥之见】

一个真认识自己的人，就没法不谦虚。谦虚使人的心缩小，像一个小石卵，虽然小，而极结实。结实才能诚实。

【心理实验】

点红实验

阿姆斯特丹（B. Amsterdam）的点红实验证明了 24 个月的婴幼儿已经具有了自我意识，只要家长和老师注重引导，他们就能够形成健康的个性和优良的品质。

一、实验目的

研究婴儿的自我意识水平。

二、实验过程

阿姆斯特丹借用动物学家盖勒帕在黑猩猩研究中使用的点红测验（以测定黑猩猩是否知觉"自我"这个客体），从而使有关婴儿自我意识的研究取得了突破性进展。实验的被试是 88 名 3～24 个月大小的婴儿。实验开始，在婴儿毫无发觉的情况下，主试在其鼻子上涂一个无刺激红点，然后观察婴儿照镜子时的反应。研究者假设，如果婴儿在镜子里能立即发现自己鼻子上的红点，并用手去摸它或试图抹掉，则是具有自我意识。

三、实验结论

婴儿对自我的认识要经历三个发展阶段。第一个是游戏伙伴阶段：6～10 个月。此阶段婴儿对镜中自我的映像很感兴趣，但认不出他自己。第二个是退缩阶段：13～20 个月。此时婴儿特别注意镜子里的映像与镜子外东西的对应关系，对镜中映像的动作伴随自己的动作更是显得好奇，但似乎不愿与"他"交往。第三个是自我意识出现阶段：20～24 个月。这是婴儿在有无自我意识问题上的质的飞跃阶段，这时婴儿能明确意识到自己鼻子上的红点并立刻用手去摸。因此实验说明，婴儿已能区分自己的形象和加在自己形象上的东西，这种行为可作为自我意识出现的标志。

第二节　大学生自我意识的发展及特点

一、大学生自我意识的发展

大学生的自我意识在大学阶段得到迅速发展，经历了一个典型的分裂—矛盾—统一的过程。自我分化与统一是指个体的内部状态与外部环境不断由矛盾走向统一，再由新的矛盾走向新的统一的发展状态。正是这个动态的过程，使大学生自我意识能够不断推陈出新，由不成熟走向成熟，从而为大学生形成良好的人格特征提供坚实的核心基础。

自我意识的分化与统一不是一次完成的，"而是一个由强到弱，由激烈到平稳，由典型到不典型的自我分化—矛盾—统一，再分化—矛盾—统一的过程"。每一次统一，都代表着自我在质上的一种转化。处于大学阶段的学生，其自我经历着不同于中学阶段的一次分化—矛盾—统一。随着"理想我"的实现，新的"现实我"的产生，大学生的新的自我也就产生了，即自我发生了转化。

（一）自我意识的分化

自我意识的分裂是自我意识开始走向成熟的标志。进入青年期，意识转向自身的心理活动，打破了儿童时期所形成的完整而笼统的"我"，此时出现了两个"我"：主体的我和客体的我，即大学生是观察者又是被观察者。由于自我的分化，大学生对自己内心世界和行为的意识细腻、丰富、深刻起来，自我内心活动变得复杂。自我反省、思考的时候明显增多，同时由此而来的种种体验，如焦虑、激动、喜悦、不安开始增多。大学生希望有自己独立的空间，渴望沟通和被理解，喜欢与自己信赖和仰慕的人探讨人生问题等。

（二）自我意识的矛盾

自我意识的分化，使本来笼统的"我"被打破了，出现了"主体我"和"客体我""理想我"和"现实我"，这使大学生对自己的内心世界和行为、对自己的角色和责任有了新的认识，开始意识到那些以前自己不曾注意的"我"的许多方面的细节。同时，由于理想我和现实我的矛盾冲突，使得自我不能统一，自我形象不能确立，自我概念不能形成，这使他们表现出明显的内心痛苦和不安，其矛盾冲突主要表现在六个方面。

1. 理想我与现实我的矛盾冲突

青年期本来就是一个多憧憬、多激情的时期，加之自身的条件优越，不少大学生认为"不能委屈了自己"，因而他们对于理想中的自我或自我的理想设计的要求就更高，有时近乎苛刻。一旦发现现实与理想存在差距时，现实我与理想我形成的心理落差，就会使他们产生对自我的失望、怀疑和焦虑。

2. 主体我与客体我的矛盾

"主体我"是个体在自身独特的感受领域、心理空间内体验到的"个人我"，是在一定的社会文化背景中形成的自我认识和体验；"客体我"则是自我在一定的人际关系、社会互动中感受的作为社会客体的自我表现和社会认可，即"集体我""社会我"。二者的矛盾体现在与社会、集体的力量相比，他们常会感到自我的不足和渺小，不能正确估价自我价值，导致自我萎缩性心理。体现在他们不能正确对待自我实现与社会要求的矛盾，不能正确处理自我完善与社会规范的关系，不能协调展现个性和处理人际关系。

3. 独立性与依赖性的矛盾

大学生生理和心理的成熟带来了"成人感"，使得他们在时间和空间上都获得了较大的独立行动的自由。他们希望作为独立的个体来面对生活、学习与其他方面遇到的问题，希望得到和成人一样的尊重和理解。但由于长期的校园生活使其社会经验和生活阅历相对缺乏，特别是在经济上还需要得到家庭的支持，在遇到问题和困难时，还需要得到亲人、朋友、老师的支持，这种依赖心理具体表现就是等待心理，等待老师的关心和指导、等待同学的友谊之手、等待父母的经济支持等。

4. 交往性与闭锁性的矛盾

青年时期对友情和爱情的渴望，是过去所有发展阶段都无法比拟的。这一时期，每个青年人都渴望爱与被爱，渴望交往与沟通，渴望自我价值的实现，渴望与他人共同探寻人生的真谛，寻找人生知己。他们一方面希望自己能够成为备受推崇和欢迎的人，另一方面对自己的内心世界的认识又处于模糊不清、很难把握的状态。对自己的一些事情羞于启齿，于是常常将自己的心灵封闭起来陷入寂寞的心境之中，与同学有意无意地保持着一定距离，存在着戒心，不能完全敞开心扉与他人交流与沟通。这都显示了大学生交往性与闭锁性的矛盾与冲突。

5. 理智性与情感性的矛盾

大学生情绪上的一个显著特征是情绪不稳定，容易两极分化。当遇到让自己高兴、开心的事情时，就会热情奔放、勇往直前，而遇到困难和问题时，情绪又会一落千丈。情绪上的两极分化，使他们在情感与理智之间摇摆不定，情感上告诉他们应该这样，理智上告诉他们应该那样，于是就形成了处理问题时两者之间的矛盾。

6. 追求上进和自我消沉的矛盾冲突

许多大学生都有较强的上进心，他们希望通过自己的努力来实现自身价值，但在追求上进的同时，由于困难、挫折在所难免，因而不少大学生常常情绪波动，在困难面前望而生畏、消极退缩。一些同学希望自己成为未来的成功人士，但在行动上却又缺乏毅力，随波逐流，不能主动调整自己的进取状态，陷入追求上进和自我消沉的矛盾心理困惑不已。

自我意识的分化是自我意识开始走向成熟的标志，它使大学生主动迅速地关注自己的内心世界和行为，带来新的认识、体验和控制。由此而来的种种激动不安、焦虑、喜悦和自我沉思也增多了。他们要求有属于自己的一片空间和世界，渴望能够得到别人的理解和关注，以满足其要求。

（三）自我意识分化与统一的类型

一般认为，自我意识的分化是指个体把自我分成"理想自我"和"现实自我"，这时两者区别明显，矛盾产生；统一是指"理想自我"与"现实自我"经过分析、比较、反省，个体客观实际地理解自己的现实和确立自己的理想，从而在新的水平上达到理想自我和现实自我的和谐统一。大学生自我意识的表现，充分显示了"分化—统一—再分化—再统一"这一规律，这一规律在大学生群体上又表现出形态各异的类型。

1. 自我肯定型——积极的统一

积极的统一是指理想我符合社会发展的需求，有利于社会的进步，现实自我经过不懈的奋斗而达到理想自我。统一后的自我完整而强有力，既适应社会发展的需要又有助于自身成长。这是大学生追求的最佳结果。自我肯定型在大学生中占绝大多数。自我肯定型的同学大多在生活、学习乃至未来工作中能始终对现实保持客观的态度，乐观面对生活，能坚持自己的理想并持之以恒地付诸积极的行动，这类人是最容易获得事业的成功和人生的幸福的。

2. 自我否定和自我膨胀型——消极的统一

消极的统一有两种情况：第一种是指对现实自我评价过低，缺乏自我驾驭能力，缺乏自信，不但不接纳自己，反而拒绝自己，甚至摧残自己，即个人不肯定自己的价值，处处与自己为敌。他们不是通过积极地改变现实自我去实现理想自我，而是在一定程度上放弃理想自我，趋同现实自我，以求得自我意识的统一，其结果则变得更为自卑，从而失去了进取的动力。第二种是虚假的统一，虚假的理想我占优势，认为理想我的实现轻而易举，于是理想我和现实我达到虚假统一。

3. 自我矛盾型和自我萎缩型——难以统一

由于理想我和现实我无法协调，因而自我意识难以达到统一。这有两种情形：自我矛盾型和自我萎缩型。

自我矛盾型的大学生，内心的矛盾冲突激烈，持续时间长，自我认识、自我体验、自我控制不稳定，三者的发展不平衡，因而新的自我难以确立，自我意识无法统一。

自我萎缩型的大学生极度丧失或缺乏理想自我，对现实自我又深感不满，可又觉得无法改变。这种类型的人在大学生中占少数。

总之，大学生的自我意识由分化至统一这个过程并不是绝对的。而且自我意识的发展是终生的，并不是说自我意识只在青年这个阶段产生矛盾。分化、统一不是意味着它不再发展，只不过是不再像青年期那么突出，而是变得比较稳定和平缓。人格完善和优化是一辈子的事，不能以为自己的性格一旦形成就永不可更改和完善了。从心理健康的标准来说，无论哪种途径能够使自我意识达到统一，只要统一后的自我意识是协调、完整、有力的，就是积极健康的统一。

二、大学生自我意识的特点

自我意识制约着人的其他各方面的心理活动，是人的心理发展的核心问题。不同的年龄阶段，其自我意识会呈现出不同的特点，大学生作为青年中的一个特殊群体，其自我意识必然有其自身的特点。

（一）自我认知的特点

1. 从关注自我外部特征转向对自我内在品质的关注

大学生对自我的认识已经从对自身外部特点，如身体、容貌、仪表等的关注和探究，转向对自身内心品质，如气质、性格、能力、品德等的关注和探究，会潜移默化地受到熏陶和影响，这些影响会让他们更加关注自己的言行举止和内在品性，促进大学生自我认知向纵深方向发展。

2. 更加认同和注重自我的社会属性

大学生在对社会的奉献意识、回馈意识和爱心行动方面为社会作出了较大贡献。随着年龄的增长，越来越多的学生意识到自己对家庭、对社会、对国家的义务，不少学生因未能报答父母的辛苦劳动而感到内疚。这说明，在大学期间，随着大学生的社会化水平的提高，大学生自我意识中的社会属性日益突出。

3. 自我评价趋向肯定全面

他们经常主动地通过与周围人比较来认识自己，主动参照内心所崇敬的英雄模范人物来评价自己。他们的自我评价，不仅能摆脱对成人和同龄群体的依赖，具有较高的独立性，而且具有概括性和辩证性。这使得自我意识能够在动态的平衡中实现成熟并得以不断完善。当然，部分大学生也有自我评价走向过低的趋向。这说明自我意识的发展受到了阻碍，还需要加强自我意识的锻炼和塑造。

（二）自我体验的特点

大学生的自我体验比较丰富，有喜欢、满意自己肯定的或讨厌、不满意自己否定的体验，有喜悦、积极的体验或是忧虑、消极的体验，也有紧张和轻松的体验，在这些自我体验中其基调是积极、健康的。大学生的自我体验更多地与自己的个性品质、集体荣誉、自我在社会中的发展前途等联系起来。

1. 自尊

自尊是由于意识到对自我的肯定评价而产生的自我体验。一是由于意识到自己正成长为社会的主体而产生的肯定的评价；二是由于意识到自己心理品质的成熟而产生的肯定评价。强烈的自尊心激励着大学生更加积极向上，尽可能使自己的言行受到他人的尊重。这类大学生一般目标明确，富有理想，具有高度的责任心和进取心，因此，一般在学习、生活等方面都表现良好。

2. 责任感

责任感是由于意识到个人对家庭、社会、国家的义务而产生的一种自我体验。这是大学生中普遍存在且认同度非常高的自我体验。随着大学生社会阅历的增加和认知水平的提高，他们的心理素质和道德水平也会相应提高。他们充分地意识到家庭、父母乃至国家对自己的期望与支持，从而责任感倍生，积极转化为学习、成长的动力。

3. 孤独感

孤独感是由于得不到他人思想上的理解与情感上的共鸣而产生的一种自我体验。大学生中因为人际关系不良或者因为自我闭锁，与外界隔离，倍感孤独的人为数不少。

但大学生孤独感的产生，从某种程度上来说，是心理成长的一种表现，说明大学生在人际交往方面的自我意识开始转向内心世界的交流，这是良好的表现，只要维持在一定范围和一定阶段内，不仅不会对大学生心理成长产生负面作用，反而还会有积极的推动作用。

4. 抑郁感

抑郁感是由于个人的思想、愿望受到压抑，未能得到充分表达或实现而产生的一种消极的自我体验。大学生产生抑郁感的原因很多。如理想与现实的矛盾，人际关系冲突，不接纳现实，缺乏知心朋友，没有展现自己的机会等，都可能使大学生产生抑郁感，具体的抑郁体验以及情绪调适我们会在之后的章节为大家详细解释。

总之，大学生想要维持良好的自我体验，让自己一直处在快乐的心境中，最好的方法就是让自己拥有一个积极乐观的认知方式，凡事从好处着眼，对未来充满美好期待，这样的认知必然会带来美好的情感体验和持久的行为动力。

（三）自我调控能力的特点

1. 独立自主的意向

绝大多数大学生已经度过18岁的成年期，他们自认为已经达到法定的公民年龄，身体发育已经成熟，具有一定的科学知识与生活经验，已确立了一定的生活目标，掌握了一定的道德规范，并具有一定的独立分析问题和解决问题的能力。

在大学自主学习的环境里，大学生们需要自己安排自己的学习、照料自己的生活、组织自己的活动、解决自己的问题，大学生的自我调节控制能力达到较高水平。这个时期的大学生强烈要求像个成年人那样独立自主地行事，不愿再受父母的约束，在学校也不像之前那样愿意接受教师的训诫，希望按照自己所设计和选择的目标"走自己的路"，对于干涉自己目标和计划的人，会采取激烈的方式加以反抗和拒绝。这是独立自主意向的进一步发展，但事实上，大学生并不能完全做到真正独立自主，大部分学生在诸如经济、生活、学习等方面都离不开家长和老师的支持和帮助。

2. 自我完善的意向

大学生的思维具有理想化、完美性的倾向。大学生容易受社会评价标准的影响，往往会设立一些相对完美的"理想自我"，并用这样的"理想自我"来衡量"现实自我"，一旦"现实自我"与"理想自我"的差距过大，就会产生强烈的情绪反应。对自我的完美追求使其产生了比较强烈的自我完善意向，希望自己能够褪去过去的稚嫩与不足，逐渐变成自己希望的那个样子，这和自我完善、追求完美的愿望成为激励大学生蓬勃向上的动力，但过分追求完美的意向，也可能带来不利的影响，要善于适当地进行调节。

3. 自我实现的意向

根据马斯洛的需要层次理论，人最基本的需要是生理的需要，其次是安全的需要，再次是社交的需要，第四层是尊重的需要，最高层就是自我实现的需要，这是一个人的价值根本所在。大学生无论在生理功能上，还是在心理机能上，都是较为完善和成熟的群体，由于其自身认识水平的提高，自我意识的增强，其自我实现的觉悟也会更加鲜明。在高等教育的环境下，大学生群体寻求自我价值的动机要比一般人群强烈，他们希望自己将来能够成为社会上拥有财富、地位、权力的人。

【管窥之见】

知人者智，自知者明。胜人者有力，自胜者强。

【案例分析】

小A，从小到大一直很听话，学习成绩优异，并且考上了国内某知名大学。但到了大学之后，他却开始迷茫了。他说："从小学到高中我都有很明确的学习目标——拿高分、考大学，考上大学之后却没有目标了。师兄师姐跟我说，大学大学，就是大概地学一学。60分万岁，多一分浪费；有人跟我说要进社团，锻炼自己的实践能力；有的人跟我说要享受青春，在大学谈一场恋爱。学习、实践、恋爱我都尝试过了，但似乎我更不知道自己要什么，不知道自己上大学是为了什么，不知道在大学应该做什么了。我对自己毕业后的路也很迷茫，但迫于现实压力又不能退学，只能在大学里混日子，上学期我开始整天沉迷于玩网络游戏，三个学期里"挂"了五科。因为这个我和父母产生了很深的矛盾。我真的不知道何去何从，学习的意义是什么？生活的意义是什么呢？"

诊断： 本案例属于一般心理问题中的适应性障碍，也包括了小A同学进入新的学习环境后出现的自我意识的问题。比如自我价值的迷失，学习目标的缺失等。

策略： 及时调整心理状态，积极参与学院、班级等集体活动，尽快投身到新的环境与学业中来；还可进行适当的心理咨询，与咨询师一起探索目前状态背后的原因；加强身体锻炼，通过跑步、体操、打球等体育项目强健体魄，重塑自信；与老师同学一起，针对学习问题寻找对策，制订适合的学习计划；培养阅读习惯，保持兴趣爱好，激发自身潜能，找寻自我价值所在。

第三节　大学生自我意识常见问题及调适

理想自我与现实自我的冲突是大学生自我意识发展过程中面临的主要矛盾。很多大学生能积极面对这些矛盾，并力求解决这些矛盾，从而实现理想自我与现实自我的统一。但有的大学生在自我意识发展中出现理想自我与现实自我的尖锐对立，造成自我意识在自我认识、自我体验和自我控制等方面的偏差，从而导致心理上的种种困惑和心理健康问题。

一、大学生自我意识常见问题

（一）自我中心与从众心理

自我中心和从众心理是大学生中比较常见的两种相反的自我观念。前者过分关注自我，不考虑他人的需要和感受；而后者则往往忽视自己的想法，压抑自己的观点，丧失自我。

1. 自我中心

以自我为中心的人，往往想问题和做事都从"我"出发，不能进行客观的思考和分析，盛气凌人。他们常不能赢得别人的好感与信任，人际关系大多不和谐。大学生要克服自我为中心，首先要摆正自己的位置，既重视自己也不贬低他人，自觉地把自己和他人、集体结合起来，走出自己的小天地；其次要实事求是、恰如其分地评估自己，既不骄傲自大，也不妄自菲薄；最后要学会移情，多设身处地地从他人的角度思考问题，尊重他人的感受，关心他人。

2. 从众心理

从众行为的过分普遍，反映了部分大学生自我意识弱化、独立性较差、缺乏独立人格的现象。大学生要努力培养与提高自己独立思考和明辨是非的能力，遇事和看待问题时，既要慎重考虑多数人的意见和做法，也要有自己的思考和分析。这样才能拥有一个真正属于自己的人生。

（二）自卑与自负

1. 自卑

自卑是指"投射自我"低于"现实自我"，导致自我评价偏低，自愧无能而丧失自信，并伴有自怨自艾、悲观失望等情绪体验的消极心理倾向。自卑常以一种消极防御的形式表现出来，如嫉妒、猜疑、羞怯、孤僻、迁怒、自欺欺人、焦虑紧张、不安等。

在大学里，由于受自己身体条件、能力和家庭经济状况等因素的影响，部分大学生会产生自卑心理，他们自信心不足，对自身缺乏正确且全面的自我认识，对自己各方面评价过低，总认为自己在各方面与别人相差很多，自己处处不如他人，极易自我轻视与自我否定。有自卑心理的大学生，在遇到问题时，不敢展现自己，只是一味退缩，最终影响其身心的健康发展。

2. 自负

自负是指"投射自我"高于"现实自我"，导致自我评价过高，过度自信，夸大个人的能力，不善于向他人学习，常常孤注一掷，盲目蛮干，结果常以失败告终。自负与自卑产生于现实我与理想我的矛盾中，同属于自信的误区。一般来讲，现实我与理想我总是不一致的，二者之间总是有着距离，如何看待这二者的距离直接关系着自我体验。当对缩短距离充满信心时，正处于积极体验中，也就是"自信"，认为自己可以努力提高"现实我"以实现"理想我"。自信是大学生较为普遍的优秀品质，但有些学生自信过度，自我感觉太好，骄傲、自大，听不进同龄人的意见，一意孤行，这种自我膨胀过度的自信就是"自负"。自负的人缺乏自知之明，容易失败，也容易受伤。

自负与自卑都会影响大学生的心理发展和人格成熟。大学生首先应对自卑心理有清醒的认识，有勇气和决心改变自己。但同时也要以平常心对待自卑心理，这是一种大部分人都会出现的心理倾向；其次客观、正确、自觉地认识自己，无条件接受自己，欣赏自己的所长，接纳自己所短，做到扬长避短；最后学会正确归因，进一步提高自己的能力，塑造良好的性格。对于自负者来说，首先要看到自己的不足，承认自己也需要不断完善；其次要看到他人的长处，欣赏他人的独特性；最后要多与他人交往，以开放的心态尊重和认真对待来自他人的反馈意见。

（三）过分的独立意识和逆反心理

1. 过分的独立意识

独立意识是个体自我意识发展和成熟的显著标志。作为大学生应该独立学习和生活，独立处理问题。一些大学生把独立意识理解成"万事不求人"，不需要别人的帮助，而当遇到困难挫折的时候，只能自食苦果，不堪苦累。其实，所谓的独立意识并不是说一定要独来独往和我行我素，而是指在行为上对自己负责。

2. 逆反心理

逆反心理是个体自我意识发展的产物，其实质就是为了寻求独立和肯定，保护自我，从而抵抗压抑，排斥外在，这是个体在心理发展过程中的必然现象。但是，逆反心理过强的大学生对问题采取非理智的态度，表现为：在态度上不客观评价对和错，只是一味排斥；手段上，只是简单地拒绝和对抗；在目的上，只是为了反抗而反抗，为了拒绝而拒绝，从而阻碍了他们的进步和发展。

二、塑造健全的自我意识

自我意识在人格形成和人格结构中占有极重要的地位，人的认知、情感、意志都受到自我意识的影响。因此，健全的自我意识是人全面发展的重要条件，也是促进人的心理健康的有效途径。自我意识由自我认识、自我体验、自我控制这三者组成，因此，要塑造健全的自我意识，就应该从这三方面入手。

（一）正确认识自我

自我认知是自我意识的核心，是自我体验和自我调节的基础。客观正确地认识自我是建立健全的自我意识的基础。德国著名作家约翰·保罗曾说过："一个人真正伟大之处，就在于他能够认识自己。"客观地认识自我并非一件容易的事，虽然人人都希望有"自知之明"，但真正达到有"自知之明"的人是很少的。尽管如此，我们还是首先要建立一个观念：人是需要认识自我的，也是能够认识自我的，如果一个人能够全面地、正确地认识自己，客观地、准确地评价自己，就能够量力而行，确立合适的奋斗目标，并为实现这一目标而不懈努力。正确认识自我的方法有以下四种。

1. 内省法

内省法是指通过反省自己、分析自己来进行自我认识的方法。曾子曾告诫过我们，"吾日三省吾身"，即自己站在他人的立场上，把自我当成认知的对象，通过自我观察和自我分析来了解自己。这是自我认识的重要方面。早晨起来，想想今天的生活内容，包括学习任务有哪些，应该怎样安排时间，与人相处时应该注意调整、改变自己哪方面的问题。白天有时间静下来的时候，想想自己在已经过去的这段时间做了什么，接下来的时间应该做什么，注意保持平和的心态，对自己的言行举止保持觉知。晚上睡觉之前，回想一下一天下来自己是否完成了任务，查漏补缺，有哪些做得比较顺利，值得鼓励，有哪些做得还不到位，需要吸取经验教训，争取下次做得更好。对于有问题的方面，要思考是否有意识地去调整自己了，是否有所改变。

2. 他人评价法

与他人交往，从别人对自己的态度和评价中认识自己，是自我认识的重要途径之一，这可以帮助我们纠正自我认识的偏差，克服自我认识的主观性和片面性，有利于形成较为客观的自我概念。对待他人的评价和态度要注意：首先，要重视熟悉自己或与自己打交道比较多的人的评价，他们对自己的了解比较全面，评价比较客观。其次，要特别重视一致性的评价。再次，既要重视与自己一致的观点，也要听取与自己不一致的意见。最后，要以开放的心态与人交往，这样才能更多地了解自己。

3. 比较法

唐太宗有句名言："以铜为鉴，可以正衣冠；以人为鉴，可以明得失。"他人是反映自己的一面镜子，通过与他人比较来认识自己是个人获得自我观念的主要来源。在比较中能认清自己的优势与不足，取长补短。但是，通过和别人比较未认识自己应该注意以下几点。

首先，要注意选择比较的对象。在与他人的比较中，选择不同的参照系，会产生不同的效果。选择与比自己层次高、能力强的人物比较，可能会使人自卑；而与比自己层次低、能力弱的人比较，则可能会使人骄傲自大。因此，应该选择和自己主客观条件相似的对象进行比较。

其次，注意选择比较的内容。经常有大学生认为自己不如他人，他们关注的可能是身材、外貌、家世等不能改变的条件，实际上这些没有比较的意义。大学生应该多在学习成绩、工作能力、生活习惯、意志品德和行为习惯等方面与人比较。因为经济条件、家庭背景在很大程度上并不取决于大学生自身，往往受家庭情况的影响，也是个人难以在短期内有很大改变的。但是意志、品德、行为习惯等则可以通过自身努力不断提高和完善，真正反映了大学生的素质和风貌。

最后，注意横向比较与纵向比较相结合。与他人比较可以发现自己的差距和努力方向，但是更重要的是把自己的现在与过去比较，问题的关键不在于你与别人的差距有多大，而在于你每一天有多大的进步。

4. 经验法

经验法，即从做事的经验中了解自己。一般人会通过自己所取得的成果、成就及社会效应来分析自己，却又常常受到失败经验的限制。其实，任何一种活动都是一种学习。不经一事，不长一智。成败得失，其经验的价值也因人而异。对于一个人格坚强、善于学习的人来说，成功、失败的经验都可以促使他再成功；而对于某些比较脆弱的人来说，失败的经验更使其失败，因为他们不能从失败中吸取教训，改变策略追求成功，而是在挫败后形成怕败心理，不敢面对现实而错失良机；而对于某些狂妄自大的人来说，成功反而可能成为失败之源，因为成功会助长他们的自大心理，使他们以后做事自不量力，从而招致失败。因此，大学生由成败经验中获得的自我意识也要详加分析和甄别。

【知识链接】

通过"乔韩窗口理论"正确认识自我

美国心理学家约翰（Jone）和哈里（Hary）提出了关于自我认识的窗口理论，被称为乔韩窗口理论。"窗"是指一个人的心就像一扇窗，普通的窗户分成四个部分，人的心理也是如此，如图3-4所示。

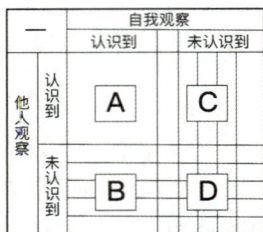

图3-4 乔韩窗口

你有四个"我"：

乔韩窗口，将一个人的自我分为4个部分，A为自己认识到、别人也认识到的公开的我；B为别人未认识到而自己认识到的秘密的我；C为别人认识到而自己未认识到的盲目的我；D为别人和自己均未认识到的潜在的我。

实践证明，一人A的部分越大，其自我认识越正确，自我评价越全面，心理就越健康，越有利于自身发展。因此大学生应该如实地展示自我，并主动地征求他人的意见，留心观察和分析他人对自己的态度，力求缩小C部分，力争全面认识自我；同时按照自己的本来面目展示自己，决不有意掩饰自我，以缩小B的部分。企图以假象求得别人的好感，那将造成沉重的心理负担，不利于自我成长。

A区域称为"公众我"，是自由活动的领域，是自己和别人都知道的公开部分，如身高、肤色、年龄、婚姻状况、饮食偏好等，是当局者清旁观者亦清的部分。

B区域称为"背脊我"，是盲目的领域，是自己不知道而别人却知道的部分，所以这是旁观者清当局者迷的部分。

C区域称为"隐私我"，是逃避或隐藏的领域，是自己清楚知道而别人却不知道的秘密或不可告人之处，是当局者清而旁观者迷的部分。自私、嫉妒是平常自己不肯袒露的缺点，心中的愿望、雄心等也是不敢告诉别人的部分。

D区域称为"潜在我"，是处女领域，是自己和别人都不知道的部分，是当局者迷而旁观者也迷的部分。人的潜能常是自己和别人不易发觉的。

人对自己的认识是一个不断探索的过程。通过与他人分享秘密的自我，通过他人的反馈减少盲目的自我，人对自己的了解就会更多、更客观。

（二）积极悦纳自我

每个人都知道"自我"是最重要的，可总有些人不尊重自己、爱惜自己。他们可以喜欢朋友、喜欢知识、喜欢自然，却不愿意喜欢自己，结果他们不快乐。所以，悦纳自我是发展健康的自我体验的关键和核心。具体说来，积极悦纳自我就是要：①拥有愉快感和满足感。②性情开朗，对生活乐观，对未来充满憧憬。③平静而又理智地看待自己的长处与短处，冷静地对待自己的得与失。④树立远大理想，并以此激励自己，不断克服消极情绪。⑤既不以虚幻的自我补偿内心的空虚，也不能消极回避漠视自己的现实，更不应怨恨、自责以至厌恶来否定自己。当然，悦纳和欣赏自我并不等于连自己的缺点也看成是优点，只是说对自己的优点要欣赏、对缺点要理解，接受自己现在的状态，知道这是每个人都难以避免的，然后努力加以改正。

（三）有效控制自我

自我控制是人主动地改变自己的心理品质、特征及行为的心理过程，是大学生健全自我意识、完善自我的根本途径。自我控制体现了一个人对自己的态度，它的最终目标是改变现实自我，以趋近理想自我。大学生进行自我控制时，要注意处理好以下三个环节。

1. 树立合理的自我目标

大学生应立足于社会需要，结合自己的实际情况确定自己的奋斗目标，要努力使自己的行动与社会要求保持一致，这样才能得到社会认可，实现自身的价值。大学生应该有理想、有志向，但这种理想和志向应该是可望、可及又难及的目标，既不能高不可攀，又不能唾手可得。它应该是通过一定的努力可以实现的适宜的目标，应该是符合个人的特点和实际能力水平的，同时还应该符合社会发展方向。

2. 制订完善的行动计划

完善的行动计划可以使自己有条不紊，避免盲目性，同时驱使自己实现目标。要善于把长远目标具体化，把它分成一个个子目标，由近及远、由低到高、循序渐进，以逐步实现。这样就可以使自己成为"自如的我，独特的我，最好的我，受社会欢迎的我"。

3. 培养顽强的意志品质

目标的实现、计划的执行，都需要有一个顽强的意志作为后盾。在实现人生目标的过程中，难免受到各种本能欲望与外界的干扰，出现各种困难，只有拥有坚强的意志才能增强自我控制的自觉性和主动性，增强对挫折的承受力，克服困难，排除干扰，使自己矢志不渝，朝着既定目标前进，最终实现自己的理想。自我意识的健全过程不是一帆风顺、一蹴而就的，它需要付出艰辛的努力和沉重的代价。

【管窥之见】
在任何情境中，都要尝试从积极乐观的角度看问题，从长远的利害做决定。

【心理训练】

【心理微课】（请使用"知到 app"进行扫描学习）

自我意识的概述　　　自我意识的内容　　　自我意识的发展　　　大学生自我意识的特点

大学生自我意识常见问题　　　大学生自我意识的调适

【推荐读物】

1. 迈尔斯. 我们都是自己的陌生人［M］. 沈德灿, 译. 北京：人民邮电出版社, 2012.

2. 克里希那穆提. 在关系中认识自我［M］. 北京：九州出版社, 2014.

3. 毕丹. 我是谁（阳光人生的自我认识）［M］. 长春：吉林出版集团有限责任公司, 2012.

【学习与思考】

1. 什么是自我意识？大学生自我意识发展有什么特点？

2. 影响大学生自我意识发展的因素有哪些？

3. 结合自身实际, 谈谈如何完善自己的自我意识。

第四章　学会学习

——大学生学习心理与调适

如果不想在世界上虚度一生，那就要学习一辈子。

——高尔基

【学习目标】

知识目标：了解学习的涵义、分类及相关理论；了解影响学习的智力和非智力因素；掌握大学生学习过程中常见的心理问题。

能力目标：学会辨识并能用正确的调适方法处理大学生学习心理问题。

情感与价值观目标：帮助大学生形成良好的学习习惯，培养良好的学习态度，享受学习的快乐。

【本章重点】

1. 理解学习的本质。
2. 了解学习动机、兴趣对学习的作用。
3. 掌握科学的学习方法，学会应对考试焦虑。

【思维导图】

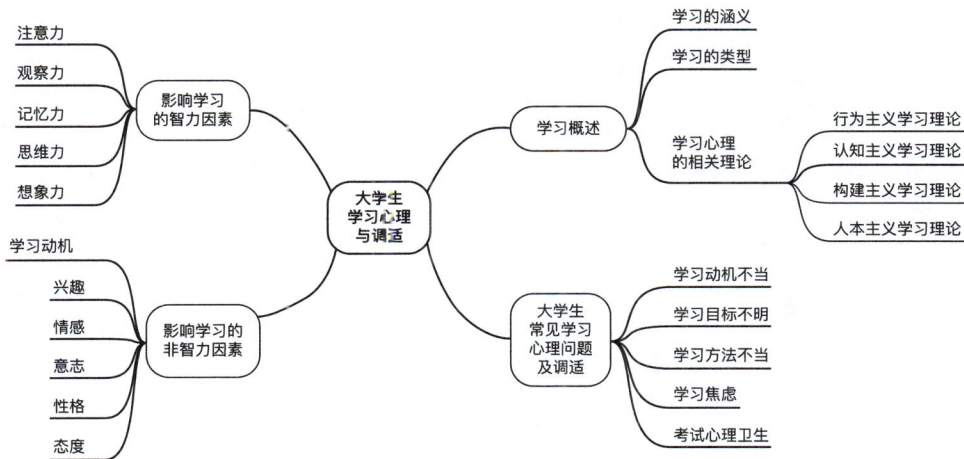

　　大学是同学们从家庭走向社会的过渡时期，在这个时期我们不仅需要完成对某类书本知识的学习，这个时期也是一个不断获得知识经验和技能，形成新的习惯，改变已有行为的较长期的过程，也就是所谓的广义的学习。在这个变化的过程中，我们必然会遇到各种各样的困难与挫折，它们往往成为同学们实现个体自我发展的绊脚石。本章节正是围绕大学生常见的学习问题，运用心理学原理进行分析与阐述，提供建议，以期帮助同学们顺利完成大学期间的学习任务。正如李开复说的：就读大学时，你应当掌握七项学习本领，包括自修之道、基础知识、实践贯通、培养兴趣、积极主动、掌控时间、为人处世。经过大学四年，你会从思考中确立自我，从学习中寻求真理，从独立中体验自主，从计划中把握时间，从表达中锻炼口才，从交友中品味成熟，从实践中赢得价值，从兴趣中获取快乐，从追求中获得力量。离开大学时，如果做到了这些，你最大的收获将是"对什么都可以拥有的自信和渴望"。你就能成为一个有潜力、有思想、有价值、有前途的中国未来的主人翁。

第一节　学习概述

一、学习的涵义

长期以来，许多心理学家、教育学家根据不同的理论基础或研究成果，从不同的角度出发，对学习做出了各种各样的定义。总的来看，这些不同的定义，虽然角度不同，强调的重点不同，但是也有许多共识性的地方。我们在理解学习这个概念时，应该注意把握好以下三个方面。

第一，学习是人与动物共有的普遍现象，无论低级动物还是高级动物乃至人类，在其整个生活中都贯穿着学习。正如索里（Soli）与特尔福德（Telford）在《教育心理学》一书所指出的那样，可以把学习视为与生命本身并存的，一切具有高度组织形式的动物的生活就是学习。

第二，学习是有机体后天习得经验的过程。有机体有两类行为，一类是先天遗传的物种的经验，另一类是后天习得的经验。前一种经验的获得，是通过遗传而实现的，而学习指的是后一种经验的掌握，它要在有机体个体后天生活中实现。由于有机体所处的进化系列位置不同，两类经验在其生存中的重要性也不同。动物的等级越高，其遗传行为越少，学习在其生活中就越重要。

第三，学习表现为个体行为由于经验而发生的较稳定的变化。学习的发生是由经验所引起的。此种经验不仅包括外部环境刺激，包括个体的练习，更重要的是还包括个体与环境之间复杂的相互作用。

总结以上看法，我们可以对学习下一个较为确凿的定义：学习是有机体在后天生活过程中经过练习或经验而产生的行为或内部心理的比较持久的变化过程。

二、学习的类型及特点

学习过程非常复杂，学习内容非常广泛，学习的形式也是多种多样的。因此很难对学习进行统一的分类。下面介绍目前比较有影响的两种观点。

（一）加涅的学习分类

美国教育心理学家加涅（Robert Gagne）根据学习的复杂程度，提出了累计学习的模式，一般称为学习的层次理论。他将学习从简单到复杂分为八类。

1. 信号学习

在经典条件作用的基础上形成的，对信号刺激做出的某种特定反应。

2. 刺激—反应学习

这是基于操作性条件作用的学习，学习时具有一定的情景，有机体作出某种行为后得到强化，因而该行为将再次出现并得到巩固。

3. 系列学习

又称"连锁"学习，指将一系列"刺激—反应动作"按一定系列联合起来。

4. 言语联想学习

这类学习与系列学习相似，只不过学习的单位是语言刺激，言语联想学习就是一系列连续性的词语联结。

5. 多种辨别学习

学习辨别多种刺激的异同，并对之作出不同的反应。

6. 概念学习

在对刺激进行分类时，学习对同一类刺激作出相同的反应，即对该类事物的抽象特征作出反应。

7. 原理学习

所谓原理是指两个以上概念之间的关系，原理学习就是对概念关系的学习。

8. 问题解决学习

运用所学的原理解决问题，从问题初始状态达到目标状态的学习。

加涅的学习分类从简单到复杂，由低水平到高水平，前三类属于简单反应，是人和动物都可以完成的，后五类是人类的学习。加涅认为，通过学习可以得到五方面的结果：一是智慧技能，即个体运用符号与环境发生相互作用的能力；二是语言信息，通过言语讲述传达某种信息的能力，它就是我们通常所说的知识，即"知道是什么"的能力；三是认知策略学习者用来指导自己的注意学习记忆、思维的能力，是控制学习者自身内部智力技能的能力；四是动作技能，将各个相关动作组织成一个连贯的、精确的完整动作的能力；五是态度，学习者获得了能影响个体行为选择的心理状态，这也是学习的结果。

（二）奥苏伯尔的学习分类

美国心理学家奥苏伯尔（D. P. Ausubel）根据学习的方式将学习分为接受学习与发现学习，又根据学习材料与学习者和原有知识结构的关系，将学习分为意义学习与机械学习。奥苏伯尔特别重视意义学习，这是他的学习理论核心。

1. 接受学习与发现学习

奥苏伯尔认为，接受学习与发现学习有明显的区别。接受学习的特点是，讲授者将学习的内容以定论的形式传授给学生；对学生来说，学习是被动"接受"知识的过程，学习中不要求学生主动去发现，而只要求他们把学习的内容转化为自身的知识，以后能在恰当的时候把知识提取出来并加以运用。发现学习的基本特征是，讲授者不直接把学习内容教给学生，而是让学生自己去发现这些内容。换句话说，学生的主要任务是发现，然后再将发现的内容加以内化，成为学习者自身的知识。

2. 意义学习与机械学习

意义学习指通过符号、文字使学习者在头脑中获得相应的认知内容。也就是说，要在用符号代表的新知识与学习者原有的知识结构之间建立起一种"实质性"和"非人为"联系。

机械学习与意义学习恰合相反。在机械学习中，学习者没有理解学习符号的真实含义，只是在学习内容与已有的知识结构之间建立起一种非本质的、人为的联系。在课堂教学中，机械学习经常表现为一种死记硬背的学习。

而在课堂教学中，有意义的接受学习是最常见的和最有效的学习方法。

三、学习心理的相关理论

学习理论是对学习规律和学习条件的系统论述，它主要研究人类和动物的学习行为的特征，解释有机体为什么学习、如何学习和学习什么。长期以来，心理学家、教育学家对人类与动物学习的机制进行了多方面的研究，形成了不同的学习理论。分别是：行为主义学习理论、认知主义学习理论、建构主义学习理论和人本主义学习理论。

（一）行为主义学习理论

行为主义学习理论强调学习就是在刺激与反应之间建立联结的过程，因此又称为"刺激—反应"理论。行为主义学习理论的代表人物主要有俄国著名实验生理学家巴甫洛夫（Ivan Petrovich pavlov）、美国心理学家桑代克（Edward Lee Thorndike）与斯金纳（Burrhus Frederic Skinner）等。

1. 经典条件作用

（1）经典条件反射的形成

巴甫洛夫认为，条件反射形成的条件是：

①无条件反射：食物吃到嘴里，引起唾液分泌增加，这是自然的生理反应，不需要学习，这种反应叫无条件反射；引起这种反应的刺激是食物，称为无条件刺激。

②条件反射：研究助手的脚步声与狗的唾液分泌增加，本来没有的必然联系，是一种无关刺激，或称中性刺激；中性刺激由于与无条件刺激联结而变成了条件刺激，由此引起的唾液分泌就是条件反射。

（2）经典条件反射的规律

①习得：在条件刺激和无条件刺激之间建立联结的过程叫作条件反射的习得过程。

②消退：条件反射形成以后，如果得不到强化，条件反射会逐渐削弱，直到消失。

③泛化与分化：泛化指在条件反射形成后的初期，另一些类似的刺激也会引起条件反射。与泛化作用互补的是分化过程，这是指对事物的差异的反应。

④二级条件作用：在已经形成条件反射的基础上，如果将条件刺激用作无条件刺激，使它与另一个中性刺激伴随出现，就能建立一种新的条件反射，称为二级条件作用。

【知识链接】

在二十世纪七十年代，狼会捕食家畜是在很多牧场都会发生的事情，牧场主们为此头疼不已，为了解决这个问题，有人利用巴甫洛夫的经典条件反射理论开展了研究。因为食用氯化锂这种化学物质会使动物感到不舒服，出现头晕、恶心、呕吐的现象，研究者就将加有少量氯化锂的羊肉给狼吃（非条件刺激），吃了以后狼产生了头晕、恶心、呕吐的反应（非条件反应）。之后，待狼身体恢复时便将饥饿的狼与羊关在一起，刚开始狼去攻击羊群（条件刺激），然而当闻到羊身上的气味时狼不止停止了攻击，还与羊群隔得远远的，甚至在围栏门开时逃出了围栏。后来牧场主们普遍采用此类方法，解决了狼捕食家畜的问题。

2. 操作性条件作用

经典条件作用能够解释有机体的某些学习行为，如有机体如何学会对刺激作出特定的反应，以求得与环境的平衡。

（1）桑代克的尝试—错误理论

桑代克认为学习的实质是通过"尝试"在一定的情景与特定的反应之间建立某种联结。在尝试中，个体会犯很多错误，通过环境给予的反馈，个体放弃错误的尝试而保留正确的尝试，从而建立起正确的联结，这就是学习。在尝试—错误学习中，行为的后果是影响学习最关键的因素。如果行为得到了强化，证明尝试是正确的，行为就能保留下来，否则就会作为错误尝试而被放弃。

（2）斯金纳的操作性条件作用

斯金纳认为存在两种类型的学习：一类是由刺激情景引发的反应，斯金纳称之为应答性反应，与经典性条件作用类似；另一类是操作性条件作用，它不是由刺激情景引发的，而是有机体的自发行为。在日常生活中，人的绝大多数的行为都是操作性行为，影响行为巩固或再次出现的最关键因素是行为后所得到的结果，即强化。

【知识链接】

操作性条件反射的应用在我们生活中是非常常见的，比如说在我们对宠物狗的训练中，教它坐、卧等动作，训练者发出指令待宠物狗作出相应反应时给予食物奖励，训练一段时间以后，即使没有食物奖励，宠物狗听到指令也会做相应的动作。

（二）认知主义学习理论

认知主义学习理论认为学习是主动在头脑内部构造认知结构的过程，并非受外部环境支配引起的被动的刺激—反应联结，顿悟和理解使我们学到新的知识。

1. 格式塔的学习理论：顿悟学习

德国著名心理学家，格式塔心理学创始人苛勒（Wolfgang Köhler）通过观察猩猩用尝试—错误的方法来学习拿到香蕉，提出顿悟学习理论。他认为在人类的学习中也常见到顿悟现象。顿悟经常突然来到，就像在思维的黑暗中投射下一道"灵感"的光芒，令人在苦苦思索后突然得到答案。灵感的闪现令人感到欣喜。有些人喜欢玩拼字和猜谜游戏，因为在这游戏中可以体会到顿悟的喜悦。

2. 托尔曼的认知学习理论

美国心理学家托尔曼（E. Tolman）认为一个完整的行为应包含三个方面：①由外部环境和内部生理状态所激发；②经过某些中介变量；③由此表现出的行为和反应。他还指出，要分析一个完整的行为，就必须考虑个体的认知，认知就是行为的中介变量。

（1）位置学习

托尔曼认为，认知地图是关于某一局部环境的综合表象，它不仅包括事件的简单顺序，而且包括方向距离甚至时间关系等。而位置学习就是根据某情景的认知，在当前情景与达到目的的手段、途径间建立起一个完整的符号系统。

（2）潜在学习

托尔曼认为，学习不仅需要知识，而且要有目标。如果没有目标，学习就可能表现不出来，其结果不一定体现在外显的行为中。

3. 布鲁纳的认知结构学习理论

布鲁纳认为，学习并不是像行为主义那样只是简单的刺激与反应之间的联结，而是主动形成认知结构，学习者不是被动接收知识，而是主动地获取知识，并通过把新获得的知识和已有的认知结构联系起来，积极地建构其知识体系。

（三）建构主义学习理论

在建构过程中，一方面学习者对当前信息的理解需要以已有的知识经验作为基础；另一方面，在运用已有的知识经验时，又不只是简单地提取和套用，个体同时需要依据新的经验对它作出某种调整和改造。建构主义者认为，学习者在日常生活和以往的学习中已经形成了丰富的经验。他们可能没有接触过某些问题，对这些问题没有现成的经验，但问题一旦出现，他们也会基于以往的经验和自己的认知能力，形成对问题的某种解释。建构主义学习理论强调学习者的主动性作用，学习者并非被动地接受客观知识，而是积极主动地建构对新知识的理解，形成个人的意义。

（四）人本主义学习理论

人本主义学习理论代表人物是马斯洛和罗杰斯，该理论关注的是人的成长和发展，学习要具有个人意义，他们主张个人知觉、情感、信念和意图才是导致人与人的差异的"内部行为"。

马斯洛的需要层次理论将需要分为两类：第一类是人的基本需要（又称为缺失性需要），包括生理需要、安全需要、归属与爱的需要和尊重的需要；第二类是心理需要（又称为成长性需要），包括认知需要、审美需要和自我实现的需要。需要的强度决定着动机的强度，他认为人的行为主要是由人的自我实现的，人们为了实现目标进行创造才出现了相应行为，如图 4 - 1 所示。

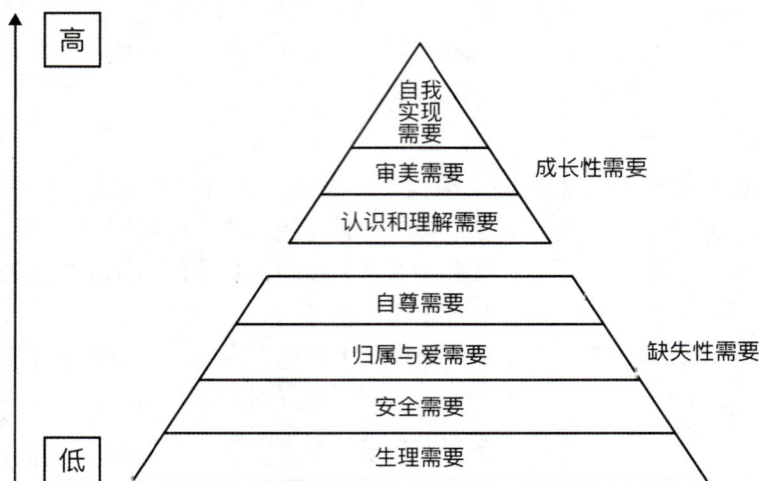

图 4-1 马斯洛的需要层次理论

罗杰斯认为，自我实现影响着人的行为，所有的人都需要积极关注。尤其是在学习中，当学生了解到学习内容与自身需要相关时，学生学习的积极性最高，这个时候学生具有较为强烈的心理安全感，这种高安全感的心理环境也促使学生能更好地投入学习中。

【管窥之见】

知识经济是不断创新的经济，信息社会是终身学习的社会。善于创造的人，首先是一个善于学习的人。

【心理实验】

"不只限于分泌唾液的狗"

巴甫洛夫著名的经典条件反射实验研究中，狗在得到食物时会分泌唾液是"无条件反射"，随着研究深入，发现闻到食物散发的气味，狗也会分泌唾液，再后来甚至只是听到喂东西的人的脚步声或是看到吃饭的盆都会分泌唾液。食物刺激引起唾液分泌是一种生理反应、无条件反射，而后面只是听到声音或看到盆就有唾液分泌则属于条件反射，而声音和盆属于口性刺激。他的经典条件反射理论不只限于分泌唾液的狗，还应用在很多方面，也让人们更加理解了人类的很多行为，直接推动心理学成为一门真正的科学。

第二节　影响学习的智力因素

学习活动是一个非常复杂的过程，它受智力因素和非智力因素的共同影响，智力因素直接参与认识过程，对学习活动产生直接作用，非智力因素作为学习的重要心理条件，是学习活动的动力因素。影响学习的智力因素主要是五种，分别是注意力、观察力、记忆力、思维力和想象力。

一、注意力

注意力是指人的心理活动指向和集中在某个事物上的能力，它是观察力、记忆力、想象力、思维力的准备状态，故又称作"心灵的门户"。我们只能感知到我们注意的事物，我们也只能注意到我们感知的事物。大学生活丰富多彩，面对每天大量的外界信息输入，注意可以帮助我们筛选出其中于己而言有意义的信息来进行加工，避免个体心理内存负荷过重。

注意的特征包括注意的广度、注意的稳定性、注意的分配性和注意的转移性。

注意的广度也叫注意的范围，是指在同一时间内人们能清楚把握的对象的数量。注意广度对学习具有明显的促进作用，因为在相同的时间内，注意广度越大，能清楚把握的对象越多，也就有可能记住更多的信息，提高学习效率。研究表明，在简单任务下，注意广度大约是 7 ± 2，即 $5 \sim 9$ 个项目。

注意的稳定性是指将注意在一定时间内持续集中在所选择的对象上的特性，注意稳定在某个对象上的时间越长，加工的信息就越多。西蒙通过大量实验研究证明，经过感觉登记的信息需要持续 $2 \sim 4$ 秒才能进入工作记忆进一步加工。

注意的分配性是指人们在同一时间内将注意指向几种不同活动和对象的特性。如边听课边记笔记，边弹钢琴边唱歌等。

注意的转移性是指由于任务发生变化，人们有意识地把注意由一种对象转移到另一种对象上的特性。大学生每天的课程安排紧凑，能有效将注意从上一节课中转移到本节课上对学习效果有很大的帮助。

大学生要提高学习的效率和效果，就要熟悉注意的特征，切实应用注意规律来提升注意力。一是要提高注意广度，提高注意资源容量。二是要使用最适合学习的注意投入模式，即"集中注意、分配注意、再集中注意"的波动式注意模式。三是要加强练习，使得信息加工自动化，从而更好地分配注意力。四是要合理计划，科学安排学习时间，做到学习、休息两不误。

二、观察力

观察力是指人们大脑对事物的观察能力，观察不是一般的感觉、知觉，而是一种有意识、有目的、有计划的感知活动，是学习活动的基本智力条件。人们可以通过观察获得对事物的基本的、完整的感知信息，并运用基本的思维方法对所观察到的事情进行比较、分析和综合，寻找事物之间的联系，掌握事物的特性，提高个人发现问题、解决问题的能力。

人的观察力不是天生的，是通过后天的培养和训练而来的。良好的观察力有助于学习效果的提高，大学生要做到勤于观察、善于观察，注重训练个人的观察力，提高观察力的敏锐性，准确获得所观察对象的相关信息，为之后思维能力的提升打下坚实基础。

观察力培养的关键，一是明确观察目的，确定自己想要观察的内容，如"观察这个人有什么特征"；二是明确观察的计划，如对观察的人"头部特征、身体特征、着装特点、走路姿势"等进行观察；三是明确观察的顺序，如"从上到下、从左到右、从近到远"等；四是培养浓厚的兴趣，保持观察的时间，如"对喜欢的东西忍不住多观察一下"；五是扩充感知渠道，提高观察效力，如"同时运用视觉、听觉、触觉"进行观察；六是注重与思考相结合，如"这个人与我有什么不同"。

三、记忆力

记忆力是人们识记、保持、再现客观事物所反映的内容和经验的能力，它在大学生的学习中有着重要的作用。没有记忆力就无法进行学习活动，大学生只有不断积累过去学习的知识和经验，才能在接收新的信息时进行思维活动。

按照信息保存时间的长短以及信息编码、储存和加工方式的不同，可将记忆分为瞬时记忆、短时记忆和长时记忆。人的短时记忆信息容量为 7 ± 2 个组块，组块能够有效地扩大短时记忆容量。组块分类记忆法能有效提高记忆效果，例如，记忆一串数字：20211012185032，若把它分解成 2021（年）10（月）12（日）18（时）50（分）32（秒），记忆速度就会明显增快。

德国心理学家艾宾浩斯是对记忆与遗忘进行实验研究的创始人，后人用他的实验数据，以间隔时间作为横坐标，以记忆保留比率作为纵坐标，绘制了一条说明遗忘进程的曲线，叫艾宾浩斯遗忘曲线。遗忘进程为先快后慢，所以学习若要达到良好的记忆效果，就要做到及时复习，如图 4-2 所示。

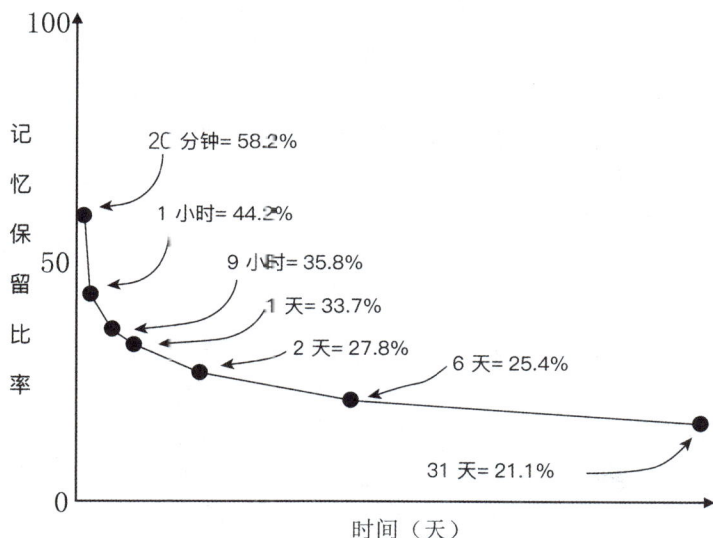

图 4 - 2　艾宾浩斯遗忘曲线

　　了解遗忘的规律能帮助大学生更好地利用规律帮助学习，提升学习效果。除了上述遗忘的时间进程是先快后慢的规律以外，识记材料的性质、学习的程度和材料的顺序都影响着遗忘的程度。如识记无意义的材料比识记有意义的材料遗忘得快，抽象的材料比形象的材料遗忘得快。

　　大学生可从以下四个方面进行训练，提升个人的记忆力，促进学习进步。一是使用有效的识记方法去记忆材料，如串联记忆法（二十四节气歌）、多种感官协同记忆法（边读边看）、比较记忆法（比较行为主义学习理论和认知主义学习理论的区别）等；二是控制学习的程度，研究表明150%的过度学习记忆效果更好；三是掌握促进记忆的复习策略，如遵循遗忘先快后慢的规律及时开展复习、合理选择集中复习和分散复习、排除前摄抑制和后摄抑制的干扰等；四是注意饮食、休息，并进行适当的体育锻炼，保持良好的记忆状态。

四、思维力

　　思维是人脑对客观事物的本质和事物之间内在联系的认识，它是人类的一种高级认识活动。思维也就是我们常说的思考，人的思维具有两个基本特征：概括性、间接性。把苹果、香蕉、西瓜等概括为水果体现的就是思维的概括性，而早起看到地面湿就判断昨晚下雨了就是思维的间接性。正如我国伟大的教育家孔子所说"学而不思则罔，思而不学则殆"，学习要勤于思考，否则只简单接受书本的知识，不理解其表达的意义就会使学习陷入迷茫，只有把学习和思考结合起来，才能学到切实有用的知识。

　　思维力是人脑对客观事物间接的、概括的反映能力。思维力是智能结构的核心，是影响学习效果的重要因素。思维力训练能有效改变思维模式，形成多方面、多层次对待问题、发现问题、分析并处理复杂问题的思维模式。

关于大学生思维力的训练，一是要具备完整合理的思维过程，即分析与综合、比较、抽象和概括、具体化和系统化、运用和发展这五个方面能力，建立完整合理的思维结构；二是学习科学的思维方法，如发散思维、对比思维、推理思维、辩证思维、系统思维等；三是正确处理好定势思维和创造思维的矛盾，既要利用好思维定势对问题解决的重要作用，同时也要在具体问题条件发生变化时，勇于克服错觉思维定势，重新探索规律，得出新的思维成果。

五、想象力

想象是指人们在头脑中根据已有的表象进行加工改造形成新形象的过程，根据想象是否有意识和有目的，分为有意想象和无意想象。而有意想象又分为创造想象、再造想象和幻想，创造想象是指不依据现成的描述和图示而独立创造出新形象的过程，如"作家构造的人物形象"；再造想象是指人们根据语言描述或图示在头脑中形成相应形象的过程，如"我们根据作家所描述的内容在头脑中想象出来的人物形象"；幻想是指向未来并与个人愿望相联系的想象，它是创造想象的准备阶段和特殊形式。大学生对未来的憧憬反映了他们想成为什么样的人，选择什么样的生活方式，这是他们的理想，如他们为实现这个理想而努力奋斗，那么幻想就不是坏事，而是成为指引大学生前进的路标、激励大学生奋斗的动力。

想象力是指人们对头脑中已有的原像进行加工创造新形象的能力和本领，想象力是创新的源泉，促进发明创造，推动社会发展，如"想象人也能像鸟儿一样在空中飞翔而发明了飞机"。想象和思维是相互交叉、相互渗透的，如果没有想象力的支持，是不可能产生创造性思维的。哲学家狄德罗认为"想象，这是一种特质。没有它，一个人既不能成为诗人，也不能成为哲学家、有思想的人、一个有理性的生物、一个真正的人"。大学生的学习不应只是被动地接受书本知识，而是要进行创造性学习，运用想象力把书本知识变活，开展创新性研究，成为一个有思想的人。

大学生提高想象力的方式，一是积累丰富的知识和经验，头脑中储存的表象越多，越容易产生想象，而且想象也越开阔、越深刻；二是善于组合不同类别的表象，形成新的形象；三是运用有效的方式练习想象，如场景想象（想象就业面试的过程）、事件想象（想象电视剧的情节发生在你的身上）。

【管窥之见】
夫学者，所以求益耳。见人读数十卷书，便自高大，凌忽长者，轻慢同列。人疾之如仇敌，恶之如鸱枭。如此以学自损，不如无学也。

第三节   影响学习的非智力因素

美国心理学家特曼等人研究发现，智商与成就之间不完全是正相关关系，学习活动除了受智力因素的影响，还受非智力因素的影响。非智力因素是智力因素以外全部心理因素的总称，是意向活动在改造客观世界过程中逐步形成的一系列稳定的心理特点的综合。广义的非智力因素是指智力因素以外的一切心理因素。狭义的非智力因素主要有动机、兴趣、情感、意志、性格和态度。

一、动机与学习

（一）学习动机的涵义

人的有意义活动总是由一定的动机引起，动机是直接推动有机体活动以满足个体需要的内部状态，是行为的直接原因和动力。动机主要有三种作用：一是激发行为，动机是引起行为的动力，它使有机体进入活动状态，提高唤醒水平，集中注意力；二是行为定向，动机使有机体有选择地进行某些活动；三是维持行为，动机使有机体保持适当的行为强度直到选择的活动得以完成。

一般而言，参与不同活动的动机即以该活动来命名，因此参与学习的动机我们称为学习动机。根据动机在学习中的作用，我们可以把学习动机定义为：直接推动学生进行学习活动的内部动力。学习动机能够说明学生为什么而学习、学习的努力程度、学生愿意学什么的原因。学习动机能够激发学生产生某种学习活动，使其对与学习有关的刺激，如教科书、知识讲座、图书馆等表现出渴望求知的迫切愿望，激起其探索活动；能使学生在学习中表现出认真的学习态度、高涨的学习热情。

（二）学习动机的类型

（1）内部动机与外部动机

心理学家根据学习动机的来源把学习动机分成两类。一类是内部动机，即学生的学习动力来自自身，例如学生的学习兴趣、求知欲等。德西（Deci）认为内部动机的主要特征是具有能力感和自我决定感。具有内部动机的学生积极参与学习过程，好奇心强，喜欢挑战，解决问题具有独立性，能够在学习中获得很大的充实感和满足感。另一类是外部动机，指学生的学习动机由外部因素引起。外部的学习动机在某种程度上总是具有一定的强制性，因为学生的学习目的存在于其他情境中，学习活动只是满足其他目的的一种手段。如学生为了获得奖学金、避免家长处罚带来的不愉快而学习。具有外部动机的学生一旦达到自己的目的，学习动机便会下降。

（2）交往动机与成就动机

美国心理学家根据学习动机的社会性将学习动机分为交往动机和成就动机。交往动机是在希望得到他人关心认可友谊与支持的需要基础上产生的，其目标是能隶属他人或团体并接受其影响，获得他人赞许或认可。如学生学习是为了得到教师或同伴的称赞。成就动机是一种以高标准要求自己，以力求取得学习活动成功为目标的动机。成就动机是在通过胜任某些活动获得尊敬的需要基础上产生的，比如学生努力学习以取得好名次或得到同学尊重。交往动机属于外部动机，而成就动机则属于内部动机。

（3）直接情境性学习动机和间接远景性学习动机

我国心理学家根据学习动机的作用将其分为直接情境性学习动机和间接远景性学习动机。直接情景性学习动机是对学习内容的直接兴趣和爱好，以及对学习活动的直接结果的追求，例如教师生动形象的讲解，灵活多样的教学方法常能激发、调动学生的学习动机。这类学习动机比较具体，效果比较明显，但作用不够持久。间接远景性学习动机是与学习的社会意义与个人意义相联系的动机，如学生立志成才，为祖国繁荣富强而读书。这类学习动机比较抽象，但作用稳定而持久，不易受偶然因素和情景变化的干扰。

（4）主导性学习动机和辅助性学习动机

根据学习动机是否处于活跃和主导状态，把学习动机分为主导性学习动机和辅助性学习动机。前者指在学生的学习生活中居于支配地位、发挥主导作用的学习动机。它对学习活动的影响强烈而稳定。后者指在学习活动中居于从属地位、发挥辅助作用的学习动机。它对学习活动的影响比较微弱并不太稳定。在不同年龄阶段和不同的学习条件下，学生的主导性动机会发生变化和转移。

（三）学习动机的特点

学习动机具有活动性和选择性两个特征。活动性是指学习动机能够推动学生进入学习的活动状态，如学生为获得教师、家长的赞扬和同学的尊重而努力学习。学习动机水平不同，学生进行学习活动的强度和持续时间也不一样，如一个强烈渴望考入名牌大学的学生比一个只是期望考上大学的学生的学习愿望更加强烈，学习的劲头更充足，所投入的时间、所花的精力更多，会想方设法克服学习中的困难考入心目中的理想大学。选择性是指学习动机会推动学生选择一定的活动，而相应地忽视其他活动。例如，爱好数学的学生在闲暇时间会主动做数学题，而不一定看小说。

（四）学习动机的作用

关于学习动机在学习中的作用，是一个颇有争论的问题。有的心理学家认为，有些学习可以不靠动机给予力量。如在巴甫洛夫（Pavlov）的条件反射中，动物仅依靠条件刺激与无条件刺激的暂时联系而产生学习。某些没有经过组织的短期学习，如学习某个单词，当时并没有要学习的意向，常是偶然获得的。但大部分心理学家认为，要进行长期的学习，学习动机是绝对必要的。强烈的学习动机是保证学好的前提，没有这个前提其他的都谈不上，对学生尤其如此。

一般而言，学习动机对学习有促进作用，学习动机的水平越高，其学习效果越好。但学习动机与学习效果的关系并不总是一致的。有些学生的学习动机水平较高，但学习成绩并不理想。这种现象并不能否认学习动机对学习的作用，只是说明学习动机不能代替学习。学习动机对学习的影响，并不是直接卷入认知过程而只能间接地增强与促进学习的效果。学习要通过知识基础、智力水平、学习技能和方法等各种中介因素而实现。因而不能仅以学习成绩的高低来推断学习动机作用的强弱。

动机水平与学业水平之间的关系也并不是简单的线性关系，只有当学习动机处于最佳水平，学习活动才会产生最佳效果。学习动机的最佳水平往往因课题性质的不同而不同。当学习比较容易的课题时，学习效率会随着学习动机强度的增高而增高；当学习比较困难的课题时，学习效率会随着学习动机强度的增加而降低；在一定范围内，学习动机强度的增强有利于学习效率的提高，特别是在学习力所能及的课题时，其效率的提高更为明显。这条规律是由美国心理学家耶基斯和多德森于1908年通过动物试验发现的，所以又称为耶基斯—多德森定律，如图4-3所示。

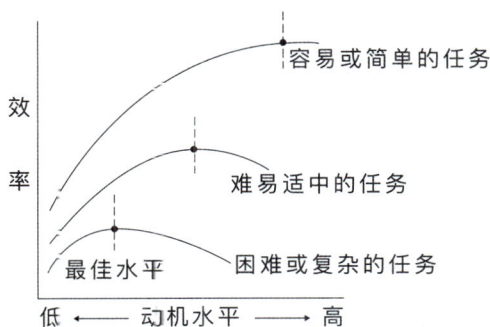

图4-3 耶基斯—多德森定律

【知识链接】

研究显示，由于大学生的认知水平较高，非自主的学习动机影响较小，个人的认识动机、成就动机较影响他们的自我决定学习动机水平。大学生要提升个人的自主学习能力，即"能学"（基于自我意识发展上）、"想学"（基于具有内在学习动机）、"会学"（基于具有学习策略）、"坚持学"（基于能够不懈的努力）。

二、兴趣与学习

爱因斯坦说"兴趣是最好的老师"，孔子也说"知之者不如好之者，好之者不如乐之者"。兴趣是指积极探究某种事物或从事某种活动的过程中，伴随着一定的情感体验的心理倾向。兴趣是引起和维持注意的一个重要内部因素，是学习过程中一种积极的心理倾向。兴趣是对某种对象（事物与活动）的心理倾向，是发自"本我"的一种巨大的潜在能力。它可以划分为两个层次：一是兴趣，指力求认识某种事物的心理倾向，它局限在认识范围内，可以被称为认识兴趣；二是爱好，指积极参与某种活动的心理倾向，它突破了认识范围，使认识转化成了实际的行动。在学习中，我们应当把兴趣引向爱好，用爱好巩固兴趣，这样，就能提高学习的效率与效果。

具体说来，研究发现兴趣的作用主要表现在以下三个方面。

首先，兴趣会促进读者在阅读文本采取深度加工的策略，对所读内容建立更多的联系，对它进行更多的独立思考。

其次，兴趣对学习那些明确包含在文本中的知识作用不大，甚至没有影响；而在要求对文本内容进行深度理解时兴趣就具有非常重要的作用，兴趣高的读者所获得的知识具有更高的迁移水平。

最后，兴趣对文本阅读中的理解监控能力有一定的影响。

总的来说，兴趣一方面改善了学习过程，一方面也改善了学习的结果，导致质与量上更优的学习，以兴趣为基础的学习的结果与仅仅以努力为基础的学习的结果有质的不同。在这种不同的背后隐藏着兴趣影响学习的作用机制，在理论上弄清这一问题是兴趣研究深入发展的需要。

【知识链接】

兴趣是最好的老师，大学生对专业的兴趣显著影响着他们的学习成绩和获得感，而且，理科方面的学习受专业兴趣的影响比其他学科更深，也就是说，在学业成就上，理科的学习更需要专业兴趣。

三、情感与学习

情感是由一定的主客观因素引起的意识（心理）的波动性和感染性。同时情感还具有两极性、扩散性、情境性、移情性和外显性。

（一）情感与学习的关系

列宁指出："没有'人的感情'，就从来没有，也不可能有对真理的追求。"

这句话充分地说明了情感在人对真理追求中的作用。

在学习过程中，情感虽没有直接起作用，但其间接影响却十分明显。有人将学习活动中的智力因素比作是汽车的发动机，而将情感比作是汽车的燃料，此话不无道理。孔子就将学习分为三个不同的层次：知学、好学、乐学。他认为"知之者不如好之者，好之者不如乐之者"，即这三个层次一层比一层高级。"乐学"就是一种最高层次的学习热情，只有进入到"乐学"这一层次，才能使人做到在学习上自强不息。学生有了对学习的热烈情感，就会增强其学习的积极性，使其主动地探求新的知识，大胆地进行创造性思维，顽强地克服各种困难，从而提高学习效率。

情感对学习的作用同兴趣一样，可归纳为动力与定向两个方面。其动力作用主要体现在可以放大和加强内驱力及其信号，从而转化为学习动机，发挥动力作用。情感定向作用可以帮助学习者明确学习的方向和目标。可以说，好学或者厌学都是情感定向作用的表现。

（二）情感的活动规律与学习

情感如同其他心理活动一样，也是有其规律的，了解并利用情感的活动规律，对于促进学习活动，提高学习效率都是十分有利的。与学习相联系的情感的活动规律主要有以下两个方面。

1. 情绪逐步向情操发展

人的情感不是与生俱来的，而是随着年龄的增长、交往的扩大、经验的增长，在教育与社会的影响下逐渐发展起来的。情绪与情操这两种形式的情感又往往交织在一起，在同一个人的身上表现出来。

情绪是比较低级的情感形式。它一般与人的生理需要相联系，与社会需要也有联系，它的外部表现比较显著，但也有不大明显的。其主要表现形式有激情、心境和热情，统称为情绪状态。而情操则是一种习得的、比较高级、比较复杂的情感。它与人的社会需要相联系，持续的时间比较长些，外部表现不大明显。其主要表现形式有理智感、道德感和审美感，统称为高级社会情感。在学习活动中，适当的激情、良好的心境、饱满的热情是学习的重要心理品质，而情操则是推动学习的强大动力，是一个人取得学习成就大小的先决条件。人是自己情感的主人，在学习过程中，学生既要通过学习活动形成和发展自己的情操，又要保持和激发积极的情绪状况，满腔热情地投入到学习中去。

2. 情感与认识相互促进、相互干扰

情感是在认识的基础上产生和发展起来的，它既可能推动和加深人们的认识，也可能妨碍对事物的进一步认识，甚至产生不正确的认识。

心理学的研究表明，情感的产生虽然与生理上的激活状态紧密联系，但它并非单纯地由生理激活状态所决定，而必须通过人的认识活动的"折射"才能产生。美国心理学家 S. 沙河特（S. Schachter）提出了"情绪三因素说"，认为情绪的产生可归之于三个因素的整合作用，即刺激因素、生理因素和认知因素，而认知因素在情绪的形成中起着重要的作用。无数事实说明，对客观事物没有一定的认识就不可能产生什么情感。成语"触景生情"也包含这个意思。人的情感会随着认识的发展而发展变化，认识越丰富、深刻则情感也会越丰富、越深刻。同时，人的情感又可以反作用于认识活动。心理学的有关研究表明，人们回忆那些愉快的经历比回忆那些痛苦的经历要容易得多，也深刻得多。一般地说，一个学生在学业上取得较大成就是与他对学习活动的满腔热情分不开的。但是，情感与认识又是互相干扰的。对某一事物的认识不当，也会使人对该事物产生不适当的情感；对某一事物产生不适当的情感，也会妨碍对该事物进行深入的认识，甚至产生不正确的认识。学生的学习热情是在学习过程中培养起来的，丰富的知识可以使之产生丰富的情感。我们要学会用理智支配情感，做情感的主人，以克服消极的情感，防止它们对学习活动产生阻抑作用。

【知识链接】

情绪情感影响着大学生的自主学习，它既是催化剂也是阻滞源，例如，在大学生的自主学习中，积极情绪情感对学习和记忆有着积极的影响，反之消极的情绪情感则会使得记忆效果差、积极性低，影响学习效果。

四、意志与学习

意志是人的意识有目的、有计划地调节和支配自己行动的心理过程。意志主要有两个特点，即目的性与调控性。人的意志活动总具有明确的目的，即它能清晰地意识到主体行动的进程及其结果。这种明确的目的性是人类行为不同于动物行为的一项最本质的特征。意志的调控性体现在人的意志总能对自己的活动实行调节和控制。

对于意志在学习中的作用，古今中外的学者都有深刻认识。荀子提出"骐骥一跃，不能十步；驽马十驾，功在不舍；锲而舍之，朽木不折，锲而不舍，金石可镂"；苏轼也说"古之成大事者，不惟有超世之才，亦必有坚忍不拔之志"。陶行知先生将育才学校的创业宗旨总结为十句话："一个大脑，二只壮手，三圈连环，四把钥匙，五路探讨，六组学习，七体创造，八位顾问，九九难关，十必克服。"有人对大学生的学习曾做了这样的描述，大学生差别最小的是智力，差别最大的是毅力，因此，意志在大学生的学习中起着重要作用。

第一，意志由简单意志发展到复杂意志，由软弱意志发展到坚强意志。人的意志不是与生俱来的，而是随着年龄的增长，体质的增强，知识的丰富，交往的扩大而逐步发展起来的。意志的发展逐步由简单到复杂，由软弱到坚强。简单与软弱性意志的体现是：一是愿望不稳定，此所谓有志者，立长志，无志者，常立志；二是容易冲动，不能克制自己；三是易受暗示，容易模仿别人。学习是一项艰苦的脑力劳动，要使学习活动坚持下去并取得较好的效果，就必须有复杂而又坚强的意志参与。人是自己意志的创造者，大学生应有意识地培养和锻炼自己的意志。当然，意志的培养不是一蹴而就的，我们必须从最简单的事情入手，逐步学会不畏劳苦，持之以恒，勇于攀登，才能成为一个意志坚强的人。

第二，意志过程的三个阶段，即决心、信心和恒心，三者密切联系，互相促进。决心是意志过程的第一阶段。这个阶段中往往有一系列复杂的心理活动。下定决心主要表现在两个方面：一是确定行动的目的；二是选择达到目的的行动方法和方式。信心是意志过程的第二阶段，包括树立确信感，建立坚定信念，形成远大理想。信心的树立主要取决于三个因素，即活动的结果，他人的态度和自我评价。恒心是意志过程的第三阶段，具有更为本质的意思。恒心的确立主要在于两点：一是要善于抵制不符合目的的主观因素的干扰；二是要善于持久地维持已经开始的符合目的的行动。意志过程的三个阶段密切联系，缺一不可，形成一个整体，又互相交织，彼此促进。在学习活动中，学生一是要下定决心，明确学习目的；二是要树立信心，相信自己的力量；三是要持之以恒，百折不挠，才能取得学习的成功。

第三，意志和行动不可分割。人的意志总是在一定的行动中表现出来的，它的发生、发展和形成都离不开行动。人的行动按其目的性、意识性的程度，可分为无意行动和有意行动两种。同时，按是否有意志参与为标准，又可将有意行动分为一般行动和意志行动两种。所谓意志行动，就是有意志参与的一种有意行动。意志只是意志行动中的主观方面，它是在意志行动中体现出来的。没有意志，也就没有意志行动。意志行动必须包含意志因素，它是人的意志的一种外部表现。正因为如此，我们也可以把意志过程称为意行过程。在学习过程中，必须通过具体的学习、工作来培养自己的意志，必须通过攻克难关、迎战困难来锻炼自己的意志。总之，要利用一切机会和环境培养自己良好的意志品质。只有那些在学习上克服重重困难、勇于攀登高峰者才能称为意志坚强的人。

第四，意志的强度与克服困难的大小、多少呈正相关性。在一个人确定前进的目标，并向这目标奋进的过程中，总会遇到各种各样的困难。但众多的困难归结起来，不外乎两种：一是来自外部的困难，亦叫客观困难；二是来自内部的困难，亦叫主观困难。这些困难阻碍着我们目标的实现，影响了活动的顺利进行。只有意志坚强的人，才能克服众多难以想象的困难，去赢得成功。在学习活动中，我们要经常给自己设置一些难题，"跟自己过不去"，不断地克服困难，战胜困难，在困难中磨炼自己，使自己的意志日益坚强起来。

五、性格与学习

性格是人对现实稳定的态度及其行为方式的个性心理特征。性格几乎囊括了全部稳定的心理特征，不仅有情感与意志的，而且有理智的与道德的，所以其综合作用较之单一成分的动机、兴趣情感或意志，就要突出得多。美国前总统尼克松在《尼克松回忆录》中说得好："对一个人来说，真正重要的不是他的背景、他的肤色、他的种族，或是他的宗教信仰，而是他的性格。"确实如此，因为性格在人们的生活、学习、工作乃至事业中都具有综合作用。

陶行知先生从教育实践中得出良好的性格特征主要有以下四个方面：一是努力奋斗，"奋斗是成功之父"；二是实事求是，"知之为知之，不知为不知"；三是独立意识，"独立的意志，独立的思想，独立的生计与耐劳的筋骨"；四是创造精神。一个具有优良性格特征的学生，会具有正确的学习动机，稳定的学习情绪，持久和顽强的学习意志，较高的心智活动水平，从而保证其获得大学学业成功。

第一，性格的稳定性与可塑性相互制约。一般来说，性格既具有稳定性也具有可塑性，作用于性格的诸多因素是在不断发展变化的。在学习活动中，我们一方面要看到性格的稳定性，看到它在学习中的作用，进一步认识到培养良好性格的重要性，以使它们在学习中发挥更大的积极作用；另一方面又要看到性格的可变性，看到它是可以通过各种途径培养的，因此，应当重视大学生良好性格的塑造，改变那些不良的性格。

第二，性格的先天性与后天性相互结合。人的性格的形成，既以先天因素为基础，亦有后天因素起作用，是先天因素与后天因素的"合金"。性格是在一个人的先天因素的基础上，在后天诸多因素的共同作用下，通过主体的实践活动逐步形成的。一般认为，先天因素是性格形成的自然前提，而后天因素则对性格的形成起决定作用，其中尤以社会环境的影响为大。许多研究表明，对性格形成起重要作用的最初是家庭，它在儿童的性格形成上有着深远的影响，尤其对性格的影响最为全面、深刻；学校教育对学龄儿童性格的形成具有重要意义，它会全面影响学生的意志特征和理智特征；宏观的社会背景也影响着儿童性格的形成，且在情绪特征中表现尤为突出。在学习活动中，我们既要看到先天因素对性格形成的影响，不排斥这种因素的作用；又要特别重视后天因素在性格形成中的作用，充分利用家庭、学校教育、宏观的社会因素等方面的一切有利因素，培养自己的良好性格，以期使学习取得成功。

第三，性格与气质相辅相成。心理学的研究表明，性格与气质既有区别又有联系。一般说来，气质主要是先天的。有关研究认为，许多人很难找到自己原始气质特点的外在原因，大约有30%的被调查者叙述了自己的气质特点和亲生母亲是相同的或相似的；而性格则主要是后天的，更多是体现其社会性特征。首先，气质是性格的基础，每个人的性格必然会打上自己的烙印；其次，具有不同气质类型的人可以形成同样的性格特征，而具有同一气质类型的人又可以形成不同的性格特征；最后，气质影响着性格特征的形成和发展的速度。另外，性格可以掩盖甚至改变气质的某些特性，特别在经历了大的变革后更是如此；而性格对气质某些特性的改变则是由于神经活动类型的先天特性得到改变而实现。因此可以这样说，性格的发展和气质的变化始终是渗透在一起的。大学生在学习中，各种气质类型的人都可以培养积极的性格特征。因此，大学生不必为自己的气质类型而烦恼，而应在各自气质的基础上，培养诚实、勤奋、独立、创新、勇敢、果断等良好的性格特征。

六、态度与学习

大学生是国家的宝贵财富，是未来建设国家的重要栋梁。当前，在以知识引领科学社会发展的时代中，大学生的知识能力和素质也日益成为社会关注的焦点。作为一名大学生，要肩负起建设国家的历史重任，就要树立远大的目标，着眼实际，端正学习态度，务实进取。

态度是指一个人对人、事、物和某种活动所持有的一种接近或背离、拥护或反对的稳定的心理倾向性。它包括认识，情感与意向三种成分。学生的学习态度是指学生在学习情境中表现出来的比较稳定的心理倾向。大学生的学习态度直接影响其学习行为和学习成绩。影响大学生学习态度的因素主要有：教师的讲课，教师的人格魅力与教学水平。很多情况下，学生会有意或无意地吸取或模仿教师的某些行为，把教师作为自己心目中的楷模，学习会产生积极的态度，否则会产生消极态度；教学过程，教学过程中所涉及的学科内容、组织方式、授课艺术和讲课策略都会影响到学生的学习态度。许多研究表明：以不同教学形式在各种课堂活动情境下呈现出严谨而不失趣味的教学内容，易使学生产生积极的学习体验，从而形成或改变其学习态度；而消极的学习态度，往往伴随着枯燥的学习内容，呆板的教学形式和沉闷的课堂情境。

【管窥之见】
路漫漫其修远兮，吾将上下而求索。

【心理测验】

【案例分析】

来访者自述："我是一位来自山区，家庭经济困难的大学生，学业成绩一直非常优异。上大学后，忽然感到心中茫然，学习没有动力，生活没有目标，有时候想到辍学在家的妹妹和年迈的父母我也恨自己不争气，可我的确找不到奋斗的目标与学习的动力，学习上得过且过，生活上马马虎虎，盲无目的，上课打不起精神，我不是因为喜欢上网而荒废了学业，而是因为实在没劲才去上网聊天、打游戏，我如何才能摆脱这种状态？"

诊断： 案例中大学生的行为属于学习动机不足的表现。很多学生在大学以前的学习动机是为了考上一个好大学，但进入大学以后，考大学的既定目标已经实现，没有新的学习目标，导致学习态度不端正，缺乏学习兴趣，学习动机不足。

策略： 制定学习目标，将长期目标量化分解为多个短期目标，明确阶段性学习任务，通过每一个短期目标的实现来促进个人自我价值的实现，充分激发学习的内在动机。改进学习方法，有效运用学习策略，提高学习效果，提升个人的学习效能感。积极调整心态，踊跃参与学术活动、实践活动，经常与老师、优秀的学生开展交流，加深对专业的了解程度并激发个人的求知欲望，增强学习的动力和持久性。

第四节　大学生常见学习心理问题及其调适

在大学校园里，大多数学生能经受住紧张的学习对大学生各方面素质的综合考验，顺利地完成学业。但是也必须看到，有相当数量的大学生存在时间或长或短、程度或轻或重的学习困难。导致学习困难的原因虽然多种多样，但是分析的结果表明，心理障碍是主要的原因。常见的心理障碍有：缺乏学习动力、学习目标不明、学习动机过强、严重的学习焦虑、学习疲劳等。

一、学习动机不当

（一）缺乏学习动力的主要表现

1. 逃避学习

不愿上课，上课无精打采，不能积极思维；课后不学，常把主要精力放在打扑克、下象棋等与学习无关的活动上；无成就感、无抱负和期望，无求知上进的愿望。

2. 焦虑过低

缺乏自尊心、自信心，学习不好不觉得丢面子，考试成绩不及格也不在乎。这些学生缺少必要的压力、必要的觉醒意识和认知反应，因而懒于学习。

3. 注意分散

学习动力缺乏会使大学生注意涣散、兴趣转移，易受各种内外因素的干扰，因而上课时听课不专心，不能集中精神思考问题，课后不肯花工夫复习巩固所学的知识，作业不认真、满足于一知半解，对学习基本采取的是"对付"的策略。对学习以外的事反而兴致勃勃，如对看录像、电影、经商等则不惜花时间，常常喧宾夺主、主次颠倒。

4. 厌倦、冷漠的情绪

学习动力缺乏常会导致冷漠、厌倦情绪，说到或想到学习就头痛，硬着头皮上课，无心写作业，有的学生为了一纸文凭不得不一天天应付，有的学生索性回家、中途辍学。

5. 缺乏适宜的学习方法

学习动力缺乏的学生由于对学习总体上是一种消极的态度，所以也不可能努力地摸索一套适合自己的学习方法，因而难以适应紧张繁忙的学习情境。

总之，当一个学生缺乏动力时，相对广大同学紧张而有节奏的学习生活，他如同一个局外人，与学习群体不相融，如不及时矫治就不可能坚持学习，不可能完成学习任务。

（二）缺乏学习动力的原因

应该说，造成大学生学习动力缺乏的原因是多方面的，但是大体上可以归为两类：内部原因和外部原因。

1. 内部原因

（1）学习动机不明确

凡动力缺乏的学生被问到为什么学习、为什么读书、为什么上大学等问题时，他们便会给出一个共同的答案：以前念书就是为了考大学，考大学是为父母，为了将来找一个好工作，为了躲开穷乡僻壤等。这些学生由于没有确立起学习目标、人生理想，没有把自己的学习和社会的发展联系在一起，更没有和国家、民族的振兴相连，所以缺少或者没有什么奋发向上、努力学习的原动力。对待学习基本上采取一种放任的态度。

（2）对所学专业缺乏兴趣

这是学习动力缺乏的重要原因之一。在高考填报志愿时，由于学生和家长对专业缺乏了解，导致学生到校开始学习后才发现对本专业并不喜欢；另一种情况则是家长的意志，家长从当前社会就业"热点"出发为子女填报了所谓好找工作又挣钱多，或相比之下较轻松的专业，事实上学生本人对家长选定的专业并无兴趣；还有些学生则是受考试成绩的限制，只能服从分配，不具备选择专业的条件。心理学认为兴趣是力求认识和探究某种事物的心理倾向，是一个人对某事物所抱的积极态度。既然对所学专业没兴趣，必然就不会有学好它的积极态度。

（3）错误归因

归因是个体对他人或自己的行为进行分析，推论出这些行为内在原因的过程。心理学根据个体在进行归因时常涉及的能力、努力、任务难度和机遇等几个方面的问题把归因分为四种：内归因，把成败归结为自己的努力与能力；外归因，把成败归结为任务的难度和机遇；稳定性归因，把成败归结为任务的难度和自身能力不够；非稳定性归因，把成败归结为机遇和努力。不同归因的大学生对成败的理解不同，从而影响到他们的学习动机、兴趣和态度。如当考试未通过时，做内部归因的大学生会认为是自己努力不够，今后还需要付出更大的努力。这样，每一次学习活动，不论成功与否，都能增强学习动力。而做外部归因的学生则不同，他会认为失败是由于运气不好、考题太难或老师教学无方等，从而把失败的原因归结于他人。

2. 外部原因

除了上述内因外，大学生学习动力缺乏还和外部影响有关，即所谓的外因。具体地说外因是指来自社会、学校和家庭等方面的原因。改革开放以来，在商品经济大潮的冲击下，知识贬值、脑体倒挂等问题长期没得到根本解决。有的家庭急功近利，更多地考虑什么专业挣钱多、好找工作就让子女学什么专业，而不考虑他们对这些专业是否有兴趣，是否适合子女学习等，这些因素都对学生造成不良影响，甚至成为学生中途退学的隐性原因。

（三）克服学习动力缺乏的对策

1. 强化学习动机

学习动机是学生参与学习活动的主观意图，推动学生进行学习的内在力量。苏联心理学家列昂捷夫说："学生学习的自觉性是和动机分不开的。事实上，有正确学习动机的学生才有主动性，学习劲头大，能克服困难，提高学习效果。"学习动机虽不是提高学习效果的唯一心理因素，但却是极其重要的因素。有的心理学家提出，学习动机正确还是不正确，要以时代的道德标准来判断。一切从自私的、利己的目的出发的学习动机，都是不正确的；一切从集体、社会、国家利益出发的学习动机，是正确的。在与社会需要相适应的动机的促使下，学生就会产生学习的自觉性，激发起强烈的求知欲、稳定的兴趣和高度的社会责任感，因而能专心致志，勤奋学习，刻苦钻研。相反，如果学习动机是出于想找一种轻松而工资又高的工作，那么他在顺利的情况下很可能会勤奋学习，但在逆境中就容易情绪低落、意志消沉、半途而废。因此，学校有关部门和老师应启发学生对社会需要、社会期望的正确认识，并创造条件以利于学生自我定向、自我定位，这样才能激发学生正确的学习动机。

2. 培养学习兴趣

大学生要想在学习中发挥积极性和创造性，就要对自己所学的知识培养浓厚的兴趣，这样才会心向神往，保持积极的学习态度。学习兴趣，是可以在学习过程中逐步培养的。学习是学生深入而创造性地领会和掌握科学技术，为未来从事某项事业打好基础的必要条件，也是智能开发的主要前提。爱因斯坦曾经说过，他认为对一切来说，只有兴趣和爱好是最好的老师，它远远超过责任感。可以通过多种方式，如通过具体事例，从克服困难中唤起好奇心等，改变由于"没兴趣"而缺乏学习动力的状况。

3. 端正学习态度

学习态度是指学生对学习的较为持久的肯定或否定的内在反应倾向，通常可以从学生对待学习的注意状况、情绪倾向与意志状态等方面来加以判定和说明。如喜欢还是厌倦、积极还是消极等情绪情感。学习态度受学习动机的制约，是影响学习效果的一个重要因素。端正学习态度根本的是要有正确的学习目标。一个人追求的目标越高，他的才能就发展得越快，对社会就越有益。在我们确立奋斗目标时，不妨看得高远一点，从而全力以赴。这样的学习才能显示出强有力的动力。

4. 改善学习的外部条件

针对学生学习动力缺乏的外部原因，应通过多方面的努力改善外部环境和条件。如创造良好的学习气氛和环境，宣传、呼吁有关部门切实注意提高知识分子的社会地位和经济待遇，落实知识分子政策，提高教学质量，注意更新知识，严肃学校纪律和奖惩条例等。

二、学习目标不明

目标，是人们欲求获得的成果或将要达到的标准，它是行动的指南。合理的目标能够诱发人的动力，规定行为方向。进入大学，等于眼前的理想实现了，新的理想、目标又等待着自己去确立，这种新目标的确立要根据大学的学习规律，结合自己的实际。要正确地认识和评价自己的能力，目标要高低适度，调整自己的抱负水平和期望目标，使之切合自身和客观现实，以便最大限度地利用各种信息和资源。

三、学习方法不当

掌握科学的学习方法对于每个大学生是非常必要的，据专家们估计，人类知识的总量每隔7～10年就要翻上一番，新理论、新技术、新成果不断涌现，使大学生毕业走向工作岗位后，必然会遇到不熟悉的新知识与新技术。那时他们便不得不独立地和迅速地理解它、掌握它、运用它。因此，大学生从现在起就应掌握科学的学习方法，培养独立的自学能力和主动探索知识的能力。在科学迅速发展的今天，学习已成为人们生活中必不可少的部分。

学习方法差异导致了不同的学习效率、效果，有调查表明，学习者对学习方法的看法是有差别的，不同的学习观影响着学习方法的选择和应用，从而产生不同的学习效率。在现实中，存在着不同的学习观，比较有代表性的有：只要有学习欲望就能取得理想的学习成绩；学习成绩好的人学习方法一定好；学习时间越长，学习效率就越高；勤必能补拙；只要智商高就能学好等。这些观点均或多或少存在偏颇，如："只要有学习欲望就能取得理想的学习成绩。"诚然，学习是自觉的行为，不想学习，即使勉强坐在书桌前也不会见效。但是，有学习欲望和勤奋精神的人仅凭兴趣随意进行学习，往往也是效率极差的。有研究表明，当努力达不到一定程度时学习成绩不会好；但当学习时间过多、负担过重、焦虑过甚时，会产生超限压抑，学习成绩也会下降；只有努力适度，才能取得最佳成绩。

如何掌握这个"度"就是科学学习方法的问题。学习者应根据有关学习的生理学和心理学研究所阐明的种种事实，努力探讨有效的学习方法。这些方法主要包括：①阅读方法。②记忆方法。③听课方法。④制定学习计划的方法。⑤应试方法。⑥引起学习欲望的方法。⑦有效利用时间的方法。⑧进行创造性思维的方法等。充分利用这些方法，可帮助学习者进入有效而协调的学习状态。

然而，上述方法或多或少地忽略了在学习过程中对于科学的学习策略的运用和培养。在学习中人的智力因素要想发挥最大效能，必须要有优良的非智力因素积极参与，即科学的学习策略。大学生要根据自身的具体特点，对学习过程作出切合实际的规划，选择科学而有效的学习方法、学习策略，达到学习的目标。形成学习策略是学生学会学习的前提，对于学生来说，在教师的指导下形成和积累一些成功的学习经验，是十分重要的。学习策略不是将学习方法与学习信息监控和反馈的简单堆砌，而是其相互联系、相互作用而形成的系统。其主要内容包括四个方面。

其一，学习者在面临学习任务之前和实际学习活动展开期间，激活和维持良好的注意、情绪与动机状态。

其二，分析学习情境，提出与学习有关的问题和制订学习计划。

其三，在具体的学习活动展开期间，监控学习的过程，维持或修正学习的行为。

其四，在学习活动结束以后，总结性地评价学习的效果，其中包括对学习方法的评价。

从学生的学习开始到学习策略的形成，这个过程绝不是立刻完成的，而是要经过一个由量变到质变的发展阶段。学生经过学习，逐步领会知识和掌握技能技巧，并在此过程中形成和积累了一些成功的学习经验。这是一个"量变"的过程。对于这些成功的学习经验，必须要经过不断地内化，才能真正形成更具迁移性并且应用范围更广的学习策略。对于学习者来说，学习策略是学习执行的监控系统。学习者使用学习策略的目的是以最有效的方法、最简洁的途径实现学习的目标。毫无疑问，一旦学生形成了一定的学习策略，也就形成了一定的学习能力。

四、学习焦虑

（一）学习焦虑的表现

学习焦虑是指学生由于不能达到预期目标或不能克服障碍的威胁，致使自尊心、自信心受挫，或失败感、内疚感增加而形成的一种紧张不安、带有恐惧的情绪状态。有些学生在家长、亲友、老师等各方面因素的影响下，为自己确定了过高的学习目标，虽竭尽全力仍和目标相差甚远，造成心理压力很大，这时就会出现严重的学习焦虑。

现代心理学把焦虑分为三种情况：低、中、高水平的焦虑，并且认为适当水平的焦虑，可以增强学习效果，但是若焦虑过度会对学习有不良影响。研究表明，中等焦虑组的学生成绩显著地高于低焦虑组和高焦虑组，且高焦虑组成绩最差。研究还证明，高焦虑只有同高能力相结合才能促进学习，高焦虑若与一般能力或低能力相结合则会抑制学习，把焦虑控制在中等程度才有利于一般能力和水平者的学习。所以学生要注意把握好这个"度"。

（二）学习焦虑的调适

第一，要充分发挥自我调节的能力，控制焦虑的程度。

第二，要努力创造一个班级、宿舍同学间关系和谐的集体和轻松愉快的学习气氛。师生之间情感的交流，同学之间互助友爱的关系，都有助于学生心理趋于平衡，形成正常焦虑。

第三，激发和保护学生的好奇心是培养正常焦虑的良策。精神病学家布盖尔斯基认为，创造恰当的焦虑水平的方法就是要引起好奇心，因为好奇心就是焦虑的一种隐蔽形式。有了好奇心，个体相应地会出现一定的紧张，这种紧张饱含着愉快色彩，活动效率因此会大大提高。

第四，要正确认识和评价自己的能力。确立切合自身实际的学习目标，增强自信和毅力，不怕困难和失败；保持适度的自尊心，降低对胜败的敏感度；保持情绪的稳定；摸索总结一套适合自己的学习方法等都有助于克服严重学习焦虑。

【知识链接】

现今的大学生人手必备智能手机，有人就大学生智能手机使用、焦虑和学习倦怠之间的关系进行了研究，发现焦虑既可以直接影响学习倦怠，也可以通过智能手机成瘾间接影响学习倦怠，焦虑等负性情绪可能会导致大学生的手机滥用等不良行为，而这些不良行为则可能降低学生的学习兴趣，从而加剧其学习倦怠。

五、考试心理卫生

考试是大学生面临的主要应激源之一。每个学生都希望在考场上发挥出自己的最佳水平，以取得优异成绩。可是总有些学生不得不接受一个残酷的事实，即考试成绩并非与自己的努力成正比，考试的结果总与自己的愿望有差距。于是便带来了一系列心理卫生方面的问题。诸如：丧失信心、自尊受挫、精神苦闷、厌倦学习及自暴自弃等。这说明考试对大学生的身心健康有很大影响。因此，学会正确对待考试，讲究考试心理卫生，防治各种考试心理障碍，培养良好的应试能力，学会一些应试的技巧等将有助于提高学习效率，巩固学习效果。

（一）过度考试焦虑或考试怯场的表现

过度考试焦虑或考试怯场是过度焦虑在应考时的反应，是学生在考试中因情绪激动、过度焦虑、恐慌而造成思维和操作困难的一种心理现象。主要表现有：心跳加快、呼吸急促、满脸通红、出汗、头昏、烦躁、恶心、软弱无力、思维迟钝，甚至晕倒等。

（二）过度考试焦虑的防治

出现过度考试焦虑的原因主要是，一些学生把分数看得太重，对以往的考试失败心有余悸；自尊心过强，又缺乏自信，担心因为考试失败而损害了自己的前途；担心自己对考试准备不充分；身体健康欠佳等。因此，预防过度考试焦虑和怯场可从以下五个方面入手。

1. 对考试应有正确的认识

考试只是衡量学习效果的手段之一，考试成绩不能全面反映一个人的学习能力和知识水平，更不能决定一个人的前途和命运，所以不必把考试看得过重。

2. 认真制定学习与复习计划

平时勤奋学习，及时掌握所学知识，对各科的学习"不欠账"。考试前认真总结复习，熟悉考试要求，做到"心中有数"，考试自然就不会出现异常现象。另外，对考试成绩的期望要从自己的实际出发，不可过高，否则就会给自己造成心理压力，容易出现高焦虑。

3. 注意身体健康及营养

考前虽然应认真复习，但不可搞"疲劳战术"，在百忙中也要注意劳逸结合，保证有充足的睡眠，并且要加强营养以提供足够的能量和热量。这样就可以保证以充沛的精力、清醒的头脑、健康的身体、良好的情绪参加考试。

4. 学会自我暗示与放松

如果考试时，由于过度紧张、焦虑，以致思维混乱或感到大脑一片空白，手脚发颤时，应立即停止答卷，轻闭双眼，全身放松，做几次均匀而有节奏的深呼吸；反复地自我暗示："不要着急""我很放松"；适当地舒展身体。待情绪平稳时，再审题答题。

5. 寻求专业人员帮助

考前若感到难以克服考试焦虑或曾出现过几次"怯场"现象，应主动寻求心理咨询帮助。通过放松训练、自信训练和系统脱敏法等方法来帮助自己摆脱考试紧张。

【管窥之见】

当考试考砸了，请不要灰心丧气，更不要自暴自弃，而要充满信心地对自己说："不要紧，继续努力！我已经有了成功和失败的经验！"

【心理训练】

【心理微课】（请使用"知到 app"进行扫描学习）

学习的本质　　　　学习心理的相关理论　　学习的影响因素（一）　　学习的影响因素（二）

学习动机与学业成就　　大学生学习特点与心理问题　大学生学习心理问题调适

【推荐读物】

1. 葛明贵. 大学生学习心理研究［M］. 合肥：合肥工业大学出版社，2010.

2. 刘儒德. 学习心理学［M］. 北京：高等教育出版社，2010.

3. 徐国立. 大学生学习与心理指导［M］. 北京：中国人民大学出版社，2014.

4. 肖崇好，王晓平. 青少年发展与学习心理［M］. 上海：华东师范大学出版社，2021.

【学习与思考】

1. 大学生常见的学习心理问题有哪些？

2. 如何调整考试焦虑？

3. 结合自身实际谈谈在大学苦读四年是为了什么。

第五章　学会交往
——大学生人际交往

　　人生最大的财富便是人脉关系，因为它能为你开启所需能力的每一道门，让你不断地成长，不断地贡献社会。

——安东尼·罗宾

【学习目标】

　　知识目标：掌握人际交往的内涵、心理基础、心理构成及形成与发展过程。了解大学生人际交往的特点及类型。

　　能力目标：提高识别人际交往障碍的能力及处理与修复人际矛盾的能力。

　　情感与价值观目标：能形成和谐的人际关系，面对人际矛盾、冲突时能理性应对。

【本章重点】

1. 人际交往的心理需求与心理构成。
2. 大学生人际交往中存在的问题及心理调适技巧。

【思维导图】

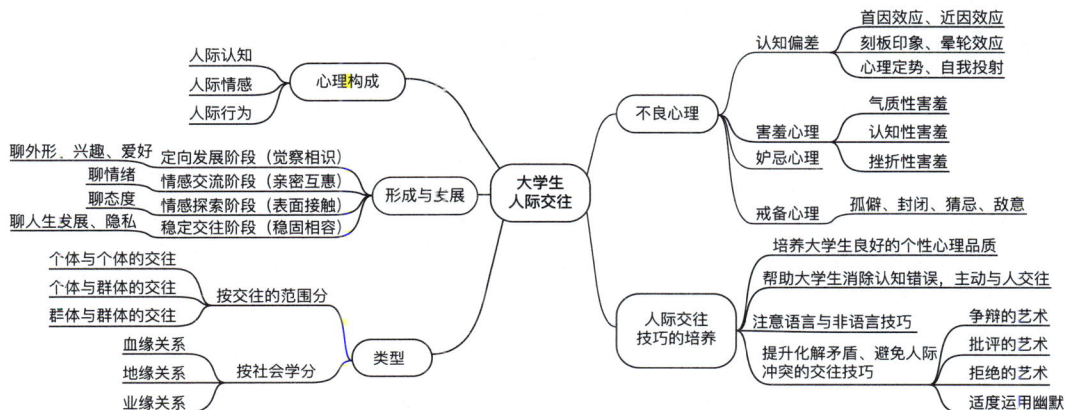

人是社会性动物，正如马克思所言："人的本质并不是单个人所固有的抽象物，在其现实性上，它是一切社会关系的总和。"进入大学之后，大学生们面临着新的环境、新的群体，重新整合各种关系，处理好与交往对象的关系便成为他们新的生活内容。良好的人际关系不仅是大学生心理健康水平、社会适应能力的重要指标，也是其今后事业发展与人生幸福的基石。

第一节　人际交往概述

一、人际交往的内涵

（一）人际交往的界定

人际交往也称人际关系，是人与人之间心理上的关系。所谓人际关系主要是指人与人之间通过相互交往和作用而形成的一种心理关系，或心理距离。从其实质来看，包含四方面的涵义：一是人与人之间的关系，即在物质交往和精神交往过程中发生、发展和建立起来的人与人之间的联系和关系，这是人们彼此相互影响而形成的一种心理上和社会上的联系；二是人与人之间的心理距离，反映着人们寻求满足需要的心理状态；三是人际关系的亲疏取决于人际心理距离的远近；四是人际关系是在人与人之间相互交往的过程中逐渐建立和发展起来的。

（二）人际交往的心理构成

人际交往由人际认知、人际情感与人际行为三种心理成分构成。人际认知是指人与人在交往过程中的相互认知，即通过彼此相互感知、识别、理解而建立起的一种心理联系，是建立人际关系的前提。人际认知包括个体对自己与他人、他人与自己关系的了解与把握，它使个体能够在交往中更好地、有针对性地调节与他人的关系。人际情感是指人际交往中各自的需要是否得到满足而产生的情绪、情感体验，是人际关系的核心。人际情感的形成取决于相互需要的满足程度。人们在交往过程中，总是伴随着一定的情感体验，如满意与不满意、喜爱与厌恶等，人们正是根据自身情感体验不断调整人际关系的。人际情感是人际关系的重要调节因素，它往往被当作判断人际关系状态的决定性指标。人际行为是指双方在相互交往过程中的外在行为的综合体现。人际行为成分是交往双方外显的行为表现，如语言、眼神、手势、举止、风度、表情等表现个性和传达信息的行为要素，它是人际关系的调节杠杆。人们通过各种人际行为调节、修补、完善各种人际关系。

人际认知、人际情感和人际行为是人际关系中三个相互联系、相互促进的心理因素。一般来说，由于人际关系不同，对人的认知和理解、情绪体验，以及各种行为会有所不同，而它们反过来又会影响到彼此的人际关系。

【知识链接】

人际认知的特性：选择性

什么样的信息容易被我们选择？一般来说分成两类，一类是你所知觉的对象的特征。我们容易知觉到新奇的、古怪的、刺激强度大的对象。比如说在茫茫的人海当中，如果有一个人穿着奇装异服，你很快就发现他，因为这个对象和背景差别比较大，特征新奇、古怪，容易被人知觉到。还有刺激强度比较大的，比如说强烈的色彩、巨大的形状，或者是浓烟、强光、声响等，这些都可能会更容易吸引人的注意，所以在人群当中说话声音特别大，个子特别高，或者特别矮，说话的时候与众不同等有这样一些特点的人都容易被我们优先知觉到。

再一个就是你自己的主观状态，我们说"感时花溅泪，恨别鸟惊心"，你个人的心情不一样，你对外界声音的感受也就不同，还有你的需要、兴趣等。比如当你心情好的时候，别人的一句玩笑能够使你开怀大笑，但是当你心情不好的时候，听一些玩笑就会很别扭，觉得好像就是在针对自己。客观和主观的一些因素都可能会影响我们听到什么、看到什么、想到什么。

二、人际交往的心理基础

人际交往以人们的需要为基础。需要是有机体内部由于生理或心理上的某种匮乏而产生的不平衡状态，它表现出有机体的生存和发展对于各种条件的依赖性，是有机体活动的积极性源泉。根据马斯洛的需要层次论，人的需要是一个由低级的生理性需要的满足逐渐产生出高级的社会性需要的发展过程。人的需要从低到高分别是：生理的需要、安全的需要、爱与归属的需要、尊重的需要、求知的需要、审美的需要和自我实现的需要。

需要是建立人际关系的动力，人际关系主要反映了人们在相互交往中物质需要或精神需要能否得到满足的心理状态。如果交往双方的需要能够得到一定程度的满足，就会产生喜欢、亲近的情绪反应，人们的心理距离就会缩短；反之，就会产生厌恶、憎恨等情绪反应，心理距离就会加大。因此，需要的满足是建立人际关系的心理基础。

【知识链接】

美国社会心理学家舒兹根据对他人需求的内容和方式的不同，把人际关系需求分为三类。一是包容的需求。具有包容需求的人愿意与人交往，希望与他人建立和维持相互容纳的和谐关系。基于这种愿望所产生的行为特征是：容纳、沟通、参与、归属、随同等。与之相反则表现为退缩、排斥、对立、疏远等。二是控制的需求。具有控制需求的人企图运用权力、权威或其他可以控制别人的因素来与他人建立和维持良好的人际关系，其行为特质是领导、支配、控制。与此相反的人际关系特质是受人支配、追随他人或者反抗权力、藐视权威等。这种类型的人际关系不只是存在于领导与被领导、管理与被管理者之间，小群体中的核心人物、伙伴中的"头儿"，与他人的关系往往也都带有控制和被控制的特征。三是建立在情感需求上的人际关系。具有情感需求的人希望在情感方面与他人建立并维持友好、喜爱、亲密、同情、友善、良好的关系，其行为反应特质是热情等。与此相反的人际特质是冷淡、疏远、憎恶等。

三、人际交往的形成与发展

（一）人际关系发展阶段的心理过程

奥尔特曼和泰勒对人际关系进行系统研究后提出，良好的人际关系的形成和发展一般要经过四个阶段，即人与人之间的关联状态从无关（零接触状态）到关系密切（深度卷入状态）经过四个变化过程，分别为：定向阶段（觉察相识）、情感探索阶段（表面接触）、情感交流阶段（亲密互惠）和稳定交往阶段（稳固相容）。

定向阶段（觉察相识）是人际关系形成的初始阶段，主要决定选择谁作为交往对象，对仪表身材、言谈举止及某些心理品质和个性特征形成评价。该阶段未形成有效沟通和交往，仅处在观察阶段，没有相互的情感卷入。

情感探索阶段（表面接触）双方开始有初步的接触沟通，几乎没有感情卷入，不要求亲密交往效果，只要是彼此相处和睦、友好即可。仅仅是情感关系发展的起始点。所以模式为"相敬如宾"。通常我们所交往的对象多数保持在这一阶段。

情感交流阶段（亲密互惠）进入实质性的角色接触。彼此产生好感，为对方的某些品质所吸引。在这个阶段，情感色彩越来越浓厚。双方开始确立相互信任感和安全感，关系较为密切。双方感到充实、愉快，无话不说，建立友谊。如果在这个时期关系破裂，将会出现焦虑、痛苦等负面情绪。

稳定交往阶段（稳固相容）人际心理进入高度相容阶段，双方在认知、情感和行为上均达到相当一致，关系也相对稳定。是人际关系的理想状态。俗话说刎颈之交、唇齿相依、一日不见如三秋兮就是该阶段的形象描述。这阶段因为高度的情感吸引，即使有矛盾，也极易化解。

人际关系状态由零接触到深度卷入状态的过程中，双方相互作用水平逐步加深，如图 5 - 1。

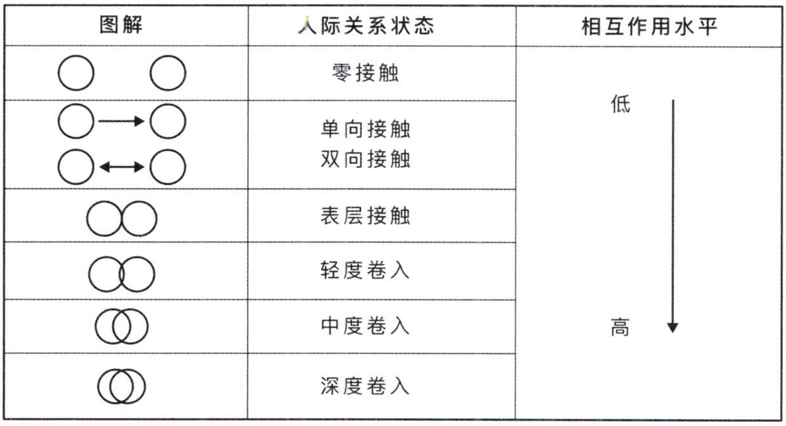

图解	人际关系状态	相互作用水平
○　　○	零接触	低
○→○ ○↔○	单向接触 双向接触	
◐◑	表层接触	
◑◐	轻度卷入	
◉◉	中度卷入	
◎	深度卷入	高

图 5 - 1　人际关系状态及其相互作用水平图

（二）衡量人际关系程度深浅的标志

随着人际关系的深入，交往双方间的自我暴露逐步广泛深刻。自我暴露的程度是衡量人际关系深浅的标志。

自我暴露的程度由浅到深，分为四个水平。

第一，情趣爱好方面：如饮食习惯、偏好嗜好等。

第二，态度：对人的看法，对事的评价。

第三，自我概念和个人的关系状况，如自卑情绪与家人关系等。

第四，隐私方面，个体的性经验或者个体不为社会接受的想法和行为等。

（三）人际关系的瓦解

一般来讲，人际关系恶化是由于人际冲突、人际内耗和人际侵犯导致的。人际关系从融洽状态走向终结，通常要经历五个阶段。

1. 分歧

人际关系的本质是情感的相互联系、相互卷入、相互拥有。它的基础是关系的双方必须有共同的情感。共同情感存在，彼此的关系就存在；共同情感消失，彼此的关系就破裂。而分歧，正是共同情感消失的开端。分歧意味着人际关系双方的不同点扩大，心理距离疏远和彼此的接纳性下降。随之而来的是双方在知觉和理解上都朝不利于双方关系维系的方向倾斜，彼此都感到开始难以准确地判断对方。

2. 收敛

当双方关系开始出现裂痕时，沟通量会出现下降，此时双方谈话会高度注意、高度选择，并都指向减少彼此的紧张和不一致。当然，双方关系的发展还没有足以使人们用确表示对彼此的关系不再有兴趣，情感上的拒绝水平也还较低。在表面上仍试图维持关系状态良好的印象。一般而言，如果第一阶段出现的分歧没有得到顺利解决，导致双方较长时期都以收敛的方式交往，则关系会出现进一步的恶化。

3. 冷漠

交往的双方开始放弃增进沟通的努力，人际关系的气氛变得冷漠。此时人们已不太愿意进行直接的谈话，而是多凭非词语方式来实现必要的沟通和协调，非词语沟通是缺乏热情的，目光是冰冷的，也没有热情的期待。许多人都将与别人的关系在这一阶段维持很长时间。原因有两方面，一是期望关系仍然朝好的方向发展，因而不愿意一下子就明确终止关系；另一个原因是考虑到自身的利益，很难一下子适应突然失去某种关系的支持。这就会促使人们在一定程度上维持某种关系。

4. 逃避

随着关系进一步发展，人际交往的双方会尽可能地相互回避，特别是避免只有两个人在一起时的无所适从的窘境。关系恶化到这一阶段，人们往往感到很难判断双方的情感状态和预言对方的行为反应。许多人在婚姻关系或亲人关系达到这一状况时，都会经过第三者来实现间接的沟通。在知觉和理解上，这一阶段很容易发生纯粹主观的误解。因为人们都有强烈的自我保护倾向，对许多本来正常的人际行为都会有过敏的反应。

5. 终止

关系的终止可能是立即完成的，也可能拖延很久。随着彼此相互交往的隔断，或彼此利益依存关系的解脱，冷漠和逃避的关系状态会转变为关系的最后终结。经历了人际关系恶化的关系终止是相互情感卷入、连带地消失。

四、人际交往的类型

人际交往的类型按照交往的范围可分为三类，即个体与个体之间，如同学关系、朋友关系、师生关系和亲子关系；个体与群体之间的关系，如个体与家庭、学生与班级之间的关系；群体与群体之间的关系，如班级与班级之间。

如果按照社会学的分类，人际关系则分为血缘关系、地缘关系与业缘关系。

一是血缘关系。指父母与子女的关系、兄弟姐妹之间的关系及由此衍生出的亲戚关系。目前家庭教养方式与大学生个体发展的相关研究得到充分重视，家庭中的人际关系显得相当重要。

二是地缘关系。指居住在共同的地区而产生的人际关系，如同乡关系、邻里关系等，这种关系因共同的乡土观念、相似的生活方式、相同的语言文化而带来更多的心理相容性，特别是大学新生初次离家求学，老乡在一定程度上起着心理稳定剂的作用，非正式群体中的老乡始终活跃于校园中。

三是业缘关系。指基于共同的事业、爱好而结成的关系，如师生关系、师徒关系等。大学里的师生关系也有别于中学，师生关系是以平等的身份、以学术为纽带而建立的看似疏淡实则志同道合的一种关系。

大学生人际交往的内容涉及学习、生活、娱乐、情感、思想等各个方面，按照交往对象不同主要可以包括以下三类。

一是师生关系。老师与学生，是大学校园里两大基本群体。老师是学生人际交往的重要对象，师生关系是学生人际关系的重要内容。师生关系如何，直接影响到学生在学校是否能健康地学习成长，并在很大程度上决定了学校能不能对学生的身心施加符合社会要求的影响。

教师是大学生人际交往的重要对象。教师是知识的传授者，是大学生人格模仿的对象。与教师的交往也是大学生满足需求获取知识的重要途径，教师与学生的平等交往也是师生共同成长的前提；与此同时，师生关系又是一种业缘关系，师生之间心理距离小，心理相容度高，教师对学生充满爱护与关爱，学生对教师尊敬与敬仰，师生关系是一种纯洁而无私的人际关系。然而，由于大学授课的流动性与课堂的扩展，师生之间缺乏直接的沟通与必要的情感交流，师生信息的对流与沟通明显不足，因而师生关系虽然是大学生的主要人际关系，却依旧需要进一步加强。

二是同学关系。同学关系是大学生人际交往的基本关系，同学是大学生人际交往的主要对象。大学校园里的同学关系总的说是和谐、友好的，同学之间的关系有亲情化、家庭化的趋势，即在日常生活、学习中创造一种如同亲属一般和谐稳固的同学关系。

大学生与同学间的交往最普遍、也最微妙与复杂；一方面，大学生年龄相仿、经历相同，兴趣爱好相近，又共同生活在一个集体，学习相同的专业，沟通与交往容易；另一方面，大学生来自不同地域、不同家庭背景、生活习惯、个性气质具有差异，再加上大学生空间距离小，交往密度高而自我空间相对狭小，对人际交往的期望较高，一旦得不到满足，容易采取消极退避的态度。

三是室友关系。可以说室友关系是大学里最珍贵的关系，能够住在一起是缘分。进入大学后，大学生要尽快与同宿舍的同学熟悉起来，融入这个小集体里面，可以和大家多谈谈心，让大家多了解自己，生活上大家彼此帮衬。空闲时间，和室友一起出去运动、一起吃饭、逛街、看电影等都是培养感情的好机会。另外，注意尽量不要与室友发生争吵，即使出现不愉快的事情，也要选择以和谐的方式解决问题。

四是恋人关系。恋人是指恋爱中的男女双方或一方。恋爱是指两个人相互倾慕，在一起生活、一起携手的关系。大学生随着生理和心理的成熟，渴望与异性交往，开始尝试建立恋爱关系，但由于多种原因的影响，常常与恋人之间发生各种矛盾冲突，通过不断的交往与学习，大学生的恋爱知识会得到丰富，恋爱能力会得到提高。

五是亲人关系。这种关系通常指的是血缘关系。主要是与家人的交往，是生命的衣托，它需要在交往中进一步发展。作为大学生应该与父母沟通思想，交流感情，演绎亲情。我们的每一个电话，每一条短信，都是在向父母和亲人表示问候，诉说我们在学交的学习和生活情况，都会让我们的父母、亲人多一分欣喜、少一分牵挂。

人际交往是大学生生活的基本内容之一。同学之间、师生之间、老乡之间、室友之间、个人与班级以及和学校之间等错综复杂的社会交往，构成了大学生人际交往的网络系统。总之，大学生一定要处理好这些人际关系，只有这样大学生活才会更加有意义，自己才会成长得更快。

【知识链接】

网络关系是大学生交际中不可或缺的一环，大学生交际范围不断拓展，方式方法也不断创新，无论是网络社交还是虚拟游戏，都给大学生社交打开了一扇天窗。网络交往具有角色虚拟性、主体平等性、心理隐蔽性、动机多样性、弱社会性、弱规范性等特点，很多大学生在网络社交中容易上瘾，会将现实社交投射到网络中，在虚拟中寻找存在感。以网络游戏为例，它具有及时反馈、任务设定、无限重复等成瘾机制，使大学生在虚拟中获得自尊、成就，把虚拟当现实，严重影响学业。网络社交范围广，速度快，随时随地可交流，这是它的优点，但大学生需要严格区分虚拟和现实，提高自控能力，不要沉迷虚拟网络，忽略美好而真实的现实，不然得不偿失。

【管窥之见】

学会运用所拥有的知识，审视自己的内心，看清自己的需求！

第二节 大学生人际交往的特点及其影响因素

进入大学，我们面临着新的环境，同时也面临着新的挑战。远离家乡，在学校里学习生活，这种环境下，良好的人际关系就显得尤为重要。

一、大学生人际交往的特点

从交往心理看，大学生交往呈多元与开放性。大学生渴望友谊，渴望结交更多的朋友，交流更多的信息，接受更多的新思想。在这种心理的作用下，大学生的人际交往呈现出前所未有的开放式交往趋势，表现在以下三方面。

一是交往的范围扩大。交往对象由以前的亲缘、朋辈转向更广泛的社会交往群体。同学交往不局限于同班同学，发展到同级、同系甚至是同校的可认识的所有同学；不仅包括同性交往，异性交往也是同学交往的重要方式。

二是交往频率提高。交往由偶尔的相聚、互访发展到较为经常的聊天、社团活动、聚会、体育活动、娱乐、结伴出游以及其他一些集体活动。

三是交往手段多元化。电子网络的发展为大学生的交往提供了更加广阔的交往空间，交往手段的发展，使大学生的人际交往变得更方便、更快捷，交往距离更远，交往范围更广。

从交往方式看，以寝室为中心，社会工作和网络社交占主导。大学生虽然主动追求开放式的人际交往，但由于时间、精力、生活环境、经济条件等方面的限制，交往的主要场所仍然在校园内，中心是学生的寝室。尽管 QQ 和微信等新兴社交方式正逐渐被大学生接受并渗入他们的生活中，但新兴社交方式所发挥的作用并不被学生们看好。

从交往目的看，情感型交往与功利型交往并重。随着社会的发展变化，大学生在社交目的上也趋于"理性化"，选择与什么样的人交朋友，并不纯粹是出于情感和志同道合，交往的动机已变得很复杂。可以说，大学生的人际交往在注重情感交流的同时，越来越注重与自身社会利益相关的务实性，呈现出情感型交往与功利型交往并重的趋势。

大学新生之间团队活动较多，多表现为一个宿舍、一个小组、一个班级、一个社团等集体行动，到二年级以后，通过人际关系的调整与整合后，出现了亲疏，逐渐成为三三两两，进而形成较为稳定的交往群体。大学生交往中存在的不容忽视的一个问题是：大家渴望友谊与交往，有着人际交往的迫切需要，常有"心里话儿对谁说"的苦恼，有的个体又存在心灵闭锁的不良倾向，有什么不合适不愿意向周围的同学讲起，而是深深地埋在心底，长期的积郁，再加上学业负担的压力，使学生的人际调适力下降。

二、大学生人际交往的影响因素

（一）影响大学生人际关系的客观因素

1. 距离或空间因素

俗话说"远亲不如近邻"，这说明空间距离对人际交往有重要的影响。距离远近在人际交往中起重要作用，它直接影响着人际交往的频率。空间距离越近，人们的交往机会就越多，交往的频率就越高，就越容易形成密切的关系。空间距离越远，人们交往的机会也就越少，交往的频率可能越低，人与人之间关系也可能越疏远。需要说明的是，空间距离不是形成良好人际关系的决定因素。交往是人际关系形成的中介，没有交往，其空间距离再近也不会形成良好的人际关系。

2. 态度的相似性因素

所谓态度的相似性就是人们对事情的看法一致性和采取行动的相像性。态度的相似性是建立良好人际关系的基础上，它直接决定着交往的频率。研究表明，如果人与人之间有着共同的理想信念、人生观、价值观以及共同的爱好、兴趣等，那在工作和生活中，就很容易有共同语言，就容易产生心理共鸣，感情也易于交流，相处也比较融洽。相反，如果人与人之间的态度不相似，彼此之间就没有共同语言，相处就非常困难。

【知识链接】

名片效应

有一位求职青年，应聘几家单位都被拒之门外，感到十分沮丧。最后，他又抱着一线希望到一家公司应聘，在此之前，他先打听该公司老总的历史，通过了解，他发现这个公司老总以前也有与自己相似的经历，于是他如获珍宝，在应聘时，他就与老总畅谈自己的求职经历，以及自己怀才不遇的苦闷，果然，这一席话博得了老总的赏识和同情，最终他被雇用为业务经理。这就是所谓的名片效应。也即两个人在交往时，如果首先表明自己与对方的态度和价值观相同，就会使对方感觉到你与他有更多的相似性，从而很快地缩小与你的心理距离，更愿同你接近，结成良好的人际关系。在这里，有意识、有目的地向对方所表明的态度和观点如同名片一样把你介绍给对方。

恰当地使用"心理名片"，可以尽快促成人际关系的建立，但要使"心理名片"起到应有的作用，首先，要善于捕捉对方的信息，把握真实的态度，寻找其积极的、你可以接受的观点，"制作"一张有效的"心理名片"。其次，寻找时机，恰到好处地向对方"出示"你的"心理名片"，这样，你就可以达到目标。掌握"心理名片"的应用艺术，在人际交往及处理人际关系中具有很大的实用价值。

3. 需要的互补因素

需要和满足需要的期望是推动人们相互交往的根本原因，也是人际关系的动机和目的。良好人际关系的形成取决于交往双方彼此满足需要的方式和程度，如果交往双方的基本需要都能从交往过程中得到满足，其人际关系就会密切、融洽；如果只有一方的需要能从交往过程中得到满足，其人际关系就难以持久；如果双方的需要均不能在交往过程中得到满足，人际关系就难以维持；如果双方的需要在交往的过程中受到了损害，彼此之间就会产生排斥和对抗，人际关系就会紧张。

4. 交往的频率因素

所谓交往的频率是指人与人之间相互接触次数的多少。在一般的情况下，人与人之间或由于空间位置的接近，或由于工作的需要，相互之间交往的频率就可能高，而交往的频率高，彼此增进了解的机会就多，也就容易产生共同的经验，共同的感受，共同的语言等，就容易形成和谐的人际关系。同时，由于人们交往的频率高，朝夕相处，耳濡目染，也可能使人与人之间的态度趋于相似。

5. 个人的吸引力因素

个人的吸引力包含许多方面，诸如外貌、仪表、性格等。外表的吸引力在初次见面时有重要作用，但在彼此了解之后，其作用越来越小，人们更重视的是内在品质的吸引力。人在能力、特长、性格、品行等方面的表现更能让人喜欢，这些方面比外貌的作用要大得多。一般而言能力出众或在某方面有特长的人，对别人就有吸引力，别人就会与之接近。不过，有时非常完美的人并不一定让人喜欢。

【心理实验】

阿伦森效应

阿伦森效应是指人们最喜欢那些对自己的奖励、赞扬不断增加的人或物，最不喜欢那些奖励不断减少的人或物。阿伦森效应的实验是将实验者分4组对某一人给予不同的评价，借以观察某人对哪一组最具好感。第一组始终对之褒扬有加，第二组始终对之贬损否定，第三组先褒后贬，第四组先贬后褒。此实验对数十人进行过后，发现绝大部分人对第四组最具好感，而对第三组最为反感。阿伦森效应提醒人们，在日常工作与生活中，应该尽力避免由于自己的表现不当所造成的他人对自己的印象向不良方向的转变。同样，它也提醒我们在形成对别人的印象过程中，要避免受它的影响而形成错误的态度。

（二）影响大学生人际关系的主观因素

1. 人际安全

大学生对日常生活中的人际关系能否适应，关键在于个体感到的人际安全的程度。所谓人际安全是指个体在人际相处中对自身状况保持有利地位的肯定性体验。诉说人际关系不好的大学生往往是人际安全得不到保证的，感到自己被欺负、愚弄或嘲笑，也可能是担心自己的弱点或劣势会暴露出来。因此，在特定的环境及人际关系中条件性地局促不安，担心别人询问自己，也不敢主动与别人交往。也就是说，大学生在感觉不到人际安全的情境中，将会自我防御性地退缩或回避。

2. 人际期望

简单地说，人际期望就是个体对人际双方在一定条件下心理、行为的预期和愿望。这些预期纯粹是个体的主观意愿，实际上是一种投机心理。人际情境制约人际期望的内容，人际距离决定人际期望的价值。人际距离越近，个体的人际期望价值越高。所以，大学生在不同的人际关系中有不同内容、不同价值的期望，人际期望常常是自发的、内在的和无意识的，几乎所有人际关系不良都是个体人际期望造成的。

3. 人际张力

人际张力或称人际应激是指个性在特定人际关系中所体验到的一种心理紧张状态。只要处于这种人际情境之中，个体就强迫性地感觉到紧张、压抑、无奈、无能为力或表现为冲动、偏激、难以克制。人际张力越大，个体越难适应人际关系。一旦脱离某种人际情境，相应的人际张力就会自行解除。然而，大学生的同学关系、师生关系不是随便就能摆脱的，所以，有些个体深受人际张力之苦。

从某种意义上说，人际安全、人际期望、人际张力都是个体对特定人际情境的主观体验，三者是互相关联的。人际张力和人际安全是相对的，人际安全是个体人际适应的条件，人际张力是个体人际障碍的诱因，而人际期望是人际安全、人际张力的基础，或者说是内在机制。

4. 人际报复

在大学生人际关系中，还普遍存在一种微妙的人际报复现象，如果某一个大学生有意或无意地贬损了另一个大学生，不管被贬损的大学生当时反应如何，那么该大学生往往会在以后的某一时候遭到被贬损大学生的报复，虽然这种报复可能是无意识的，并且不一定是激烈的暴力行为，这就是人际报复。人际报复直接增大人际张力，影响人际关系。

三、人际交往的意义

人的成长、发展、成功、幸福都与人际关系密切相关。没有人与人之间的关系，就没有生活基础。对任何人而言，正常的人际交往和良好的人际关系都是其心理正常发展、个性保持健康和生活具有幸福感的必要前提。大学生处于一种渴求交往、渴求理解的心理发展时期，良好的人际关系，是他们心理正常发展、个性保持健康和具有安全感、归属感、幸福感的必然要求。

（一）交往与个性发展

交往是个性发展与人格健全的必经之路。个体只有通过与其他个体发生联系，只有学习社会知识、技能与文化，才能取得社会生活的资格。离开社会的交往环境，离开与他人的合作，个体是无法成为一个合格的社会人的。狼孩由于失去了与他人交往的最佳时期，失去了其作为"人"的成长环境，因而即使后来被发现后，也已经很难成为一个正常的"人"了。"物以类聚，人以群分"，人有交往的需要，有合群的倾向。人生在世，需要与他人、社会交流信息、沟通情感。当在困难时，他人一句温暖的话语、一个真诚的关怀，会令你倍感亲切、慰藉；当在成功时，与他人分享你的快乐与喜悦也会令你开心、畅快。

（二）交往与心理健康

德裔美国心理学家和精神病学家卡伦·霍妮（Karen Danitlsen Homey）认为，神经症是人际关系紊乱的表现。人类的心理病态，主要是由于人际关系失调而来的。也就是说，人际关系紧张的人，不但事业会受阻，还会心情不好，容易陷入极大的痛苦之中。

在心理健康教育实践中发现，绝大多数大学生的心理危机与缺乏正常人际交往和良好人际关系是相关的。例如：在同宿舍里，同伴之间的心理交往状况，往往决定了一个大学生是否对大学生活感到满意。那些生活在没有形成友好、合作、融洽的人际关系的宿舍中的大学生，常常表现出压抑、敏感、自我防卫、难于合作的特点，情绪的满意程度低。在融洽的宿舍里生活的大学生，则以欢乐、注重学习与成就、乐于与人交往和帮助别人为主流。可见，人的心态与性格状况，直接受到与别人交往和关系状况的影响。

（三）交往与成才

二十一世纪是人才竞争的时代，但对于一个事业成功的佼佼者来说，他若想在人才竞争中脱颖而出，靠的不仅仅是出众的才华，更在于要有良好的适应社会生活的能力、良好的人际协调的能力。"独学而无友，孤陋而寡闻"《礼记·学记》。对于青年大学生而言，他们思想活跃、成就动机强，但是，由于社会经验的不足、知识的局限，他们在看问题时难免会出现偏差。因此，大学生彼此间的畅所欲言、互通有无，将会使他们在思想碰撞中产生新的火花，增长他们对事业、人生、成功的积极看法。纵观科学发展史，不难发现：科学家间的彼此合作，很有可能出现科学的奇迹。美国数学家、控制论之父维纳（Norbert Wiener），在建立控制论早期，曾组织过一个科学方法讨论班，参加的人有数学家、物理学家、工程师、医生等。他们分别从不同角度对新理论进行发难、质疑、补充、完善，结果使原来的许多问题得以澄清。在现代社会，各门学科间的相互渗透越来越强，单靠一门学科的知识很难有大的成就。对于大学生来说，应该提高与不同学科人才进行交流的能力，从而在心灵上相互沟通、行为上相互协调，共同促进、共同提高。

【管窥之见】

人好刚，我以柔胜之；人用术，我以诚感之；人使气，我以理屈之。

第三节　大学生常见的人际交往障碍

一、大学生人际交往障碍的内涵

人际交往障碍是指个体在与他人进行交往的过程中受到阻碍，并产生了消极影响。大学生人际交往障碍是指影响大学生人际交往正常进行的不良心理因素。在交往过程中，交往双方的成长环境、社会文化背景、地位、个人需要、交往动机、个性特征等差异会妨碍交往的正常进行，导致交往困难或不顺利，使正常的人际交往受到阻碍。

二、大学生人际交往障碍的常见表现

据调查显示，大学生的人际关系障碍非常普遍。主要有以下四种情况。

（一）与父母存在着明显的代沟

造成人际代沟的主要原因，是大学生与父母在思想观念、思维方式、生活方式以及行为方式等方面存在着明显的差异。在思想观念上，父母们一般比较保守、重传统；而大学生们却比较开放、讲时髦。在思维方式上，父母们习惯于纵向比较，总喜欢说"我过去怎么样""以前如何"；而大学生们却善于横向比较，将自己与别人比，并且会在盲目攀比中产生失落感。在生活方式上，父母们一般比较艰苦朴素，勤俭节约，重视金钱的实用价值；而大学生们却喜欢追求享受，花钱大手大脚，开支往往缺乏计划和节约。在行为方式上，父母们比较尊重风俗习惯，不愿标新立异，处世谨慎、冷静；而大学生们却喜欢创新、冒险、敢作敢为，喜欢独立行动，爱表现自己的个性，对社会舆论顾虑少，对行为后果预计不够。以上差异常常形成代际冲突，影响亲子之间的感情和谐，严重的甚至造成亲子之间的尖锐矛盾，进而影响到大学生的心理健康。

（二）师生关系或者同学关系紧张

师生关系紧张，主要表现为大学生与辅导员或者任课老师之间的冲突。同学关系紧张，更多地表现为同寝室、同班同学之间的冲突。例如，同学之间生活习惯的差异，家庭条件的差异，兴趣和爱好的差异等，都可能成为"摩擦"的原因。

（三）与异性交往的障碍

主要表现为异性交往恐惧症和冷漠症，大学生对异性的过分神秘化，不能正确区分和处理友谊与爱情的关系。大学生正处于青年中期，与异性的交往应该是顺理成章的。如果大学生害怕与异性交往，甚至与异性说话就要脸红心跳、语无伦次，或者表现出对异性的极端冷漠、毫无兴趣等，则不符合大学生的年龄特征，是一种心理不健康的表现。然而，如果对异性过分神秘化，整天想入非非，做白日梦，患单相思，久而久之，也容易出现心理疾病，甚至导致心理障碍。在大学生中，还有一些人不能区分爱情与友谊的关系，误把友谊当爱情，产生了不必要的烦恼，甚至引起感情上的冲动和心理上的不安。

（四）恋爱中发生的矛盾

包括恋爱过程中的心理冲突、失恋所引起的挫折和痛苦等。在大学生中，恋爱现象是比较普遍的。大学生的感情问题历来是人们关注的热点，而由感情挫折引起的心理障碍一直是比较突出的问题。

三、大学生人际交往中的不良心理

（一）人际交往的认知偏差

人与人之间的交往是心理上的互动过程，在这一过程中心理的偏差会对人际交往造成一定的负面影响。正确认识和有效克服认知偏差十分重要。

1. 从众心理

从众是指个体受到群体的压力影响而怀疑、改变自己的观点、判断和行为等，以使自己和他人保持一致。主要表现为两种形式：顺从和接纳。顺从是表面上与群体相一致而内心并不赞同。如果我们的顺从行为是由明确的命令所引起的，那就叫服从。接纳是不仅在行动上而且在信念上也与社会压力保持一致，这种真诚的、内在的从众行为就是接纳。

【心理实验】

阿希实验

"阿希实验"是研究从众现象的经典心理学实验，它是由美国心理学家所罗门·阿希在40多年前设计实施的。

阿希实验就是研究人们会在多大程度上受到他人的影响，而违心地进行明显错误的判断。阿希请大学生们自愿做他的被试，告诉他们这个实验的目的是研究人的视觉情况。当某个来参加实验的大学生走进实验室的时候，他发现已经有5个人先坐在那里了，他只能坐在第6个位置上。事实上他不知道，其他5个人是跟阿希串通好了的假被试（即所谓的"托儿"）。

阿希要大家做一个非常容易的判断——比较线段的长度。他拿出一张画有一条竖线的卡片，然后让大家比较这条线和另一张卡片上的3条线中的哪一条线等长。判断共进行了18次。事实上这些线条的长短差异很明显，正常人是很容易作出正确判断的。

然而，在两次正常判断之后，5个假被试故意异口同声地说出了一个错误答案。于是许多真被试开始迷惑了，他是坚定地相信自己的眼力呢，还是说出一个和其他人一样、但自己心里认为不正确的答案呢？

结果当然是不同的人有不同程度的从众倾向，但从总体结果看，平均有33%的人判断是从众的，有76%的人至少做了一次从众的判断，而在正常的情况下，人们判断错的可能性还不到1%。当然，还有24%的人一直没有从众，他们一直按照自己的正确判断来回答。一般认为，女性的从众倾向要高于男性，但从实验结果来看，并没有显著的区别。

设想一下，你在这个实验中会是什么样的表现呢？

2. 首因效应

首因，即第一印象（first impression）。首因效应是指初次对人的知觉所形成的印象往往最鲜明、最牢固，并对以后的人际知觉和人际交往产生深刻的影响。人们的第一印象主要是第一次交往中对对方的表情、姿态、身材、仪表、年龄、服装等方面的外部特征的知觉，并以此为基础，进而推出对方的动机、感情、目的等，最后综合这些知觉所形成的对对方的印象。由于第一印象受交往深度、人们的认知和情感等因素的影响，具有较强的主观性和片面性。

首因效应在人际交往中普遍存在。在人际交往中，第一印象往往使人际认知带有表面性、片面性。有的大学生仅凭第一印象就匆忙下结论，第一印象好什么都好，第一印象不好便不与对方交往的行为是应被改变的。在与陌生人交往中，只有多观察、多了解才能避免这种认知偏差。

3. 近因效应

近因，即最近印象（recent effect）。近因效应是指最近的印象给人留下的知觉具有强烈的影响。在人际交往中，有时候左右人的认识的是最近印象，例如，某位同学不管以前与自己关系如何好，但是只要他最近欺骗了自己，以前对他的良好印象可能都会由此全部抵消，这就是近因效应作用的结果。首因效应主要是发生在与陌生人的交往中，而近因效应则主要发生在与熟悉的人的交往中。近因效应过分放大了最近印象的作用，否认和抵消了先前的印象，具有一定的片面性，在人际交往中需要注意克服其消极影响。

4. 刻板印象

"刻板印象"也叫"定型化效应"，是指个人受社会影响而对某些人或事按照性别、种族、年龄或职业等进行社会分类所形成的稳定不变的看法。它既有积极的一面，也有消极的一面。积极的一面表现为：在对于具有许多共同之处的某类人在一定范围内进行判断时，不用探索信息，直接按照已形成的固定看法即可得出结论，这就简化了认知过程，节省了大量时间、精力。消极的一面表现为：它使人们的认识僵化和停滞，阻碍了人们的认识发展；在判断他人时把群体特征附加到个体身上，常常犯错误。因此，我们在人际交往中应该注意自己的认识方式，避免认识方式的刻板化。

5. 晕轮效应

晕轮效应（halo effect），又称"光环效应"，指人们对他人的认知和判断往往只从局部出发，扩散而得出整体印象的现象。本质上是一种以偏概全的认知偏误。晕轮效应有正负两种。正效应是从认知对象某种积极、肯定、良好的印象推导想象出对象的其他长处，对其作出肯定评价；负效应是从认知对象某方面短处而推导出其他方面的缺点，作出否定判断。从认知角度讲，仅仅抓住事物的个别特征，就匆忙地对事物的本质或全部特征下结论，这是不可取的。晕轮效应往往导致个体歪曲认知对象的整体形象与内在品质，造成个体对他人片面的不正确的判断和评价，阻碍人与人之间的正常交往。

6. 心理定势

所谓"心理定势"是指人在认知特定对象时心理上的准备状态。人与人之间的关系是经常发生变化的，可是一旦人们对某人或某种关系形成固定看法之后，往往无视这种变化，这就是影响人际知觉的心理定势。心理定势体现在人的认知习惯、情绪和心境中。人们在认知他人时，习惯于根据以往经验来理解他，按自己主观想象来解释。心理定势还表现为"先入为主"的观念。对认知对象的认识不在交往时形成，而是仅凭舆论、档案中的结论，或凭空臆想歪曲信息来迎合主观想象，往往知觉出认知对象本身并不存在的东西。心理定势效应常常也会造成对人认知的偏差、评价的失误，成为人际交往障碍。

7. 自我投射

自我投射是指人们把自己的特征、爱好、情感、愿望投射到认知对象上，产生认知知觉，作出不合实际的评价。自我投射效应表现为"以己度人"的现象，其特点是从自我出发认知他人，抹杀或混淆了自我与他人、主观与客观的区别，以主观统摄客观，将他人归结为自我。这种以自我为中心的认知态度和方式是有害的。为了客观而准确地认知他人，我们要尽量减少自我作用的干扰。

大学生只有避免人际认知偏差或偏见，形成正确的人际认知，才能很好地协调人际关系。

【知识链接】

心理学家罗杰斯曾做过这样的实验来研究投射效应。在80名参加实验的大学生中征求意见，问他们是否愿意背着一块大牌子在校园里走动。结果，有48名大学生同意背着牌子在校园内走动，并且认为大部分学生都会乐意背，而拒绝背牌的学生则普遍认为，只有少数学生愿意背。可见，这些学生将自己的态度投射到了其他学生身上。

（二）害羞心理及表现

害羞是大学生中较常见的人际交往障碍。具有害羞心理的人，在交往中通常表现出腼腆、动作忸怩、不自然、脸色绯红、音量又低又小等特征。有严重害羞心理的人甚至怯于交往，对交往往往采取回避态度。害羞者通常无法表达自己的心声，常造成交往双方的不理解或者误解，阻碍交往的顺利进行。

害羞的表现有三种：一是气质性害羞，即天生就性格内向，在他人面前容易脸红，做事胆怯，喜欢思前想后、顾虑重重；二是认识性害羞，即过分"自重"，事事患得患失，生怕自己言行招人耻笑，不敢担当风险，老是受环境和他人行为的支配，缺乏人际交往的主动性；三是挫折性害羞，指由于经受过种种挫折，变得胆怯怕生，消极被动。

害羞心理产生的原因：害羞心理可能是我们的感觉造成的"误解"。"别人和自己不亲近"与"感觉别人与自己不亲近"完全是两回事。人都害怕自己被社会、集团拒绝或抛弃，对此都怀有恐惧心理。而越是害怕自己被社会孤立的人，越容易产生"自己无法与别人建立亲近关系"的感觉。过度的这种思虑就会限制我们的行动，给我们带来不必要的不安全感。

一个人具有一定的害羞心理是正常的，只要不影响正常的人际交往就不能视为障碍。一个人在任何场合从不知道害羞反而会让人难以接受。大学生害羞的原因主要有性格内向胆怯、过分注重自我、害怕自己的言行思想被人耻笑、人际交往中的挫折经历导致谨小慎微等。

【知识链接】

克服交往中害羞心理的小技巧

第一，丢下包袱，即不要怕在交往中做错事，说错话，要认识到说错了话，做错了事，尽管令人不愉快，但是错误是可以改正的。第二，要增强自信心，不要过分关注别人对自己的评价。事实上不管别人怎样评价，自己还是自己。只有充分看到自己的长处，才能充满信心地与人交往。如果过分关注其他人对自己的评价，就会在交往中因害羞而缩手缩脚。第三，主动交往，克服害羞心理。如果不进行主动交往，害羞会始终存在且无法克服。解决害羞的最好办法是积极进行交往，在交往中注意总结经验教训，肯定自己的成功之处，逐步摆脱害羞心理，同时要注意学习他人克服害羞的经验。

（三）嫉妒心理及其表现

嫉妒是在人际交往中，发现自己在才能、名誉、地位或境遇等方面不如别人而产生的不悦、自惭、怨恨、恼怒等负性情绪体验。嫉妒心理的产生往往源于两种错误的认识：一是认为别人取得了成绩，就说明自己没有成绩，别人的成功就说明自己的失败；二是认为别人的成功就是对自己的威胁，是对自己利益的侵害。

嫉妒心理具有以下四个特点。第一，潜隐性。嫉妒者表面上（甚至内心里）不承认自己在某件事上存在嫉妒心理，且有意无意地去掩饰这种嫉妒。第二，对等性。即嫉妒总是产生在与自己性别、年龄、文化、地位、职务相类似而状况发生了改变的人群身上。第三，危害性。即在人际交往中，嫉妒感往往导致嫉妒行为，诸如讽刺、挖苦、挑拨、中伤、诋毁等，这些行为普遍具有程度不同的破坏性，并且其破坏性不仅直接危害被嫉妒者，同时也危害嫉妒者本人。第四，变异性。就是当被嫉妒者的优势转为劣势，特别是落到比嫉妒者还要严重的劣势时，这时原先存在的嫉妒感便可能发生变异，例如转变为同情感、怜悯感、幸灾乐祸等。

就大学生而言，嫉妒心理的主要表现是：对他人的长处、成绩心怀不满，报以嫉恨；看到别人冒尖了心里不服气，总希望别人比自己稍逊一筹或相差无几；更有甚者，把自己的成功、别人的失败看做交际中的莫大快慰。

嫉妒对一个人的理智有明显的影响，它干扰一个人的正确判断和思维，造成一个人人格的扭曲，也使他人不敢与其交往。所以，应该自觉地对嫉妒心理进行调适。

（四）交往戒备心理及其表现

交往戒备心理是指大学生在人际交往过程中，由于某些消极心理因素的影响，形成的不切实际的固执心理偏见，是人们在认识特定对象时的一种心理状态。由于这种偏见的存在，使我们在与别人交往时会歪曲交往对象发出的信息，从而影响人们之间的正常交往。

交往戒备心理的主要表现形式有以下四种。

1. 孤僻

通俗地说，就是不随和，不合群，不能同大多数人打成一片。产生孤僻的主要原因有三个。其一，孤芳自赏，自命清高，不愿与别人为伍。认为别人的言行都是庸俗浅薄、低级趣味的，为自己所不耻，不值得接近。似乎世人皆醉我独醒，世人皆愚我独智，因而常常独来独往。其二，过分谦卑、不敢与人交往，认为自己这也不是，那也不是，从而人为地把自己孤立起来。其三，有不良的言行习惯或嗜好，比如说动作粗鲁、语言肮脏等，使别人无法接纳，从而影响了人际交往。

2. 封闭

把自己的真实思想、情感和欲望等掩饰起来，不愿对朋友敞开心扉，以诚相待。有的人甚至严重到对任何人都不信任，对任何人都谨小慎微，怀有很深的戒备心，从而阻碍了人与人之间心与心的交流。

【知识链接】

研究结果表明，当人们感到孤独、缺乏感情依赖和理解时，没有足够的人际关系支持时，人们会为人际关系的缺乏而烦恼；当人们交往过多时，难于把精力集中在学习上，人们又会为过多的交往与复杂的人际关系感到不安。这是因为，一方面，人需要获得明确的自我价值感和安全感，需要进行社会比较，需要社会支持；另一方面，人也需要内省的经验，有无拘无束、自由表现自己的机会，因此又需要暂时远离和逃避别人。因为任何与我们交往的人都会对我们构成一种评价压力，与此同时，个体必须对社交生活的行为进行控制，这也意味着某种限制。因此，维持交往需要与独处需要的平衡，是建立良好人际关系的必要前提。

3. 猜忌

猜忌即对别人的言行过于敏感、多疑，认为天下所有人都不可靠，别人一举手一投足都有某种针对性或有含沙射影之意，从而顾虑重重，甚至担忧之心溢于言表。在人际关系中受严重挫折的人最容易产生这种心理。一般情况下，人与人之间的交往，尤其是在与陌生人的初次交往中，人们常常会产生一定程度的戒备心理。但是，如果总是顾虑重重、忧心忡忡，对别人不信任，那么不仅不可能发展良好的人际关系，而且会挫伤别人的感情。

4. 敌意

敌意是一种比较严重的人际交往障碍。它已经不是一般程度上的猜忌心理了。怀有这种心理的人常常讨厌他人、仇视他人，认为别人总在寻机暗算他、陷害他。把人与人之间的关系视为尔虞我诈，从而逃避与人交往。

【管窥之见】

一个永远不欣赏别人的人，也就是一个永远不会被别人欣赏的人。

【案例分析】

案例一：

小 A 与小 B 是某艺术院校大三的学生，同在一个宿舍生活。入学不久，两个人成了形影不离的好朋友。小 A 活泼开朗，小 B 性格内向，沉默寡言，小 B 逐渐觉得自己像一只丑小鸭，而小 A 却像一位美丽的公主，她心里很不是滋味，甚至小 B 认为小 A 处处都比自己强，把风头占尽，因而时常以冷眼对小 A。大学三年级，小 A 参加了学院组织的服装设计大赛，并获得了一等奖，小 B 得知这一消息先是痛不欲生，而后妒火中烧，趁小 A 不在宿舍之机将小 A 的参赛作品撕成碎片，扔在小 A 的床上。小 A 发现后，不知道该怎样对待小 B，更想不通为什么她要遭受这样的对待。

诊断：小 B 是明显的因嫉妒小 A 的优秀而产生了不当行为。大学生在中学阶段通常是成绩相对优秀的群体，但进入大学后，会发现比自己优秀的同学很多，容易产生自卑心理。通过自我的努力之后，仍无法超越被比较的对象时，就容易出现对他人的嫉妒和泄愤、报复行为。

策略：对嫉妒心理的调适，首先，要纠正上述不正确的想法。要知道，与周围的人作比较是人际交往的必然结果。其次，要增强道德法治观念，约束、战胜自己的嫉妒心理，不要任其发展，引发破坏性行为。最后，应把自己的消极嫉妒变为上进的力量，积极投入竞争的行列，不是通过伤害别人，而是通过积极上进的办法赶上或者超过对方以达到心理平衡。此外，也可以改变比较的角度。对他人的嫉妒常常是由于自己太在意对方某方面的优势而引起的。如果改变与对方比较的方面，拿自己的长处与对方比较，或者把自己同更差一点的人比较，这时失衡的心理就会获得新的平衡。

案例二：

王某，男，大二学生，性格内向，行为怪异，平时沉默寡言，不愿意跟别人打交道。上课也是闭口不言，即使偶尔被老师提问，声音也小得几乎听不到。下课经常是静静地坐在自己的座位上发呆，同学试着和他交流，但他有时只会看同学一眼，仍坐着不动。回到宿舍后，经常戴着耳机看书或打游戏。

与其母亲沟通得知：王某自小封闭自己，由于父母离异和身体原因，他不太愿意向别人吐露心声，所以和别的同学也很少交流，至今一个朋友也没有，班上的同学也很少注意他的存在。但其实他的心里有很多苦恼，经常感到十分自卑。

诊断：该生处于典型的孤僻、自我封闭状态。父母的离异对其造成了明显的伤害，身体上的原因又让其陷入了自卑。再加上家庭与学校未能及早重视并引导他学习人际交往技巧，因而造成了现状。

策略：对于王某，首先，应鼓励其与室友、班级同学多交流、多沟通信息，克服人际知觉偏见。其次，引导其积极、全面、正确地认识人际关系。如果把人与人之间的关系视为尔虞我诈或虚伪、冷漠、不可信任等，那么这种偏见、先入为主或刻板效应就会影响正常的人际交往。最后，引导其学会适当的自我暴露，消除自我封闭心理。自我暴露的进行要随着人际关系的不断深化而逐渐加深，一方进行自我暴露以后，另一方也应作相应的或相同程度的自我暴露，由此相互对应地深化下去。

第四节　良好人际关系的建立

一、人际交往的基本原则

（一）交互原则

从心理学上讲，每个人都是天生的自我中心者，个体都希望别人能承认自己的价值，支持自己，接纳自己，喜欢自己。由于这种寻求自我价值被确认和情绪安全感的倾向，在社会交往中，个体会更重视自己的自我表现，注意吸引别人的注意，希望别人能接纳自己，喜欢自己。阿伦森的研究表明，人际关系的基础是人与人之间的相互重视、相互支持，对于真心接纳我们、喜欢我们的人，我们也更愿意接纳对方，愿意同他们交往并建立和维持关系。

【知识链接】

福阿夫妇在1975年进行的一项研究表明，任何人都有着保护自己心理平衡的稳定倾向，都要求自身同他人的关系保持某种适当性、合理性，并依此对自己与他人的行为进行解释。这样，当别人对我们表示出友好、接纳和支持时，我们也会认为应该对别人报以相应的友好，这种"应该"的意识会使我们产生一种心理压力，接纳别人，否则我们的行为就显得不合理。与此同时，如果我们的友好行动被别人接纳后，我们也希望别人做出相应的回答；如果别人的行动偏离了我们的期望，我们会认为别人不通情理，从而产生一种不愉快的情绪体验，对对方产生心理排斥。同样，对于排斥、拒绝我们的人，其排斥与拒绝对我们是一种否定，因此我们必须报之以排斥与否定才是合理的、适当的，否则难以达到心理平衡。可见，我国古人所讲的"爱人者，人恒爱之""己所不欲，勿施于人"是具有心理学基础的。

（二）功利原则

心理学家霍曼斯提出，人与人之间的交往本质上是一个社会交换过程，人们希望交换对自己来说是值得的，希望在交换过程中至少得等于失，不值得的交换是没有理由去实施的，不值得交互的关系也没有理由维持，所以人们的一切交往行动及一切人际关系的建立与维持都是根据一定的价值观进行选择的结果。对于那些对自己来说值得的，或得大于失的人际关系，人们倾向于建立和保持；对自己来说不值得，或失大于得的，人们就倾向于逃避、疏远或终止。

我国心理学家研究发现，随着人们的价值观倾向不同，人际交往中存在着不同的社会交换机制。对重内在情感价值的人而言，他们在人际交往中个人情感卷入更多，因而有明显的重情谊、轻物质的倾向，与别人的交换倾向于增值交换过程。他们在人际交往中感到欠别人的情分，因此在回报时，往往也超出别人的期望，这种过程的循环往复，就导致了卷入交往的双方都感到得大于失。与此同时，对重外在物质利益的人而言，他们在人际交往中的物质利益意识多于个人情感的卷入，因此倾向于用物质来衡量自己的得失，在人际交往中处于减值交换。

（三）自我价值保护

自我价值保护（self-value）指个人对自身价值的意识与评判。每一个人为了保持自我价值的确立，在心理活动的各个方面都会有一种防止自我价值遭到否定的自我支持倾向。

人在任何时期的自我价值感，都是既有的一切自我支持信息的总和。自我价值支持的变化无非来自两方面，一方面，是符合人们意愿，自我支持力量的增加，另一方面，与人们的期望相反，使人们面临自我价值威胁，因而必须进行自我价值保护的消极变化，即自我价值支持力量的失去或自我面临新的攻击。

特别是当我们面临肯定的人转向否定时，我们面临两种选择：一是承认别人转变的合理性，否定我们自己，贬低自我价值；二是进行自我价值保护，尽可能维护自我价值的不变，降低所失去的自我价值对自己的重要性。许多研究表明，自我价值的否定是非常痛苦的，因此当面临自我价值威胁时人们的优先反应不是否定自身，而是尽可能保护自己。

（四）情境控制原则

情境控制是指人都需要达到对所处环境的自我控制。因此，我们要想别人从心灵深处接纳，就必须保证别人在同我们共处的时候能够真正实现对情境的自我控制，保持表现自己的自由。如果我们增加了人们达到情境自我控制的困难，或者造成了与人们对情境控制的不对等，就会使别人的自我表现受到限制，而不得不保持一定水平的自我控制。当人们处于平等、自由的人际情境中时，才能够达到真正的自我控制，获得充分的安全感。

此外，以下四条原则也是非常重要的。一是平等原则。平等是建立良好人际关系的前提。我们应在交往中互相尊重，尊重彼此的人格、爱好、风俗和习惯。二是真诚原则。真诚是做人之本，是美好品德的体现。真诚待人是人际交往中最有价值、最重要的原则。人之相识，贵在坦诚。言行一致，信守诺言，这样才能赢得别人的拥戴。三是宽容原则。宽容是一个人乐观自信，意志坚定，胸怀宽广的表现。但宽容并不是丧失自我，而是在坚持原则、底线和自爱的基础上，以博大的胸怀接纳别人，让他人和自己幸福快乐每一天。四是求同原则。它是成功交往的保障。但求同不是毫无原则地迎合，而是求同彼此需求的东西，朝着矛盾的解决或关系的密切的方向求同。

二、大学生人际交往技巧的培养

（一）培养大学生良好的个性心理品质

人际关系的好坏，交往能力的强弱，与一个人的个性心理品质有关。黄希庭等人的研究表明，在大学生群体中最受欢迎者的个性品质主要表现为：尊重他人，关心他人，对人一视同仁，富于同情心，热爱班集体，对工作负责任；持重，耐久，忠厚老实；热情，开朗，待人真诚；聪颖，爱独立思考，成绩优良且乐于助人；重视自己的独立性和自治，并且有谦逊的品质等。而不受同学欢迎的大学生（嫌弃型）在个性品质上主要表现为：自我中心，只关心自己，不为他人的处境和利益着想，有极强的嫉妒心；对班集体的工作，缺乏责任感，或浮夸不诚实，或完全置身集体之外；虚伪，固执，爱吹毛求疵；不尊重人，操纵欲、支配欲强；对人淡漠，孤僻，不合群；有敌对、猜疑和报复的性格；行为古怪，喜怒无常，粗鲁，粗俗，神经质；狂妄自大；自命不凡；学习成绩好，但不肯帮助他人，小视他人等。可见，个性品质对大学生进行人际交往有重要的影响。因而，要积极塑造自己良好的个性心理品质，并且努力克服不良个性。

（二）帮助大学生消除认知错误，主动与人交往

有的大学生虽然很想和他人建立良好的人际关系，但是由于对交往存在错误的认知，认为"先同别人打招呼显得自己低人一等""如果我先同他人打招呼，如果他不乐意搭理自己怎么办"还有的学生认为，"害人之心不可有，防人之心不可无"，害怕在交往中遭到他人的算计，因此，在交往中处处小心谨慎，缺乏主动、热情。人与人之间的高低贵贱不是谁先向别人打招呼而确定的，别人不会无缘无故对我们不感兴趣。尽管有个别大学生素质不高，在交往中只想占便宜而不愿意吃亏，但是多数大学生的交往动机是纯正的，交往行为是符合道德的，不能因为害怕自己在交往中被人算计而把自己的心封闭起来。

人际交往是一个人与人之间心理的互动过程，只有交往者积极主动与对方交往才能使交往顺利进行。因此，大学生要同别人建立良好的人际关系，摆脱心理孤独，就要主动交往，做交往的主动者，而不是被动者。

（三）注意人际交往中的语言与非语言技巧

1. 语言艺术

"良言一句三冬暖，恶语伤人六月寒。"这两句话告诉我们交往时要注意运用语言

的艺术。语言艺术运用得好，就能优化人际交往。相反，如果不注意语言艺术，往往在无意间就会出口伤人，产生矛盾。

（1）称呼得体

称呼反映出人们之间心理关系的密切程度。恰当得体的称呼，能使人获得一种心理满足，使对方感到亲切，交往便有了良好的心理气氛；称呼不得体，往往会引起对方的不快甚至愤怒，使交往受阻或中断。所以，在交往过程中，要根据对方的年龄、身份、职业等具体情况及交往的场合、双方关系的亲疏远近来决定对方的称呼。对长辈的称呼要尊敬，对同辈的称呼要亲切、友好，对关系密切的人可直呼其名，对不熟悉的要用全称。

（2）说话注意礼貌，善用赞美

一是正确运用语言，表达清楚、生动、准确、有感染力、逻辑性强，少用土语和方言，切忌平平淡淡、滥用词语、含含糊糊、干巴枯燥。二是语音、语调、语速要恰当，要根据谈话的内容和场合，采取相应的语音、语调和语速。三是讲笑话要注意对象、场合、分寸，以免笑话讲得不得体，伤害他人的自尊心。四是适度地称赞对方，每个人都希望别人赞美自己的优点，如果我们能够发掘对方的优点，进行赞美，他会很乐意与你多交往。但是赞美要适度，要有具体内容，绝不能曲意逢迎。赞美还应实事求是，措辞得当，真诚的赞美往往能获得出乎意料的效果。

语言艺术运用得好，就能吸引和抓住对方，从内容到形式适应对方的心理需要、知识经验、双方关系及交往场合，使交往关系密切起来。

2. 非语言艺术

一般包括眼神、手势、面部表情、姿态、位置、距离等。掌握和运用好这种交往艺术，对大学生搞好人际交往是不可少的。"眼睛是心灵的窗户""眼睛像嘴一样会说话"，面部表情是内心情绪的外在表现，它们均能表达人的态度和情感，如眉飞色舞表示内心高兴，怒目圆睁表示愤怒等。交往中还可用人体动作来表达思想，大学生在人际交往中根据谈话的内容和场合，正确运用非语言艺术，巧妙地表达自己的思想感情，有时能起到"此时无声胜有声"的作用。但非语言艺术要运用得恰到好处，不可过于频繁和夸张，以免给人手舞足蹈之感。

【知识链接】

握手的力量：触觉刺激

人在对他人进行判断的时候是以视觉为中心，多种感官总动员协同工作的，外观气质、表情、视线、姿态、动作（视觉）、声音、说话方式（听觉）、气味（嗅觉——香水）等上述各种因素综合起来构成了对一个人的总体印象，但是其中没有提到触觉。

比方说在现实生活中，我们经常在与人见面的时候和对方握手，握手这个动作就可以给对方以触觉上的刺激，将自己的形象更加深刻地印在对方的脑海中。

与人初次见面的时候，如果前面进展顺利，想要进一步深入交往的话，在分别的时候握手，效果会更加明显。

比如说政治家在进行选举的时候会与选民握手，就是为了追求这种心理效应，而一般来说，女性主动与男性握手效果会更好，但是出于礼节，通常男性会主动与女性握手。

此外，大学生还要学会有效地聆听。人际关系学者认为"倾听"是维持人际关系的有效法宝，几乎所有的人都喜欢听他讲话的人，所以，大学生要学会有效地聆听。在沟通时，作为听者要少讲多听，不要打断对方的谈话，最好不要插话，要等别人讲完之后再发表自己的见解；要尽量表现出聆听的兴趣，听别人讲话时要正视对方，切忌小动作不断，以免对方认为你不耐烦；力求站在对方的角度设身处地地考虑问题，对对方表示关心、理解和同情；不要轻易地与对方争论或妄加评论。

（四）树立恰当的自我意识

人对周围世界的态度和行为趋向往往受自我意识的影响。他如果把自己视为有能力的人，就会去干自己能力所能胜任的事情；相反地，他如果把自己视为能力低下者，他就不敢承担重任，遇事畏畏缩缩。因此，自我意识可以是自身行为的调控器，也是影响人际关系的一个重要因素。

自我评价在自我意识中具有重要的地位，个体对自己的看法和评价是不是真实、客观、准确是自我意识成熟的标志之一。不成熟的自我意识往往不是过低评价自己，就是过高评价自己，二者都不利于人际关系的处理。过低评价自己往往会产生自卑感，从而在社会交往中缺乏勇气、主动性，连自己都不信任的人，很难引起别人的兴趣和关注，而这又助长了自卑感。如此形成的恶性怪圈，会越发减少个体社交的欲望，最终使其陷于社交萎缩和社交恐惧的误区。相反地，过高评价自己往往使人自傲，看不到别人，在交往中自吹自擂、盛气凌人，根本不接受建议和批评。在工作上出了问题，自傲者往往推诿责任，因此引人反感，不愿与其交往。

（五）提升化解矛盾、避免人际冲突的交往技巧

大学生在人际交往中常常会遇到争辩，发生矛盾与冲突等。如何化解这些矛盾与冲突呢？下面介绍四种方法。

1. 争辩的艺术

一是避免无谓的争辩。"没有人能在争辩中获胜。"二是争辩只是手段，不是目的，说服对方才是重要的。善于利用人的本性去说服对方，让他陈述他的情况或理由；三是注意倾听；四是回答前稍作停顿（不能太长，给人理不直气不壮之感；也不能太短，让人觉得你并未重视他的意见，只是急于表达自己的意思）；五是适当地让步（穷寇莫追，给人台阶下）；六是温和而准确地叙述你的情况和理由。七是通过第三人说话。八是应注意保持风度，有器量，不进行人身攻击，试着接受、承认别人合理的观点。

2. 批评的艺术

在批评他人时，应注意要先表扬后批评。在批评别人之前先做自我检讨。点到为

止，给人台阶。

3. 拒绝的艺术

拒绝的方式有以下三种。一是补偿式拒绝：提出另一建议，以示诚意；二是先肯定后拒绝：以示其情非得已；三是爱护性拒绝：站在对方的立场上谈理由。大学生中的"老好人"，就是因不会拒绝而经常受委屈。

4. 适度运用幽默

幽默是一种具有理智性、健康性与趣味性的心态和力量，幽默的技巧是借用幽默的语言给人以慰藉，给人以活跃的气氛，消除了人们的忧郁，增添人们的欢乐和友谊。幽默是社会交往的法宝，掌握幽默的技巧，才能掌握打开人心灵的钥匙。

每个人生命的主宰其实就是自己，关键是你要有所改变，要有强烈成功的愿望，我们希望通过对人际交往的有关知识的认识与理解，使大家理解与掌握人际交往的一些知识，提升我们的人际交往能力，促进我们自身的人际关系的改善。让那些在生活、学习、工作中，不愿交往、不懂交往、不善交往的同学，塑造自身形象，以积极的态度和行为对待人际交往，建立和谐的人际关系。

【管窥之见】

人是社交动物，每个个体都有自己独特的思想、背景、态度、个性、行为模式和价值观，然而人际关系对于每个人的情绪、生活、工作有很大的影响，甚至对组织气氛、组织沟通、组织效率和个人与组织关系也有着极大的影响。

【心理测验】

【心理训练】

【心理微课】（请使用"知到 app"进行扫描学习）

为什么需要人际交往

什么是人际交往

人际交往的心理构成

人际关系发展阶段
的心理过程

不同阶段的交流内容

人际交流的类型

【学习与思考】

1. 你认为影响人际关系的要素是什么？

2. 如何提高你的人际魅力？

3. 请阅读下列短文，谈谈你的感受。

　　一位青年人拜访年长的智者。青年问："我怎样才能成为一个自己愉快，也能使别人快乐的人呢？"智者说："我送你四句话。第一句是：把自己当成别人。即当你感到痛苦、忧伤的时候，就把自己当作别人，这样痛苦自然就减轻了；当你欣喜若狂时，把自己当作别人，那些狂喜也会变得平和些。第二句话是：把别人当作自己。这样就可以真正同情别人的不幸，理解别人的需要，在别人需要帮助的时候给予恰当的帮助。第三句话：把别人当成别人。要充分尊重每个人的独立性，在任何情形下都不能侵犯他人的核心领地。第四句话是：把自己当作自己。"青年问道："如何理解把自己当作自己，如何将四句话统一起来？"智者说："用一生的时间、用心去理解。"

第六章　学会去爱

——大学生恋爱心理与成长

问世间，情是何物，直教生死相许。

——摸鱼儿·雁丘词

【学习目标】

知识目标：认识爱情的不同形式及特点；了解大学生恋爱的阶段及问题；掌握男女性心理的差异。

能力目标：学会解决大学生恋爱过程中出现的问题；学会用正确的态度面对性并维护性心理的健康。

情感与价值观目标：培养健康的恋爱观、择偶观，学会承担在爱情中的责任，学会洁身自爱。

【本章重点】

1. 大学生恋爱特点。

2. 大学生恋爱心理困扰及恋爱能力的培养。

3. 大学生性心理困扰及维护。

【思维导图】

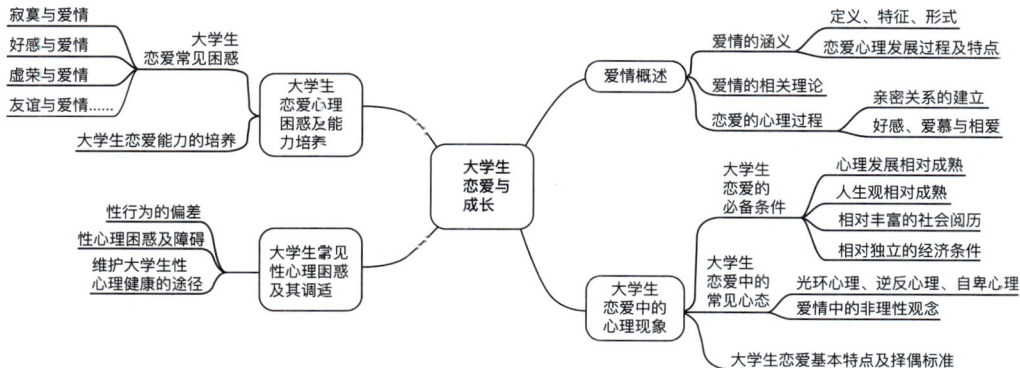

"与君初相识，犹如故人归。"爱情是世界上最复杂的情感现象。千万年来，人类都从未停止探究爱情真谛。人们渴望爱情，甚至为它生，为它死。爱情是两个人之间最亲密的社会关系，是生理活动和心理活动的统一。当爱情发生时，人会不知不觉地发生变化，爱可以让人成长。今生有幸，有能力爱、遇到爱，又怎么能不好好爱一番呢？对于正在享受爱情的大学生来说，尽管学业优秀，但如果恋爱观念和能力欠佳，也会出现因谈恋爱而荒废学业的事情；也有大学生在爱情的激励下不断进步，双双获取理想的深造机会或工作岗位。大学生正处于学校人向社会人蜕变的时期，他们的人生观和价值观极易受到外界因素的影响。本章所探讨的正是大学生在恋爱过程中可能会遇到哪些问题，如何解决这些问题，以及如何维护性心理的健康。

<h1 style="text-align:center">第一节　爱情概述</h1>

什么是爱情？这是个很难回答的问题。在二十世纪七十年代以前的很长的时间里，爱情基本上都是文学歌颂的主题，而不是科学的研究对象。著名的爱情研究学者哈特菲尔德（E. Hatfied，1999）说，她在斯坦福大学读研究生的时候，对浪漫的爱情开始感兴趣，但她的同学们都在研究老鼠，并警告她说，爱情是社会心理学工作者的禁区和陷阱，根本不可能研究，但她坚持下来了。正是因为有一批与她一样的社会心理学工作者的锲而不舍，才使我们今天对爱情这一神秘而令人神往的情感形式有了初步的认识。

一、爱情的涵义

（一）爱情的定义

爱情作为人类的一种情感，并没有一个严谨的定义。

爱情是男女双方之间建立在性需要基础上的一种强烈的内心情感体验，是基于一定的社会关系和共同的生活理想，在各自内心形成的对对方的最真挚的倾慕。是人际吸引最强烈的形式，是建立在传宗接代的本能基础之上，男女双方产生的特别强烈的肉体和精神上的相互仰慕，并渴望对方成为自己终身伴侣的高尚情感，也是人类特有的一种高尚的精神生活。其特点如下。

一是爱情一般是在异性之间产生，狭义的爱情专指异性恋。

二是爱情是个体身心发展到相对成熟的阶段时产生的情感体验，幼儿没有爱情体验。

三是爱情是一种高级情感，不是低级情绪。

四是爱情有生理基础，包括性爱因素，不是纯粹的精神上的依恋。

五是爱情的基本倾向是奉献。衡量一个人对异性有无爱情、强度如何，可以通过"是否发自内心地帮助所爱的人做其期待的所有事情"这个指标来判断。

对于爱情定义的表述，尽管各有差异，但是基本内容是一致的，主要涉及生物因素、精神因素和社会因素三个方面。生物因素是指爱情产生于男女两性之间，异性相吸的生物本能使人产生性欲，从而具有与之相结合的强烈愿望；精神因素主要是指爱情是一种高尚的情操，健康的爱情会愉悦身心，使人产生美好的心理体验；社会因素指爱情是社会现象，一方面受到社会道德、法律规范制约，另一方面还将涉及养儿育女、传宗接代的社会功能。

（二）爱与喜欢

在实际生活中，与爱最容易混淆的一种人际吸引形式是喜欢。生活中"我喜欢他（她），但不爱（她）""我爱他（她），但不喜欢他（她）"的现象经常发生。

爱与喜欢的区别主要表现在三个方面。

1. 依恋

卷入爱情的双方在感到孤独时，会高度特异性地去寻找对方求陪伴和宽慰，而喜欢的对象不会有同样的作用。

2. 利他

恋爱中的人会高度关怀对方的情感状态，觉得让对方快乐和幸福是自己义不容辞的责任。在对方有不足时，也会表现出高度的宽容。最自我中心、自私自利的人，在恋爱中也会表现出某种理解、宽容、关怀和无私。

3. 亲密

恋爱的双方不仅对对方有高度的情感依赖，而且还会有身体接触的需求。性是爱情的基础，是爱情的核心成分。

通常情况下，社会化水平比较高的成年人能区别喜欢和爱，但个别成年人，特别是相当部分的青少年，不能很好地区分依赖、尊重、喜欢与爱。

（三）爱情的特征

著名人本主义哲学家和精神分析心理学家弗洛姆在《爱的艺术》一书中指出，成熟的爱情应该具备以下特征。

1. 爱是给予

"给予"才是爱的本质，给比得更能让人满足，让人快乐。爱情是给予不是索取，成熟的爱情是在保留自己个性的前提下与他人合二为一。爱情是对生命及我们所爱之人的积极关心和给予。

2. 爱是关心

"关心"是想对方之所想，给对方之所需，是无私地给予和关心。关心是具体的，一点一滴的，小到给对方买一条围巾，大到关心对方的前途、命运。

3. 爱是责任

"责任"是对另一个人表达出来或尚未表达出来的愿望的答复，是对对方精神需求的关心。不成熟的爱情是"我爱，因为我被人爱"，成熟的爱情是"我被人爱，因为我爱人"；不成熟的爱是"我爱你，因为我需要你"，成熟的爱是"我需要你，因为我爱你"。

4. 爱是尊重和了解

"尊重和了解"就是在了解对方的前提和基础上肯定对方的独立性和个性。让自己爱的人以他自己的方式和为了他自己而成长。

（四）爱情的形式

心理学家李（J. Lee）等人认为，现代青年男女的爱情有以下六种形式。

一是浪漫式的爱情，即将爱情理想化，强调形体美，追求肉体与心灵融合的境界。

二是现实式的爱情，即将爱情视为对彼此现实需求的满足，不做理想的追求。

三是游戏式的爱情，即视爱情如游戏，只求个体需要的满足，对其所爱者不肯负道义责任，对恋爱对象的更换，视为轻易之事。他们这类人会说"有时我不得不回避我的情人们，以免他们相互发现"。

四是伴侣式的爱情，即在相处中由友情逐渐演变成的爱情，温存多于热情，信任多于嫉妒，是一种平淡而深厚的爱情。

五是奉献式的爱情，即信奉爱情是付出而不是索取的原则，甘愿为其所爱者牺牲一切，不求回报。"我宁愿自己吃苦，也不让我爱的人受苦。"

六是占有式的爱情，即对所爱之对象，投注极其强烈的感情，并希望对方以同样的方式回应，对其所爱者，极具占有欲，若对方稍有怠慢或忽视，就会心存猜疑妒忌。"如果我怀疑我爱的人跟别人在一起，我的神经就紧张。"

我国心理学家岳晓东将爱情做了一个划分，其中以"知己知彼"为横坐标，以"自尊自信"为纵坐标，将爱情划分为四类：自信型爱情、自恋型爱情、自误型爱情、自卑型爱情。这四种类型，每一种都具有不同的特点，如图6-1及表6-1所示。

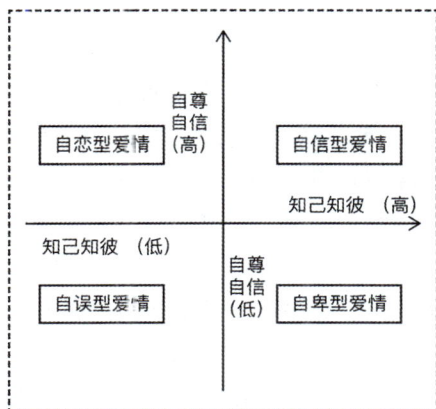

图 6-1　爱情类型图

表 6-1　爱情类型表

爱情类型	组成部分	突出特点	爱情结果	形象描述
自信型爱情（爱恋）	自尊自信 知己知彼	相互吸引	爱恋	爱得甜蜜、爱得明确、爱得自然
自恋型爱情（狂恋）	自尊自信大于 知己知彼	狂妄自大	狂恋	爱得辛辣、爱得任性、爱得霸道
自误型爱情（暗恋）	不自尊自信 也不知己知彼	枉自多情	痴恋	爱得苦涩、爱得辛苦、爱得累赘
自卑型爱情（痴恋）	知己知彼大于 自尊自信	自感羞愧	暗恋	爱得酸楚、爱得困惑、爱得混乱

上述四类爱情中，唯有"自信型爱情"达到了真正的"双向恋爱"，其余的三种都

是"单向恋爱"。爱情的真谛在于它是平等的互动，而真心相爱才能使人认识自我，完善自我。与此相反，"狂恋""暗恋""痴恋"这些单向恋爱都是当局者迷，只顾着一味强加给对方自己的爱情，却没能在爱情中清醒地认识自我，以致不仅爱情陷入了狂乱、失落中，连自己的人格也可能输得一塌糊涂。

（五）恋爱心理的发展过程及特点

进入青春期以后，爱情在心理发展上大体分为以下三个阶段。

1. 对异性的敏感期

指刚进入青春期的青年人，由于身体的迅速发育，引起了男女性别的不同生理和心理的急剧变化。尤其第二性特征的出现和性意识的觉醒，使青年对异性之间的性别差异非常敏感，在异性面前时常会感到羞怯和不安。此阶段中，往往男女学生界限分明，彼此疏远，相互回避，甚至回到孩提时的性疏远期。

2. 对异性的向往期

随着性生理上的发育成熟，性心理开始发展，男女情窦初开，产生了异性之间的相互吸引，出现彼此希望接触的意愿。处于此阶段的青年男女，开始特别注意自己的容貌和风度。希望引起异性的注意和兴趣，博得他（她）们的好感和青睐。生活中，开始关心周围发生的爱情方面的趣闻轶事，喜爱阅读和观看描写爱情内容的文学作品、影视音乐。经常与同龄人谈论男女爱情问题，并利用各种机会与异性接触交往。

3. 恋爱择偶期

在这一阶段的男女青年，性心理已逐步成熟，社会阅历在不断丰富，恋爱观开始形成，对异性的向往逐渐专一，开始相互寻求和选择自己的配偶对象，建立和培育双方的爱情，形成成熟的恋爱心理。目前的高校大学生，年龄一般在 17～24 岁，正是处于"异性向往期"向"恋爱择偶期"的过渡时期，也正是一个人的恋爱心理开始形成和逐步走向成熟的重要时期。

二、爱情的相关理论

（一）斯腾柏格的"爱情三元论"

曾提出过智力三元论的美国耶鲁大学斯腾柏格教授（R. Sternberg）提出了爱情三元论（triangular theory of love），该理论认为，人类的爱情虽然复杂多变，但基本上由三种成分组成。

1. 动机成分

爱情行为背后的动机，对人类而言未必全是由于生理上的需求，但决不能否认性动机（sexual motive）或性驱力（sexual drive），以及相应的诱因（incentive）在爱情中的重要性，以动机为主的两性关系是激情。

2. 情绪成分

爱情中可能产生的情绪，除了爱与欲之外，还有喜、怒、哀、惧等其他情绪。

3. 认知成分

爱情中的认知成分，对情绪与动机两种成分而言，是一种控制因素，是爱情中的理智层面。

亲密是指与伴侣间心灵相近，互相契合，互相归属的感觉，属于爱情的情感成分；激情是指强烈地渴望与伴侣结合，促使关系产生浪漫和外在吸引力的动机，也就是与性相关的动机驱力，属于爱情的动机成分；而承诺则包括短期和长期两个部分，短期的部分是指个体决定去爱一个人，长期的部分是指对两人之间亲密关系所作的持久性承诺，属于爱情的认知成分。仅仅有激情的爱是一种迷恋，仅有承诺的爱是一种"空虚的爱"，只有亲密的爱只是喜欢，激情与承诺结合是虚幻的爱，激情与亲密结合是浪漫的爱，承诺与亲密结合是友伴的爱，三个维度结合在一起才是圆满完美的爱。如图 6－2 所示。

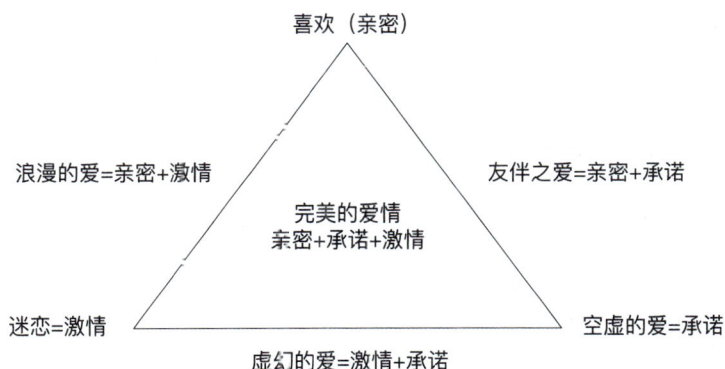

图 6-2　斯滕伯格爱情三角图

随着认识的时间增加及相处方式的改变，上述的三种成分将有所改变，爱情的三角形中组成元素增减，其形状与大小也会跟着改变。三角形的面积代表爱情的质与量。面积愈大，三角形越大，爱情就越丰富。斯腾伯格进一步提出：在三种成分下有八种不同的爱情关系组合，如表 6－2 所示。

表 6-2　斯滕伯格的八种爱情类型

爱情类型	英文表述	成分组合	突出特点
空虚之爱	empty love	承诺－亲密－激情	爱情平淡无味、毫无激情
友伴之爱	companionate love	承诺＋亲密－激情	爱情犹若友情、相互关切
虚幻之爱	fatuous love	激情＋承诺－亲密	爱情虚无缥缈、相思情苦
迷恋之爱	infatuation love	激情－亲密－承诺	爱情狂热激烈、虎头蛇尾
浪漫之爱	romantic love	亲密＋激情－承诺	爱情热烈温存、柔情似水
喜欢之爱	liking	亲密－承诺－激情	爱情有情无爱、徒有好感
完美之爱	true love	激情＋亲密＋承诺	爱情情真意切、地久天长
无爱	no love	三种成分均无	

（二）爱情态度理论

人格心理学中有关爱情的理论与个人生命成长的发展相联系，但更重视人格所蕴含的稳定、不变的意义，也就是强调个人生命线的持久、稳定的方向。

爱情态度理论由罗宾（Robin）提出，他认为爱情是对某一持定的他人所持有的一种态度。这种理论将爱情归为社会心理学的人际吸引，并能使用一般测量方法研究爱情。他假设爱情是可以被测量的独立概念，可视为一个人对特定他人的多面性态度，他从文艺著作、普通常识及人际吸引的文献资料中，寻找拟定叙述感情的题目，经过项目分析、信度、效度考验而建立爱情量表（love scale）和喜欢量表（liking scale），他发现爱情与喜欢有质的差别，而其爱情量表中包含三种成分：一是亲和和依赖需求；二是帮助对方的倾向；三是排他性与独占性。

（三）爱情依恋理论

爱情依恋理论将爱情与童年依恋联系研究。婴儿时期与人建立的依恋关系，会使个体形成一个持久且稳定的人格特质，这项特质在个体在与异性建立亲密关系时会自然流露出来。哈桑（Hazan）和西维（Shaver）将成人的爱情关系视为一种依恋的过程，分三种类型。

安全依恋（secure style）：与伴侣的关系良好、稳定，能彼此信任、互相支持。绝大多数人的爱情属于安全依恋。

逃避依恋（avoidant style）：会害怕且逃避与伴侣的亲密。

焦虑／矛盾依恋（anxious/ambivalent style）：时常具有情绪不稳、极端反应的现象，善于妒忌且希望跟伴侣的关系是互惠的。

在哈桑（Hazan）和西维（Shaver）在研究成人依恋风格与爱的关系时提供了三种有关亲密关系的说法："第一，我感到接近其他人是相对容易的事情，依靠他们我觉得很自在；我很少担心被抛弃或者有人跟我太过接近。第二，接近其他人让我觉得有些不自在，我感到很难完全信赖他们，很难让自己去依靠他们，任何人的过于接近都会让我变得紧张，爱侣经常让我更亲近一些，但这种亲近让我感到不舒服。第三，我感到其他人有些疏远我，不如我期望的那样亲近。我经常担心我的伴侣并非真的爱我或者不愿意与我在一起。我想与我的伴侣关系十分密切，但有时这会把人吓跑。"实验过程中，要求被试指出最能描述他们状态的说法，55% 的人选择了第一种，这是安全型依恋风格；25% 的人选择了第二种，这是回避型依恋风格；20% 的人选择了第三种，这是焦虑／矛盾型依恋风格。研究证明，依恋风格能准确预测亲密关系的质量，与选择其他风格的人相比，安全型依恋的成人恋爱关系最为持久。而焦虑／矛盾型依恋风格的人嫉妒体验则更为频繁和强烈。

【心理实验】

爱的发现——恒河猴实验

绝大多数心理学认为，婴儿与母亲（或者早期照顾者）之间的接触和依恋关系，对其在今后生活中形成爱的能力、建立亲密关系有着重要的影响。美国威斯康辛大学著名发展心理学家哈利·哈洛（Harry F. Harlow 1905—1981）以实验的方式探索了幼猴和代理母猴之间的依恋关系。

哈洛和他的同事们把刚出生的小猴放进一个隔离的笼子中养育，并用两只假猴子替代真母猴。他们制作的第一只代理母猴是这样的：用光滑的木头做身子，用海绵和毛织物把它裹起来；在胸前安装一个奶瓶，身体内还安装一个提供温暖的灯泡。然后他们又组装了另一只不能提供舒适环境的代理母猴。这只母猴是由铁丝网制成，外形与木制母猴基本相同，以便使幼猴用接近木猴的方式接近它。这只铁丝母猴也安装能喂奶的乳房，且也能提供热量。换句话说，这只铁丝母猴与木制母猴相比，除了在被哈罗称为"接触安慰"的能力方面有差异外，其他方面完全一样。然后，研究者把这些人造母猴分别放在单独的房间里，这些房间与幼猴的笼子相通。8只幼猴被随机分成两组，一组由木制母猴喂养，另外一组由铁丝母猴喂养。哈罗企图将喂养的作用与接触安慰的作用分离开来。他把猴子放在笼子里，并记下在出生后的前5个月中，幼猴与两位"母亲"直接接触的时间。结果是令人惊讶的。在最初的实验中，所有的幼猴与两只代理母猴都接触。其中一半幼猴由木制母猴喂奶，另一半则由铁丝母猴喂奶。现在，你可能已猜到幼猴偏爱的是由绒布包裹的木制母猴，但是令人惊奇的是，这种偏爱程度趋向于极端，甚至对那些由铁丝母猴喂养的幼猴而言也是如此。接下来在另一个恐怖物体的实验中，哈罗发现无论是铁丝母猴喂养的幼猴，还是木制母猴喂养的幼猴，当它们害怕时，都会到绒布包裹的代理母猴那里寻求安全感。

哈罗指出，他的研究证明，接触安慰对幼猴与母猴间依恋关系的发展具有极其重要的作用。事实上，对于幼猴而言，接触安慰在依恋关系的形成中比母猴提供乳汁的能力更重要。哈罗等人的实验研究结果，用他的话说就是"证明了爱存在三个变量：触摸、运动、玩耍。如果你能提供这三个变量，那就能满足一个灵长类动物的全部需要。"

三、恋爱的心理过程

1. 亲密关系的建立

恋爱是指男女双方培养感情、发展爱情的过程。一般来讲，爱情的产生也有一个发展的过程，会经过好感、爱慕和相爱等阶段。图6-3描述了亲密关系建立的过程。

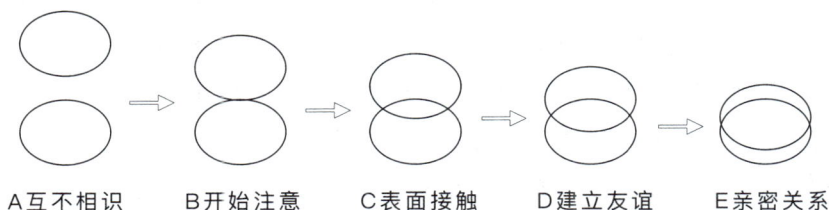

A互不相识　　B开始注意　　C表面接触　　D建立友谊　　E亲密关系

图6-3　亲密关系发展示意图

在亲密关系的发展过程中，按人际间彼此吸引的程度，可以分为A、B、C、D、E

五个阶段，从互不相识，到开始注意、表面接触，建立友谊，到最后发展到第五阶段的亲密关系。在第五阶段，彼此间的自我暴露越来越多，分享的情感东西越来越深，如果是同性，就成为了知已也就是知心朋友，如果是异性，在感情上会增加性的需求、奉献与满足的心理，就发展成了爱情。

上面的亲密关系发展图使我们看到，友谊是爱情的基础，爱情常常从友谊而来。而友谊和爱情之间又没有截然的界限，所以有时很难辨别异性间的感情是友谊还是爱情。

一般来讲，爱情的产生也有一个发展的阶段，先是好感，然后是喜欢，最后到达爱情。好感和喜欢多停留在友谊的阶段，而爱情就是到了亲密关系的层次。

2. 好感、爱慕与相爱

好感是在人际交往中所产生的一种彼此欣赏的情感体验。例如，人们在生活工作和学习中，通过相互的接触、相识与往来，产生希望进一步接触的心理。男女之间的好感，并非性爱，但却是爱情产生的必要前提。异性之间的好感会增强相互的吸引，形成一种内在动力，促使双方接近和进行情感交流。

爱慕是男女之间在好感的基础上，经过对对方的爱好、志趣、性格、为人等各方面的更多了解，而产生的更深刻的情感体验。这种内在感情使人心旷神怡，进而萌发了希望与其结合的强烈情感倾向，并在理智支配下，发展成对对方的爱慕之情。

相爱是男女之间单方面的爱慕还不是爱情，只有相互爱慕，爱情才能建立。在恋爱中，从单方爱慕到互爱，有时可能是同步的，有时也可能是不同步的，甚至还会经受一些波折与磨难。但只要双方心心相印，无论是谁首先打开自己的心扉，最终都会赢得对方的回应，开出绚丽多彩的爱情之花。

四、恋爱对成长的意义

1. 恋爱是学习建立亲密关系的过程

爱情作为人类美好的情感被大学生所向往和体验，恋爱对大学生的心理和自我发展有着重大的意义。恋爱发生在两个人之间，是一个人与另一个人建立起的一种亲密关系。这种亲密关系能否稳固、发展、走向成熟，其实是大学生自我成长的一个重要标志，也是良好心理素质的体现。学习建立发展亲密关系，是在学习如何去爱另一个人；是在学习如何和一个人长期相处，学会包容、体贴、关心、尊重，接纳失望、痛苦、不满等；是在学习保持恰当的关系距离，不会因为怕失去爱而过度地依赖，或过于疏远，享受安全感、亲密感；是在学习如何在关系中满足自身及相互的心理需要。

2. 恋爱是逐步培养发展爱情的过程

恋爱会使人有许多的情感体验。被爱是一种幸福，爱别人也是一种幸福。爱情的巩固与发展需要不断培养。由于爱情中有激情的成分，激情却不能总保持在一个高水平的状态，所以，爱情有一个渐渐平淡的过程。很多人会以为这是爱变味了，其实是爱情的成分在爱中变化，少了激情，多了亲密和承诺。

爱情的更新充实，首先，是看每个人生命中有没有发展更新的东西。你有什么新鲜的东西可以让对方感受到，充实爱情的生活。也许一对恋人，今天他去听了一个讲座，她参加了一个志愿者活动，两人都不同程度获得了许多新的思想和感受，都愿意与对方分享。在两个人生命中，都有新鲜的东西带给对方，这自然为爱情增添新的活力。有一些恋人之间似乎没什么可交谈的话题，交往也似乎成了一种例行公事，没有最初的激情，只剩下性爱的本能驱动。这种现象其实跟每个人发展的停滞与枯竭有关。其次，爱情的培养发展，也是建立在对对方不断了解、接纳、发现、欣赏的基础上的。

3. 恋爱是自我认识与成长的过程

通过恋爱，可以更好地认识自己。恋人是一个重要人物，重要人物对自己的看法无疑是了解自我的重要途径，并对自我有着巨大的影响力。恋人就像一面镜子，会照出自己的许多东西，帮个体从中发现自己。另外对于个人来讲，大学生在恋爱关系中，已会不断发现自己的情感世界、个性特点，发现自己为人处世的方式，发现自己的以往经历对自我的影响。法国喜剧作家、演员、戏剧活动家莫里哀（Moliere）曾说：恋爱是一所学校，教我们重新做人！这种美好的情感使人乐于承担责任。爱可以改变人的趣味，升华人的人格，开发人的潜能，促进人的新生。

【管窥之见】
浮世三千，吾爱有三：日、月、卿，日为朝，月为暮，卿为朝朝暮暮。

第二节　　大学生恋爱中的心理现象

一、大学生恋爱的必备条件

1. 心理发展相对成熟

大学生的情绪不稳定是他们最显著的心理特征。情绪的不稳定性反映出大学生不成熟的心理状态。自我评价不客观、挫折承受能力弱也说明他们的心理发展成熟度不够。大学生在心理发展不成熟的情况下谈恋爱，容易将爱情简单化、片面化、理想化和浪漫化，并造成许多令人担忧的问题，因此，心理发展相对成熟是当代大学生恋爱的必备条件。

2. 人生观相对稳定

人生观是人生目的、人生价值和人生态度的统一，是一个人对自己的人生目的和意义的根本看法和态度。人生观决定恋爱观，不稳定的人生观将导致不正确的恋爱观，对恋爱行为要承担的社会责任、家庭义务及恋爱的道德要求等缺乏充分的思想准备和心理承受能力，因此人生观相对稳定是大学生恋爱时机成熟的标志之一。

3. 牢固的学识基础

学业是大学里的首要任务。在当代大学生中，存在一种现象：很多大学生认为爱情和学业一样重要，认为自己可以两者兼顾，结果却在恋爱上投入了太多的时间和精力，最终将学业、生活搞得一塌糊涂。因此，何时可以恋爱，就要问问自己是否已经具备了相对牢固的学识基础，自己能否处理好爱情和学业的关系难题。

4. 相对丰富的社会阅历

一些大学生由于社会阅历少，挫折承受能力弱，抵御社会不良文化影响的能力差，对爱情的分析和判断容易出现偏差，在恋爱交往中易感情用事，容易上当受骗。这些都与大学生社会阅历欠缺有关。因此，相对丰富的社会阅历是大学生恋爱的社会基础。

5. 相对独立的经济条件

大学生一旦开始恋爱，不仅要付出大量的时间和精力，同时必然也要花费一定的财力和物力。恋爱中的大学生日常开销往往会明显增多，恋爱是精神享受，但也需要物质基础，因此，相对独立的经济条件是大学生恋爱的经济基础。

二、大学生恋爱心理分析

恋爱是爱情的过程，爱情是恋爱的结果，爱情以婚姻为归属。相爱双方相互之间的承诺和责任，是爱情的社会属性的核心体现。恋爱的艺术，就它的最细腻、最不着痕迹的表现而论，是一个男人和一个女人在人格方面发生最亲近的协调的结果。

恋爱意味着让 A 走进 B 的生活圈，反过来也是让 B 分享 A 的生活圈的一部分。两个人既有各自独立的生活领域，也有着共同的部分。只要是两个有着不同性格、不同经历的人相处，就要彼此相互适应。恋人之间产生矛盾的原因包括：男性与女性对事情有着不同的心理感受，两个人会在个性方面不一样，双方都不是完美无缺的等。因此，了解男女的差异对于经营爱情非常重要。表 6-3 中列出了常见的恋爱中的两性差异。

表 6-3 男女差异性一览表

项　目	女　性	男　性
在感情上的需求	关心、照顾、了解、尊重、专一、肯定、保证	信任、接纳、欣赏、羡慕、认可、鼓励
在爱的关系中	需要感到被珍爱，而不是生活照顾、物质满足	需要感到他的能力被肯定而不是不请自来的忠告
在情绪低落时	需要别人聆听她的感受，而不是替她分析和建议	需要独自安静，而不是勉强他细说因由
在寻找自己价值时	从人际关系中肯定自己	从成就中建立自我
在增进爱情时	需要感到被对方了解和重视	需要感到被对方欣赏和感激
在互相沟通时	总是以为男性的沉默代表对她的不满和疏离	总是以为女性的宣泄代表向他寻求解决问题的方法

【心理测验】

三、大学生恋爱中的常见心态

恋爱状态下的男女大学生常表现出以下特征：恋人之间常有眉目传情和语言沟通；常有美化对方；力图完善自己、表现得更好；渴望与恋人在一起；看见恋人与别的异性在一起会有嫉妒心理；期望在身心上与对方融为一体；希望能为恋人多做奉献。

（一）光环心理（详见本书第五章第三节晕轮效应）

恋爱中的人很容易被爱情美好的光环所笼罩，以至于看不到恋人身上的缺点和不足，即所谓的"情人眼里出西施"。当然，出现这种情况的原因也并不完全是光环心理的作用，也有相爱的双方刻意掩饰自己一些不足的原因，但是起主要作用的还是光环心理效应。

（二）逆反心理

恋爱中最常见的逆反心理在心理学中被称为"罗密欧与朱丽叶效应"，即越遭到父母反对或家庭各种阻扰的爱情，就表现得越坚决和紧密，越要坚决地去获得。除此以外，还有的同学对周围众多狂热的追求者不屑一顾，却反而会把感情投向冷落自己的人；还有一些正在恋爱的大学生，一方为了获得另一方的欢心而不断去讨好、取悦对方，最终却导致了相反的结果，反而使对方的态度开始冷淡，这也是逆反心理的一种表现。

（三）自卑心理

一些同学在恋爱中总是觉得自己条件不好，如有些女同学认为自己容貌不够漂亮、身材不够苗条，有些男同学觉得自己身材不够高大、表达能力欠缺，还有一些同学认为自己学习成绩、个人修养、家庭条件、社会地位等方面比较差，从而产生自卑心理。

（四）爱情中的非理性观念

爱情是很多同学在大学期间所思考和实践的重要人生课题，但在现实中有相当一部分大学生对爱情存在着一些非理性的观念。在这里，我们只是把这些观念罗列出来，以作为大家思考和辩论的主题。

①爱情是永恒的；

②爱不需要理由；

③爱情是至高无上的；

④爱情能够改变对方；

⑤你的恋人属于你；

⑥爱情享受和需要的是过程而不是结果；

⑦爱情并不在天长地久，只要曾经拥有；

⑧爱情是靠努力可以争取到的，只要付出必定有回报；

⑨因为相爱而发生的性关系无可非议；

⑩没有爱情的大学生活是失败的；

⑪失恋是人生重大的失败；

⑫爱的给予就是"付出"，满足对方的一切要求。

事实上，相关调查结果显示，无论是男生还是女生，在选择爱人时更多看重的都是个人的内涵与优良品质，一些先天性的因素并不占主要地位。更重要的是，尽管每个人都有自己的不足，但也必定有自己比他人强的一面，一个成熟的人应该学会正确地认识自我、评价自我和接纳自我，并且在此基础之上不断地弥补自己的短处和不足，更好地发展自己和提高自己。

四、大学生恋爱的基本特点

（一）自主性强

大学生是一个特殊的青年群体，有着文化层次高、思想比较开放、易接受新观念、独立意识强等特点。在恋爱问题上，个性比较突出，不太受他人尤其是长辈的影响。

（二）注重情感

大学生谈恋爱对精神层面看得比较重，注重情感体验和交流。

（三）比较重形式

也许你很容易发现某个大学生是否在谈恋爱，因为一起上自习、吃饭，在校园散步、看电影，所有常见或流行的恋爱方式，都会不自觉地在谈恋爱的人身上出现。只是让人思考的是，相爱的人自有他们的恋爱表达方式，但不等于只要有这些外在行为就一定表示他们是在真心相爱。

（四）不稳定性

大学生谈恋爱的成功率是很低的，也就是真正能一直相爱并在毕业后走入婚姻殿堂的并不多。一方面大学生自身有许多不稳定性因素，如经济条件、年龄特点、工作地点等，另一方面确实有些大学生谈恋爱追求的并不是婚姻的结果。

（五）与自我概念紧密相关

处于青春期的大学生对自我比较敏感，他们对自己有一定的评价，也在意别人对自己的态度。所以恋爱似乎成为检验自我的一个试金石。恋爱常会是一种心理补偿，谈恋爱，似乎意味着有人爱自己，其便自信心大增，如果恋爱不成更会对自我产生怀疑。

五、大学生择偶标准

一般即将踏入爱河的大学生们，在选择恋人时，往往会从以下五个方面去考虑。

（一）大学生的择偶标准

一是身材外貌，包括相貌、身材、体态、风度、身体素质等。

二是学识才干，包括专业技术、学识水平、办事能力、社会阅历等。

三是性格志趣，包括兴趣爱好、气质性格、生活情调、生活理想等。

四是思想道德，包括价值观念、道德品质、个人修养等。

五是社会地位，包括家庭状况及经济条件等。

（二）大学生的择偶原则

1. 相似性原则

大学生择偶，首先考虑的是那些在某方面与自己相似的人。择偶的相似性主要是指兴趣、年龄、学历、职业等方面，这是个人的外部条件。

2. 相同性原则

相同性指在人生理想、奋斗目标以及对待爱情的认识和人生态度上的一致。所谓"志同道合"就是这个意思。这是大学生择偶中遵循的基本原则。

3. 互补性原则

主要是指个性品质方面的互补。如一个脾气倔强的男性在选择对象时，会不由自主地喜欢温顺、随和的姑娘。现实生活中的事实说明，恋人间个性互补比个性相似、相同更和谐，这是因为他（她）们能够取长补短，相辅相成。

各种调查研究显示，大多数大学生在选择对象时多注重精神需求，重视对方的德和才，对外表也有一定的要求。比较而言，求功利满足，注重金钱、实惠的人是少数。但随着商品经济的发展，大学生的功利倾向在增加。极个别的大学生甚至以此作为主要的选择因素。这是有失偏颇的。以权势、地位、金钱、职业、住房、家庭等一系列附加条件取代爱情，是爱情的异化，极易导致恋爱失败、婚姻破裂或适应不良。这种择偶观往往会埋下有害的种子。

（三）影响大学生选择恋人的因素

从大学生选择恋人的条件中，我们可以发现有以下五个因素对大学生选择恋人起到重要的影响作用。

1. 性别差异

由于男女本身所固有的差别，因此在选择爱人时也表现出了显著的差异，男生对相貌的重视要超过女生对男生外表的要求，而女生对爱人能力的要求大大地超过男生对爱人能力的要求。

2. 社会制约

由于爱情所具有的社会属性，使得大学生在选择恋爱对象时总是和一定的社会条件相结合，家庭经济条件、家庭观念、当前社会的流行时尚等因素都对大学生的选择起到重要的影响作用。

3. 性格协调

男女在恋爱过程中，双方情感的表达和交融，与各自的性格特点密切相关。很多同学强调两人在一起时的那种感觉，这种感觉的由来也与双方的性格协调程度有关。相互协调的性格，可以使双方在情感上产生共鸣；而不协调的性格，则会妨碍双方的情感交流。

4. 原生家庭的影响

父母是孩子的第一任老师，每个人在成长的过程中，对男人、女人的认识和分别，对男女之间相互关系的感觉和了解，以及对于爱情、家庭等概念的认识，大都会受到原生家庭的影响。因此，很多同学在选择恋爱对象时无形中就带上了很多父母的烙印。父母的个性品质、父母之间及家庭内部的感情关系等都会影响大学生对恋人的选择。

5. 个人平衡协调的人格

以前人们常用男女双方的家庭背景、经济状况、教育程度及文化差异等外在因素来衡量爱情、婚姻的成败程度，但现在研究婚姻的学者一致同意具有平衡协调的人格是构成美满婚姻最重要的因素。也就是说，你的婚姻成功与否，取决于你是怎样一个人。为了一生的幸福，我们需要不断地完善自我的人格，提高个人的素质，如形成健康的自我形象、提高应对周围事情的心理能力等。

【管窥之见】

对于爱情，年是什么？既是分钟，又是世纪。说它是分钟，是因为在爱情的甜蜜之中，它像闪电一般瞬息即逝；说它是世纪，是因为它在我们身上建筑生命之后的幸福的永生。

第三节　大学生恋爱心理困惑及能力培养

一、大学生恋爱常见困惑

（一）大学生中常见的爱情心理困惑

爱情是需要学习的，正确处理恋爱中的诸多问题，有利于大学生的身心健康和全面的发展，在我们的校园中，有些同学不能够明确地区分以下四种常见概念与爱情的关系。

1. 寂寞与爱情

大学生活中，由于种种原因，如离开父母和朋友来到新的环境、对学习没有兴趣或不适应等，常会使大学生人陷入孤独寂寞之中，一些同学会不自觉地希望寻求异性知己，试图以"爱情"来抚慰自己，消愁解闷，寻求寄托，即所谓"寂寞期的恋爱"。

2. 好感与爱情

好感与爱情是大学生在开始谈恋爱时经常分不清楚的两个概念。青年人在性发育成熟后，便会被异性所吸引，对异性产生好感，这种好感有时也像爱情一样，能够带来快乐、愉悦、兴奋的感受，但是这并不能说好感就等于爱情。这是因为：第一，好感可以同时对几个人产生，具有广泛性的特点，而爱情则只是针对一个特定的对象，具有排他性的特点；第二，好感可能只需要看到对方在某些方面甚至某个方面使自己感到快乐的地方就可以产生，但爱情却是双方因价值观、人生信念等方面的综合及汇集性的需要形成的一种情感；第三，好感属于情绪性的反应，持续时间一般比较短，而爱情则是在长时间的相互了解中发展起来的一种稳定的、持久的情感。好感在一定程度上可以作为爱情的前提和基础。

3. 虚荣与爱情

虚荣心理是一些人试图通过追求名誉、荣耀等表面的光彩，来满足自己自尊需要的心理。虚荣心之所以存在，是因为人们在某些时候对自尊的需要得不到满足，只能用一些外在的荣耀去代替，所以说虚荣心是每个人都有的一种心理现象，只不过每个人所表现的方面与程度不同。在某种程度上，虚荣心可以起到保护自己自尊的作用，但是虚荣心太重一定是有害无益的。在大学生选择恋人的过程中，都会不同程度地带有虚荣的因素，但随着思想和心理的成熟，大部分同学都会放弃虚假的、表面的一些条件，放弃从虚荣的角度去选择恋人。建立在虚荣心之上的爱情是虚伪的和不牢固的。

4. 友谊与爱情

友谊是同学、同事、朋友之间在相互了解和依赖的基础上，形成的一种亲密、平等、真挚、友好的情谊。而爱情是在性吸引和满足性欲望的基础之上形成的一种情感。作为友谊，无论是同性之间的还是异性之间的，不管两人之间的关系发展到多么亲密的程度，彼此之间也不会产生拥有对方身体的愿望，当然也就没有要对方满足自己性欲的需要。学习并发展异性间的友情是建立爱情的基础。友谊与爱情不是相互排斥的，培养爱情中的友谊是爱情发展到一定阶段的重要内容，当伴侣的身体吸引力不再时，许诺之爱和亲密将会取而代之。

（二）恋爱中的心理挫折与情感危机

在大学生的恋爱过程中，最常见的是以下四种心理挫折和情感危机。

1. 单相思与爱情错觉

单相思是指在异性关系中的一方倾心于另一方，但是却得不到对方回应的单方面的"爱情"。在大学校园中，这种情况并不少见。心理学家认为，很多成年人都品尝过单相思的苦涩和尴尬。单相思的主要特点是热烈、冲动、执着，但在被单相思的一方或外人看来，这种感情却是不可能、不现实的，有时甚至是滑稽可笑的。

爱情错觉是指在异性间正常的交往中，一方错误地把另一方正常的行为理解为对自己有感觉，从而错误地认为爱情已经到来的一种感受。爱情错觉有可能就是单相思的另一种形式。由于对单相思对象的幻想和过分敏感，致使一方错误地领会了对方正常的行为，但也有可能是由于发出信息的一方在行为方式上存在一些过于含糊的信息，有的甚至是一些自己都没有察觉到的带有暗示性的行为，从而使接受的一方产生了误解。

如果发现自己陷入单相思与爱情错觉中，要设法积极地改变自己，可能对方不喜欢你的性格、风格。在改变自己后，可以等待更好的机会，除他（她）之外，相信一定还有许多异性吸引你。爱不成就生恨，一定不是真情。

2. 恋爱中的感情纠葛

感情纠葛是指在恋爱过程中因某些主客观原因引起的，欲爱不能、欲罢不忍的一种强烈的内心矛盾和感情冲突。主要有以下三种形式。

第一种是陷入三角爱，有的学生在寻求爱情的恋爱过程中，落入了三角恋爱的漩涡里，要不然是同时喜欢上两个人，要不就是同时被两个人追求，忧心如焚，不能自拔。

第二种是爱情遭遇阻力，有的人恋爱中可能会遭到父母的反对，或者周围人的非议，心烦意乱，辗转反侧。

第三种是爱情中的误解，有人在恋爱中被彼此间无休止的矛盾、误解和猜疑所困扰，忧心忡忡、郁郁寡欢。

在恋爱过程中，无论是哪种感情纠葛，都会导致当事人的情绪受到严重的冲击和干扰，进而影响其正常的学习和生活。

3. 失恋

失恋在大学校园里是一种比较常见的挫折形式，对有的同学来说，失恋是一种"永远的痛"。失恋是一种爱情丧失的综合表现形式，失恋后的人一般容易有这样一些消极心理与行为特征：①抑郁：表现为焦虑、沮丧、痛苦、颓废、冷漠等；②报复：这是一种比较常见的发泄手段，是极度的占有欲受到挫折后而唤起的过激心理与行为；③自残或轻生：因失恋而产生的强烈的自卑、悲观、空虚、羞辱、悲愤和挫败感等极端的负性情绪，使失恋者会用自残或轻生的方式去寻求解脱。

失恋后的反应会因失恋者的人格特征、对爱情投入的多少、对挫折的承受能力大小、相应的社会支持系统是否完备等方面因素的不同而有不同的表现。

4. 网恋

现代社会中一个显著的标志是网络渗透到了生活的每一个角落，网络确实为一些现实生活交往面狭窄的大学生提供了人际交往的机会，也锻炼了部分大学生的表达与交往能力，也确有远隔重洋的男女通过网络相识、相知、相恋，在键盘上敲出爱情的节奏。网恋通常有两种形式：一是在网上认识，在网上恋爱，甚至在网上结婚组成网上家庭，但在现实生活中双方完全不接触，这更多像一种柏拉图式的精神恋爱；二是在网上认识，双方都有进一步交流、了解的愿望后，于是从网上走下来开始传统的恋爱过程。

随着高校校园网络交流的广泛建设以及校园互联网的开通，大学生上网的人数越来越多。一些同学把在网上谈恋爱作为上网的目的之一。网恋者的轻率令人瞠目结舌，有些学生同网友聊过一次天、发过一次邮件后，便一见钟情，相见恨晚。有些学生第一次"接触"，便敢说"我要娶你""我要爱你到天明"。并迅速在网站上确立恋爱关系。

人与人之间的交往需要时间和各种身体语言来慢慢建立信任。而网络交流的速度很快，缺少了建立信任的时间，也削弱了建立情感所需要的重要元素。通过网络"传情表意"所感知到的只有文字、只有优点，而不可能调动各种感官获得全方位的信息。

二、大学生恋爱能力的培养

爱的能力是指和他人建立亲密关系的能力，它对人的一生发展有着重要的意义。具备了爱的能力会引导一个人去真正地爱他人，也真正地爱自己，能真正体验到爱给人带来的快乐和幸福。恋爱的过程也是培养爱的能力的过程。

（一）表达爱的能力

当你爱上一个人时，能否用恰当的方式和语言向对方表达出来呢？表达爱需要勇气，需要信心。表达爱是在表明爱一个人就是幸福，即使得不到回报，你让对方知道自己被一个人爱着，也是一种很崇高的境界。

（二）接受爱的能力

当期待的爱情来到了身边，能否勇敢地接受也是爱的能力的表现。有的大学生在别人向自己示爱后，内心挺高兴，但又不敢接受别人的爱，或者对爱情缺乏心理准备，或者觉得自己不配、不值得被爱，因此而失去发展爱的机会。

大学生要有迎接"爱"的能力。首先要有健康的恋爱价值观，懂得自己爱什么，了解自己喜欢什么、需要什么、适合什么。当别人向你表达爱时，能及时准确地对爱的信息做出判断，通过对求爱者进行客观的观察分析，勇敢地接受爱，以免错失良机。

（三）拒绝爱的能力

拒绝"爱"非常重要。自己不愿或不值得接受的爱应有勇气加以拒绝。有不少大学生当别人向自己示爱时有些优柔寡断，又怕伤害对方，又怕对方误会。拒绝爱的能力，其一要表现为对他人的尊重，要感谢对方对自己的欣赏和感情；其二要态度明确，表达清楚，即和对方只能是什么样的关系，同学还是一般朋友，或者什么都不是；其三要行动与语言要一致。可能有些同学怕对方受伤害，虽然语言上拒绝了对方，但是行动上还与对方有较亲密的接触，如单独去看电影、吃饭等，容易使对方误解，认为还有机会，还纠缠在被拒绝的情感中。

（四）鉴别爱的能力

鉴别爱是指能较好地分清什么是好感、喜欢和爱情。有鉴别爱的能力的人，是自信的人，也是尊重别人的人。有鉴别爱的能力的人，会自然地与别人交往，主动扩展交往的范围，珍惜友谊，会尽量多地体验他人的感受。过于自我孤立，过于站在自我的角度考虑问题，往往会对他人和自我感受的认识发生偏差。

（五）解决爱的冲突能力

爱的冲突一方面来自日常生活中的不一致，或不协调；另一方面可能来自性格的差异。相爱的人不是寻求两人的一致而是看如何协调、合作。爱需要包容、理解、体谅，要用建设性的方式去解决冲突。沟通是非常有效的方式。恋人间需要有效的沟通，要能表达清楚自己的思想、感受。伤害性的争吵或者冷战都不利于问题的解决。

（六）面对失恋的心理承受力

失恋可以说是人生中一个很大的挫折，考验的是人耐受挫折的能力。失恋使人产生痛苦的感觉是很自然的事，每个人都会有，只是程度有别而已。失去爱会使人感到一种重要关系的丧失，一种身份的丧失，需要一定的时间去面对、适应和调整。

恋爱中的大学生，要充分认识"爱"与"被爱"是相互的，双方都有选择的权力。由于各种主、客观的原因，失恋在所难免。失恋通常会给涉足爱河的大学生带来一系列心理问题，为此失恋的大学生应进行积极的心理调节。

首先，要理性看待失恋。有些同学可能把失恋看作人生的一个巨大的失败，自尊心受到了强烈伤害，有一种强烈的负性情绪体验。其实失恋只是一种选择的结果，自己不被某一个人选择，不等于自我的全面失败，一无是处。每个人在爱的关系中心理需要不同，看中的关键点不同。每个人都有可爱的一面，只是每个人欣赏的角度不同。

其次，在失恋中学习，把失恋作为一种人生的财富。失恋给人带来的强烈的内心冲击是其他事件所不能代替的，这个过程中所体会到的情感挣扎与痛苦，实为一笔人生财富，使人有了更多的人生体验，人会在失恋中变得更加成熟。

最后，失恋给人再恋爱的机会。一次失恋不等于整个爱情生命的结束，人还会再恋爱，再体验美好的爱情，只要用心去体验、去建设、去学习和感受。

（七）保持爱情长久的能力

保持爱情长久的能力，其实需要上面多种能力的综合。爱需要两个人真正地关心对方，走进对方的内心世界，以对方的快乐为自己的快乐。要保持爱情常新，需要智慧、耐力、持之以恒及付出心血，同时又要有自己的个性，有自己的追求与发展。学习新的东西，善于交流，欣赏对方，是爱的重要源泉。

有爱的能力的人，是独立的人，有自己独立的价值观，有自己的生活空间。有爱的能力的人不会排斥对方，是尊重他人、关心他人的人，他会尊重对方的选择，尊重对方的个人的隐私，尊重对方的发展。

保持爱情的长久，也同时要学习处理恋爱与学业、与其他人际交往的关系等，将爱情作为发展的动力。

另外，在稳固爱情关系方面还要注意以下五点。

1. 互守承诺

对于一个稳固的爱情来说，双方能够互守承诺，是爱情关系健康的重要标志。能够互守承诺，意味着双方愿意履行自己的诺言来满足对方的需要，也是双方能够互相信任的基础。而信任是爱情关系稳固的前提。

2. 积极沟通

如果观察众多幸福和稳固的婚姻，人们会发现，在这些家庭中，成员们都乐于表达自己的观点，即便是彼此对立的主张。这种积极互动的表现有利于在短时间内澄清彼此的误会，实现相互的安慰，形成对某件事情的共识。

3. 拥有足够的共处时间

在生活节奏越来越快的今天，很多人不得不为事业或其他的事情放弃与家人共聚的时间，而有的人则为了能和家人团聚而放下手边的工作。然而，对于爱情来说，足够的共处时间是保持幸福温度的柴火，没有了继续加热的基础，爱情的热度自然要下降。

4. 彼此关爱和赞美

无论是哪一种类型的爱情，男女之间的关照和欣赏都是必不可少的。彼此的关爱和照顾，促进了两人的依恋；而相互的赞美，可以让双方体验到自我的价值。谁不愿意生活在被关心、被欣赏的环境中呢？

5. 保持心灵的联络

拥有相似或相同的价值观和精神追求，是爱情关系稳固而且保持高质量的表现。很多人也想做出各种努力维系爱情，却又无力回天，其根源常常就在于二人没有在精神层面的共同建设。

三、大学生常见性心理困惑及其调适

大学生在性成熟的过程中，常常会有许多不适和困惑，特别是面对现代社会变迁中的种种性价值观和性观念，大学生们往往更是感到手足无措。

（一）性行为的偏差

1. 身体过分亲昵

男女大学生交往久了，彼此有一定感情，有时抑制不住内心的激情或冲动，发生拥抱、接吻或身体接触的动作，是可以理解的。但是，以身体的亲密代替心理的亲密，甚至以此代替爱情是不恰当的。过多的身体亲昵，会加剧性冲动，有时会使自己的行为失去控制。因此大学生对待恋爱中发生亲昵行为的态度应是严肃的。

2. 婚前性行为

对于婚前性行为，一些大学生认为只要双方愿意就可以发生，有的甚至相识不久就发生性关系，有的在校外租房同居。他们常常不能对自己的性冲动进行理性的控制，不能对自我和他人负起性行为后果的责任。

在对大学生婚前性行为的态度调查中，半数以上的学生认为婚前性行为是可以接受的。年轻的大学生们没有真正意识到自己还在读书，在没有工作、不能担负起独立的经济责任和社会责任的情况下，性行为对于自己的现在和将来究竟意味着什么。

有的女生因婚前性行为多次做人工流产，给身心带来了无可挽救的创伤；有的人手术后引起炎症，导致输卵管堵塞；有的人多次人流手术后，将来会导致终身不孕；过早的性生活和流产还会导致宫颈癌发病率大大提高。

（二）性心理困惑

1. 性别认同的困扰

对自己性别的认同是一个人性心理的重要表现。刘达临教授在对全国大学生的调查中发现，有一定比例的学生不喜欢自己的性别。其中，男大学生不喜欢自己性别的占 2.6%，女大学生不喜欢自己性别的占 15.6%，正好是男生的 6 倍。另一项关于大学生性心理的调查显示，90% 以上的男生对于自己的性别满意度较高，而有超过 1/4 的女生表示在可能的情况下愿意改变自己的性别。这一结果显然是由"重男轻女"的封建传统观念所致。事实上，无论是对男生还是对女生而言，这种性别自贱的心理都是不正常的，如果这种心理发展到严重的程度，就会对大学生的成才发展带来不利的影响。

2. 异性交往的紧张

与异性交往的心理从刚进入青春期时就开始萌发，对异性的兴趣—与异性交往的渴求—恋爱—结婚，这是一个人必然经历的生理、心理和社会行为的发展变化过程。"少男钟情，少女怀春"，这是青春期性心理的正常表现。大学生们与异性交往的愿望非常强烈，从全国大学生的调查情况来看，拥有和异性交往强烈愿望的人占 70.1%。但是由于传统的"男女授受不亲"性观念的影响，缺乏与异性交往的方法，许多人羞于与异性交往，常常拒异性于千里之外，在异性面前表现得非常紧张。人类社会就是异性社会，如果男女生之间"闭关自守""老死不相往来"，就只能造成心灵的扭曲和心理的畸形，至少会使人际关系冷漠和疏远，也会影响个人的长远发展。

3. 性幻想与性梦的疑惑

当青年大学生对与异性交往强烈的渴求不能实现时，性幻想就有可能发生。他们可以幻想出在日常生活中不能满足的与异性一起约会、接吻、拥抱、性交等性活动。这种性幻想可以导致生理上的性兴奋，偶尔也会出现性高潮。这在一定程度上可以缓解人的性需求。性幻想是一种普遍的心理现象。但是，性幻想不能过头，如果成天沉溺其中，甚至把幻想当成现实，那就会成为病态，就会有碍于人的健康成长。

性梦是人们通过梦的方式达到自己白天被社会规范限制的性冲动的满足，从而缓解性紧张的一种方式。性梦也是青少年性心理较为普遍的一种表现。一些大学生由于缺乏对性梦知识的了解，常为自己有过性梦经历而焦虑和自责，从而陷入了痛苦的自我冲突之中，甚至会产生轻生的念头。

4. 手淫焦虑

手淫是指用人为的方法（如手或物等）刺激自己的生殖器以取得性快感，获得性满足的行为。手淫又称性自慰行为，男青年几乎或多或少都有过手淫，女性手淫比例相对较少。

手淫是一种性冲动的发泄方式，一种性的补偿行为。但是大学生中有许多人对手淫持有不正当的态度和情感。调查发现很多大学生认为手淫伤身体，会导致阳痿、早泄、影响性功能；有的大学生认为手淫难为情、下流，甚至有罪恶感。因为"手淫有害"观念的影响，又由于手淫的普遍性，手淫成了困扰大学生的主要性心理问题之一。

事实上，适度手淫并不带来害处。一般说来，适度手淫不影响性功能，也不影响未来的生育功能。但是，这不意味着手淫是必须的，更不是说手淫可无度。过度手淫对身体也会造成一些不良影响。手淫的危害不在于手淫本身，而在于对手淫的担忧、恐惧、羞愧和罪恶感。"手淫有害"的思想使手淫的大学生容易悔恨、焦虑、自责、担忧。在这种负罪感压力下，许多大学生不敢抬头做人，使学习和生活受到极大影响。

5. 性骚扰的恐惧

常见的性骚扰有故意擦碰异性身体的某个部位，故意贴近异性，故意谈性的问题，用色情语言进行挑逗，用暧昧的目光打量别人，或强行要求发生性行为等。由于缺乏自卫心理，一些同学面对性骚扰时常常惊慌失措，恐惧万分，甚至长时间地自责，认为自己不"干净"，心理困扰长时间不能解脱。

（三）性心理障碍

通常指具有异常性行为的性障碍，这些人对正常的异性性生活没有欲望，却对病态的性行为具有强烈的欲望，且反复发生。有异常性行为的性心理障碍，特征是有变换自身性别的强烈欲望（性身份障碍）；采用与常人不同的异常性行为满足性欲（性偏好障碍）；不引起常人性兴奋的人物，对这些人有强烈的性兴奋作用（性指向障碍）。许多性心理障碍病人并没有突出的人格障碍，除了单一的性心理障碍导致他们表现出来的性行为与一般人的不相同之外，他们并没有其他的人格缺陷。因此目前都一致地叫作性心理障碍。性心理障碍的初发年龄多在青春期，在青少年中比较常见。大学校园中，也存在不少有性心理障碍的同学。

1. 异性装扮障碍

反复、强烈性渴求、性想象涉及异性装扮，并付诸行动，至少持续半年。绝大多数是异性恋者。而异性装扮癖患者是以此种行为模式来获得性满足。通常开始于 5 ~ 14 岁的年龄阶段，着异性装束并在此时往往还有手淫行为，并通过它加强性兴奋。大多数患者在性生活上没有困难，有的患者只表现为性欲低。少数患者穿着女装是为了获取舒畅感。

2. 恋物障碍

恋物障碍者通过接触异性穿戴或佩戴的物品，达到性的兴奋和满足，此类患者多见于男性。他们的眷恋物包括女人的内衣、内裤、胸罩、头巾、丝袜等，异性的头发、足趾、腿等也可能被归入其中。恋物障碍者为了得到他们想要的东西，有时会采用偷窃手段去获得。因此常常受到处罚，以至于被开除学籍。有的恋物障碍大学生平时品行良好，无流氓行为，因此他们和流氓罪犯、偷窃罪犯不同；患者发作前有明显的紧张性、焦虑性冲动，失去自控能力，事情过后有强烈的自责、悔恨以及改过的心理。只要积极配合医生，恋物癖行为有可能得到治疗。

3. 露阴障碍

露阴障碍是比较常见的一种性变态心理，也是大学生性犯罪中最普通的一种类型，主要表现是反复、强烈的，涉及在异性生人面前暴露本人性器官的性渴求和性想象，并付诸行动，一般至少持续半年，大多数发生于青年早期，多见于男生。他们常常出没于昏暗的街道、校园的僻静处，当遇到女性时便解衣暴露生殖器，或当异性面手淫，从女性的恐慌害怕或惊叫厌恶的反应中获得性欲的满足。这种人一般不会对他人造成人身伤害。露阴障碍的受害者一般是女性。她们没有经验，受到惊吓后，产生恐慌和厌恶的情绪，可能会影响她们对男性的看法以及未来的婚姻生活。如果女大学生能正确认识露阴癖者，在遇到这种情况时，不过度反应，使其自觉无趣、无地自容，就可保护自己不受伤害。

4. 窥阴障碍

窥阴障碍是指以窥视异性的裸体或性生活来获得性快感或性满足的行为，常见于男性中。窥阴癖者常常在夜晚潜于窗外或站于高台之上（阳台、树杈上）偷看女子洗澡、或窥视女厕所。发生时一般头脑理智，但很难控制自己。如果想要改正，需要极强的自控能力。

此外，还有恋童障碍、性施虐障碍、性受虐障碍等。长期以来，人们对性变态讳如莫深，视其为道德品行问题，用舆论和法律手段去制裁。实际上，性变态是心理异常，虽不属心理卫生范畴，但是每一个大学生都应该了解、掌握这方面的知识，以便去帮助性变态者，净化性的环境。

（四）维护大学生性心理健康的途径

1. 掌握科学的性知识

性是一门综合性的科学。它包括性生理学、性心理学、性社会学、性伦理学、性美学等。性生理学从生理解剖学和遗传学上揭示了两性在生理构造上的区别，性器官的功能及性本能的产生，揭示了性的产生、发展和成熟的规律，学习性生理学可以使人们去掉性禁忌，减少性神秘感，降低性压抑。性心理学包括性欲和性爱心理，性别角色心理，恋爱婚姻心理及性变态心理等，能够帮助人们了解自己性心理的发展，以理智克服冲动。性社会学揭示了性行为的社会属性，强调人要对自己生物的性进行控制，使其符合社会规范的需要，以促进个人身心健康发展和社会的安定繁荣。性美学可以使大学生们了解如何使个人的性行为符合审美需要。因此，大学生们应当努力学习和掌握性科学知识，避免性无知，消除把性仅仅看作是生物本能的片面认识。

2. 拥有良好的性道德教育

首先学会完善"自我"，使个人既不受他人损害，也不去损害他人，应当自尊和尊重他人，对自己的行为负责。

其次理解爱情是人类性爱的基本内容和崇高感情，性不是爱情的试金石，也不是纯本能的力量。性行为不应是以他人的牺牲来满足自己的私欲，要反对性的自私和滥用。明白性除了生育的需要，还包括情感、精神、价值观、文化等一系列丰富的内容。

最后了解两性之间正常的友谊、爱情和男女双方结婚后对家庭生活的责任，为将来做夫妻和当父母做好准备。一夫一妻制婚姻的维持是基本的道德观，非婚性关系、性的商品化、色情文化等，是我们坚决反对的。

3. 培养健康人格

性是人格的完成。性不仅仅决定于生物本能，而且一个人对待性的态度也反映了一个人人格的成熟与否。人自身的尊严感和对他人是否尊重，都会在两性关系中充分体现出来。

（1）性别自我认同

性别角色意识是一个人社会化成熟与否的重要体现，是心理健康的重要标志。世界是两性的和谐统一。男性和女性在生理和心理上各有自己的特点，各有自己的性别魅力。无论男生或女生，都应当接纳自己的外貌和生理特征的现状。

（2）性行为要对他人负责

每一个成熟的大学生都应当了解个人性行为给他人、自我和社会带来的后果，因此要尊重他人，尊重自我，对自我的行为负起责任来。大学生要增强自己的性道德和性法律意识，用道德和法律规范自己的性行为。

在发生性行为前，请你问自己以下问题：

· 我真正了解对方吗？

· 是出于自己的需要还是出于对方的压力？

· 如果我一定要与对方发生性关系，那么我打算采取什么避孕措施？

· 在发生关系后，我是否还能承受得起自尊或是来自感情的风险？

· 环境是舒适、安静、隐蔽的吗？有安全感吗？

· 我是放松的、愉悦的且有思想准备的吗？

· 我是想以性关系来维持双方感情吗？

· 我了解事后避孕的措施吗？

· 如果怀孕了怎么办？

（3）坚强的意志品质

大学生自我控制性心理能力的大小，在一定意义上是由个人意志品质的强弱决定的。意志作为达到既定目的而自觉、努力行动的一种心理状态，具有发动和抑制行为的作用。为了自己长远的幸福和个人的发展，应当努力培养自己良好的意志品质。

4. 积极自我调节

每一个大学生都应该懂得，任何一个人都应该尊重他人的存在价值，每个人都应该以希望他人如何对待自己的方式去对待他人，每个人发展自尊与自重都应该建立在良好的人格标准基础之上，即责任心、诚实、善良，并对自己的道德能力有信心。性欲是正常的和健康的，而且性欲是可以控制的。

（1）有效缓解性冲动

对于性冲动，除了给以适度控制外，还可以采取一些积极的、富于建设性的、符合社会规范的方式来取代或转移性欲。通过学习性生理和性心理的有关知识，在专注学习的同时培养广泛的兴趣和爱好，积极参加各种活动，养成健康的、有规律的生活习惯，养成良好的卫生习惯，以及男女正常交往等多种合理途径，陶冶个人情操。大学生们要尽量避免影视、报刊、网络上过强的性信息刺激，抵制黄色书刊的不健康影响，把性压抑带来的消极影响降到最低。

（2）克服手淫、性幻想和性梦的困扰

要通过性知识的学习，克服手淫引起的心理困扰。手淫是一种自然的、正常的性行为，手淫是对性冲动的缓解。因此，大学生们不必因为手淫而自责。但是，过分沉溺于手淫，只靠频繁的手淫来缓解性紧张是不健康的表现，应当通过丰富多彩的精神生活和恰当的异性交往来平衡自己的性心理。性幻想和性梦是青年期较为普遍的心理现象。因此，对于性幻想和性梦不必担心。青年人应当通过追求高层次的需要，来缓解自己的性心理，减少性幻想和性梦。

（3）正确把握异性交往

文明适度地进行异性交往，可以满足青年期性心理的需求，缓解性压抑。异性交往有益于完善自我，对个人的恋爱、婚姻及个人的成才、发展具有重要的作用。但大学生们在与异性交往时要把握分寸，注意场合，规范行为，处理好"友情"与"恋爱"的关系。

5. 勇敢面对性骚扰

首先，大学生应当维护自己自尊、自重、自爱的自我形象，做到举止大方、行为得体、作风正派、衣着打扮不轻浮。其次，大学生应当学会自我保护。女生尽量晚上不要单独外出，更不要单独在男性家中或住所长时间停留。面对异性的非分要求，不要畏惧，要勇敢地说"不"。要以严厉的态度制止和反抗性骚扰，必要时可向别人呼救，或向公安部门寻求帮助。没有人能强迫我们做自己不愿意做的事情，两性关系也不例外。对于性骚扰事件的经历，不要过分恐惧和自责，因为你是无辜受害，谁也无法避免遇到突如其来的意外骚扰事件。为了更快地摆脱心理困扰，可以同父母、老师、知心朋友宣泄自己的情绪，也可以寻求心理咨询师的帮助。

6. 主动寻求心理帮助

当上述做法都无法排遣心中的困惑时，心理咨询无疑成了最为有效的一种途径。在心理咨询过程中，性不再是一个难以启齿的问题，同学们可以尽情地宣泄心中的郁闷。事实上，现在很多高校都建立了心理咨询中心。当满腹疑虑的你来到心理咨询中心的门前时，你可知道，你打开的并不仅仅是一扇普通的门，它是一扇通往心灵的门！

7. 学会性病、艾滋病的预防方法

近年来，我国青年学生艾滋病感染比率上升明显，高校的学生感染人数明显增加。大学生应当做好以下六点保护自己。

（1）确保安全性行为

艾滋病可以通过性行为传播，发生性行为时一定要采取防护措施，安全套不仅可以防止怀孕，对于性病和艾滋病的预防也有很大作用。安全性行为的首要方式就是使用安全套。另外，大学生应该提高防范意识，不涉足色情场所、不轻率尝试"一夜情"，任何时刻都应有保护自己的意识。

（2）注意输血安全

不到不正规的地方献血，不用未经消毒处理的任何医用器械，不用未消毒的器具穿耳孔、文身或者美容等。

（3）拒绝毒品

吸毒是传播艾滋病的又一个途径，很多吸毒者共用吸管或者针管，容易造成艾滋病毒的传播。

(4) 要人格健康

大学生们应当不断完善自己的人格，学会自尊、自爱和自信，拥有积极进取的人生态度和健康的生活方式，同时也能尊重他人的人格，遵守性道德，有效地控制自己的性行为，对自己、他人和社会负责任。

(5) 要洁身自爱

在大学生中大力倡导性纯洁教育，减少婚前性行为的发生，这不仅可以有效地预防性病、艾滋病的传播，而且也能使人们享受到真正的性爱。同时，大学生应当拒绝各种媒体中的性污染，减少不良的性刺激。

(6) 要加强预防宣传

世界卫生组织于 1988 年首先倡导在全世界开展"世界艾滋病日"活动，并将每年的 12 月 1 日定为"世界艾滋病日"。在这几年中，"青少年"一直都是艾滋病的主题，这一方面体现了世界对青少年关注的程度，另一方面也反应出艾滋病对青少年威胁的严重程度。性健康是一个民族兴衰的大事，普及宣传性病、艾滋病预防知识，使青少年了解性病、艾滋病的传播是预防性传播疾病的重要工作。同时，宣传教育也是为了建立一种正确对待性传播疾病的态度。要防止对艾滋病人产生恐惧和歧视心理，大学生们应当积极参与预防性病、艾滋病的宣传教育活动。

【知识链接】

奥地利精神分析学家弗洛伊德（S. Freud）认为，人的性能力是与生俱来的。在人的成长过程中，性本能对心理发展产生了重要影响。他把性欲和心理的发展分为五个阶段。

口欲期（0~1.5 岁）婴儿从吮吸、吞咽、咬合发声中得到性的快感和满足，这是本我的表现。人出生后所做出的一切活动都是为了寻求快乐，而吸吮行为是最能使幼儿感到快乐的行为，吸吮行为满足了口唇性感区的要求，使幼儿得到一种愉快体验。弗洛伊德认为，在口欲期固着就会产生口唇性格，这种性格的人在成年后，习惯于与口腔有关的生活，如他们一般吃得多，吸烟多，通常花费更多的时间与别人讲话，他们可能成为政治家、教授、长舌妇、律师、演员等。弗洛伊德认为固着和倒退是性本能在人格发展时的必然表现，由于这种表现不同，便形成了不同的人格特征。

肛欲期（1.5~3 岁）幼儿由排泄中得到快感和满足，幼儿通过排便训练逐渐学会延缓生物机能的满足，并追求生物机能以外的乐趣，自我开始发展，并逐渐把本我置于控制之下。在父母训练孩子排便时，孩子往往和父母形成一种对抗性情绪，他们通过保持和驱逐来对抗父母，他们的反抗主要通过在适当的时机禁止排便，而在不适当时机进行排便这一方式进行，试图以此来控制他人。弗洛伊德认为，在肛欲期产生固着，就会形成肛门性格，如父母阻碍了肛门性欲的满足，特别是由于如厕训练而产生的固着，就会产生肛门定向。肛门性格分为两类；一类是肛门保护型，此类型的人一般表现为整洁、小气、做事有条理；另一类是肛门驱逐型，此类型的人一般表现为不整洁、大方、做事缺乏条理。

性器期（3～5岁）儿童开始注意男女差别，产生对性的好奇心，主要是对外生殖器的注意，超我迅速发展。由于此时男女的生理特征不同，便产生了两种不同的人格特征：第一，男性性器阶段。这时男孩认为，母亲是自己快乐的目标，因此就想得到母亲，以得到性欲的满足，而且认为女性是快乐的源泉。但当他看到父亲与母亲的关系时，他又产生了对父亲的嫉妒和敌对情绪，这就是弗洛伊德所谓的"俄狄浦斯情结"或"恋母情结"。第二，女性性器阶段。与男孩子相对应，在此阶段女孩也会产生一种现象，即"厄勒克特拉情结"或"恋父情结"。在性器期之前，男女几乎是没有区别的，但女孩子从女性性器得到快乐，并且与其母亲联系起来，到了后来，她的引力从母亲转移到父亲。弗洛伊德认为，在性器期如果出现固着，就会出现不同的人格特征，形成性器型性格。性器型的男人往往做事不考虑后果，而且非常自信，过高地评价自己性器的价值，并力求证明他是一个真正的男子汉，因此他们常常自负、自夸。性器型的女人，会出现"受阻性"综合症，她们力求在多方面都优于男子，并且去寻找典型的男性职业，且她们对谴责、诋毁男人很感兴趣。

潜伏期（5～12岁）在此阶段几乎没有明显的性发展表现，此阶段时间很长，几乎是前三个阶段总和的两倍。弗洛伊德认为此阶段在儿童的个性形成中是极为重要的。此阶段最突出的特征是儿童失去了对与性相联系的活动的兴趣，把他们的能量集中在其他的事情上，如学校里的功课学习上，良好的习惯形成上，他们把自己局限于全部是女性或全部是男性的群体里，男女孩分别只与同性为伍，他们都尽量避免性的表现。正是如此，弗洛伊德才把它称为"潜伏期"。因为性在此时暂隐没了。在性器期十分活跃的幼儿性欲在此阶段潜伏下去。

生殖期（12岁以后）弗洛伊德把口唇、肛门、性器三个阶段称为前性阶段，在此阶段，性活动是由自发性欲所引起的，孩子们一直追求的是肉体的愉快。在潜伏期之后即青春期，产生了第二次性欲的冲动，这种生理的压力使孩子感到了这种冲动的作用，弗洛伊德认为此时的性本能通过性高潮而得以满足，而且力比多开始投射于所爱的事业上，人们开始产生了性爱。这时，性本能因对更有价值的目标的追求而减弱了自己的紧张。但此方式仍受下意识的本能所控制。如其他的创造性活动和社会活动也都有无意识的根源。

弗洛伊德非常强调"性"的发展和人的心理、人格发展的密切关系。虽然性生理成熟以前与以后所出现的对性的关心及其行为的意义有很大区别，但他的研究促使人们重视儿童性心理发展、重视幼年性经历对一个人的性心理乃至整个人格发展的影响。

【管窥之见】

世间上最美好的爱恋，是为一个人付出时的勇敢，即使被伤得体无完肤，也无怨无悔。世界上没有一段感情不是千疮百孔。每段感情开始的时候都有他存在的理由，结束时也有他结束的必然。

【心理训练】

【心理微课】（请使用"知到 app"进行扫描学习）

什么是爱情	斯腾柏格的"爱情三元论"	喜欢与爱的区别	恋爱心理的发展过程及特点
恋爱对成长的意义	男女生恋爱期的心理的差异	大学生的择偶观	恋爱中的常见心理现象
恋爱的常见困惑	恋爱困惑的调适	大学生常见性问题	大学生性问题的调适

【推荐读物】

1. 刘爽. 每天懂点爱情心理学［M］. 哈尔滨黑龙江科学技术出版社，2011.

2. 杨冰阳. 完美关系的秘密［M］. 北京：中信出版社，2014.

3. 秦泉. 怎样与异性交往——婚恋心理学［M］. 汕头：汕头大学出版社，2014.

4. 约翰·格雷. 男人来自火旦，女人来自金星［M］. 长春：吉林文史出版社，2006.

【学习与思考】

1. 如何正确面对恋爱中的心理困惑？

2. 大学生恋爱的常见心理问题有哪些？

3. 大学生如何面对失恋？

第七章　情绪调控
——大学生情绪管理

任何时候，一个人都不应该做自己情绪的奴隶，不应该使一切行动都受制于自己的情绪，而应该反过来控制情绪。无论境况多么糟糕，你应该努力去支配你的环境，把自己从黑暗中拯救出来。

——罗伯·怀特

【学习目标】

知识目标：理解情绪的概念；了解情绪的构成；明白情绪的作用。

能力目标：能识别常见的情绪困扰，掌握调节情绪和管理情绪的策略。

情感与价值观目标：通过情绪认识自我、完善自我，学会从生活中寻求乐趣，对生活充满希望。

【本章重点】

1. 情绪对我们的作用及影响。

2. 常见的情绪困扰及成因。

3. 情绪的管理与调适方法。

【思维导图】

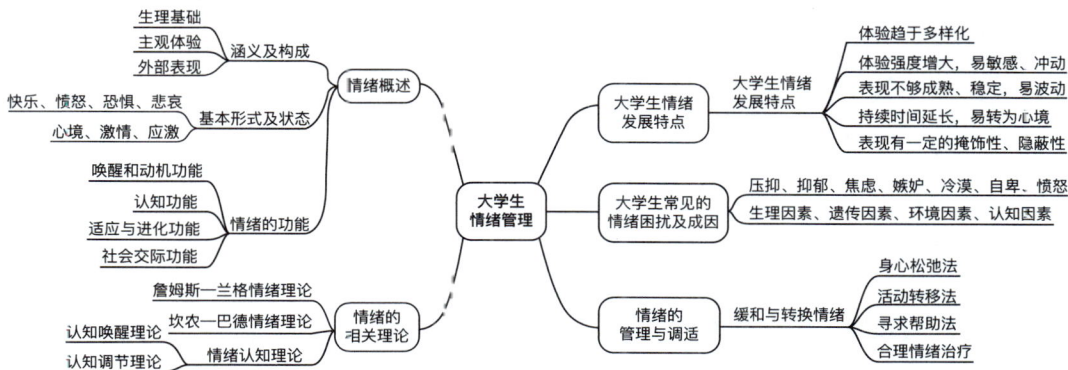

　　情绪是内心世界的晴雨表。情绪和情感是人对客观事物的态度体验及相应的行为反应。人都有情绪体验，情绪也许是人类意识的最微妙而又最重要的心理功能之一，人们通过认识活动，了解到世界的纷繁复杂，如果没有情绪，人们便不能对多姿多彩的世界产生丰富的体验。

　　大学生正处于青年期，情绪波动较大，情感体验复杂而丰富，经常会面临着各种各样的情绪困扰。对大学生情绪心理的正确认识与疏导，对其学习、生活将很有裨益。

第一节　情绪概述

　　大学生的身心健康离不开良好情绪的发展，其学习生活、交往和实践也都与情绪密切相关。良好的情绪状态会使人感到生活愉快，交往顺利，反之则会大大影响学习、生活。然而大学时期又恰恰是一个人的情感体验日趋成熟、稳定的关键时期，所以，了解这一时期情绪发展的特点和规律，避免不良情绪的产生，学会有效调节、管理情绪的途径和方法，培养自己健康、积极的情绪品质非常重要。

一、情绪的涵义

　　人们所想、所说、所做的每一件事情，无不包含着情绪的成分。一方面情绪让人们尽情地享受生活，从某种意义上讲，人为了情绪体验而活着，很难想象没有情感的生活是怎样的；另一方面，生活的情绪又让人倍受煎熬，无论年龄，性别，身份和地位如何，每个人都曾经受过情感的折磨。至今，心理学家、生理学家、社会学家们对于情绪的内涵，都有着不同的看法，因为情绪本身包含着不同的层面，从生理的唤醒，内心体验到外部表现，大家强调的重点不一。

　　情绪是指一个人对客观事物是否符合自己的需要而产生的主观态度体验，也就是我们通常所说的喜怒哀乐等内心体验。人生活在社会中，必然要和周围的客观事物发生关联，不同的事物对于人也会有不同的意义，因此人也会对它们持有不同的态度。有些事物让人高兴和愉快，有些让人忧愁和悲伤，有些让人气愤和厌恶，还有些则让人尴尬、紧张和不安。

　　情绪是由客观事物引起的，但是客观事物本身并不直接决定我们的情绪和感受，它是以需要为中介的。符合我们需要的客观事物，就会引起积极、肯定的情绪体验，如考试取得了好成绩，生活中遇到了志同道合的好朋友等；不符合我们需要或妨碍需要满足的客观事物就会引起消极、否定的情绪体验，如学习跟不上，遇上不公平的事情等。而那些与我们的需要没有直接关系的客观事物，则属于中性刺激，一般不引起我们的情绪体验。由于我们的需要各不相同所以对同一个客观事物，我们会有不同的情绪体验。

二、情绪的构成

　　情绪由三个要素构成，即生理基础、主观体验和外部表现形式。

（一）情绪的生理基础

　　生理学和心理学研究表明，中枢神经系统对情绪起着调节和整合作用。在不同的情绪状态下，人的神经、呼吸、消化、内分泌等系统都会发生变化，如人在焦虑状态下，会呼吸急促、心跳加快；人在愤怒的时候，会出现汗腺的分泌增加、面红耳赤等生理特征。这些变化往往不是人的意识所能控制的。

（二）情绪的主观体验

情绪的主观体验是指人在主观上感觉到知觉到的情绪状态。不同的情绪都具有独特的主观体验色彩，如人受到伤害时会感到痛苦；当自己的需要得到满足时会感到愉快；面临危险时会感到恐惧；被欺辱时会感到愤怒等。

（三）情绪的外部表现形式

情绪不仅体现在生理上的反应和内心的体验，还投射在人的表情、语态和行为动作中。情绪表达又叫表情，是指个体情绪情感的外在表现，它包括了面部表情、语言表情和身体姿态表情。人们往往根据他人的表情来判断其内心的情绪体验。表情动作提供的线索是十分明显的，而且连手势、眼神、视线、语音、语调等方面的细微变化，都能真切地反映出个体内心的情绪以及情感状态。例如我们开心时，会表现出开怀大笑、扬眉得意、手舞足蹈。而在心难过时，我们的表情可能会是两眼无神、目光呆滞。语态表情主要是表现在语言的声调、音色和节奏的快慢等方面的变化。如人在悲伤时语调低沉、言语缓慢、语言断断续续；兴奋时语调高昂、语速加快。各种情绪的表现在不同的个体身上存在着一定的差异，因此情绪的表现形式带有明显的个性特征。

【知识链接】

在情绪管理中，我们常常说情商高的人，更容易读懂别人的情绪所表达的含义，而这里所指的就是情绪识别。情绪识别，实际上并非针对表情本身，而是针对表情背后的意义。例如，皱眉是一种情绪表达，我们见到这种面部表情，就试图解释他的情绪内涵；尖锐、短促嘶哑的声音是一种情绪表达，我们听到这种声音表情，就想识别这是何种情绪的反应；捶胸顿足是一种姿态情绪的表达，我们见到这种动作表情就会推断这究竟是悲痛、自责，还是愤怒的表现。

三、情绪的功能

情绪是什么？情绪是人对客观事物的体验，是主观对客观的一种感受。有这么一首小诗：

你要是心情愉快，健康就会常在；

你要是心境开朗，眼前就是一片明亮；

你要是经常知足，就会感到幸福；

你要是不计较名列，就会感到一切如意。

这就是情绪向我们展示的一个道理。如果我们能有一份好心情，提高适应环境的能力，保持乐观向上的精神状态，使自己进入洒脱、豁达的境界，那就掌握了生命的主动权。

（一）唤醒和动机功能

"情绪"一词源自拉丁语动词"行动"，意指采取趋利避害的行动。观察动物或儿童的举止，最容易看出情绪与行动的关系。也就是说，情绪与动机的关系十分密切，主要体现在激励性和指向性两个方面。

1. 情绪具有激励作用

情绪能够以一种与生理生动机或社会性动机相同的方式激发和引导行为。例如，有时我们努力去做某件事，只是因为这件事能够给我们带来愉快与喜悦。

2. 情绪具有指向作用

情绪的表达能够直接反映个体内在动机的强度与方向，所以，情绪也被视为动机分析的指标，即对动机的认识可以通过对情绪的辨别与分析来实现。比如，当面临危险时，有的人头脑清晰，沉着冷静地离开；而有些人则惊慌失措，浑身发抖，不能有效地逃离现场。

（二）认知功能

情绪对认知功能的影响，表现在你的注意、你对自我和他人的知觉以及你解释和记忆各种生活情景的特征上，具体表现为心境一致性效应和情绪依赖性记忆。研究表明，不同性质和不同强度的情绪，起着不同程度地组织或瓦解认知活动的作用。

1. 促进功能

良好的情绪会提高大脑活动的效率，提高认知操作的速度与质量。耶尔克斯—多德森定律（the Yerks – Dodson law）就充分说明了情绪与认知操作的关系：不同情绪的水平与不同难度的操作任务有相关关系。

①在困难复杂的工作中，低水平的情绪有助于保持最佳的操作效果；

②在中等难度的任务中，中等情绪水平是最佳操作效果的条件；

③在简单工作中，高情绪唤醒水平是保证工作效率的条件。

2. 瓦解作用

一些消极情绪如恐惧、悲哀、愤怒等，会干扰认知功能；而且，恐惧情绪越强，对认知操作的破坏就越大。因此，情绪对认知操作的消极影响主要体现在不良情绪对认知活动功能的瓦解上。

进化生物学家认为，恐惧是人类进化过程中遗留下来的一种原始情绪，它能促使我们远离危险，但过度的恐惧也会破坏我们正常的认知活动。

（三）适应与进化功能

适应是达尔文进化论的一个基本概念，生物必须适应环境才能生存和延续，不能适应环境则被自然淘汰。从这个角度上讲，人类的情绪必然具有适应价值，即人类的情绪能够使我们更好的生存和发展，无论是恐惧还是喜悦。人类婴儿的情绪反应从出生那一刻起就存在，婴儿的情绪反应是人类第一个有效的心理适应工具，情绪自产生之日便成为适应和生存的工具。无论是儿童还是成人，他们都通过快乐表示情况良好，通过痛苦表示急需改善不良环境，通过悲伤和忧郁，表示无奈和无助，通过愤怒表示即将进行反抗的主动倾向。

（四）社会交际功能

和语言一样，情绪具有服务于社会交际的功能，通过独特的非语言信号的手段来实现信息的传递和人际间的相互了解。具体而言，情绪的社会交际功能，包括了情绪对行为的调节作用和传递信息的功能。一方面，情绪对人的行为有调节作用，例如和某人在一起常常体验到痛苦，就会想远离此人，某事与痛苦相行就让人不愿意继续做此事。又之，伴随愉快让人充满热情。情绪的调节功能是适应功能的延伸，如果一个人对不良环境不觉痛苦、不去摆脱，或者对于好的环境不觉愉悦、不去追随，也是社会适应不良的表现。另一方面，情绪具有传递信息的社会功能。心理学家研究发现，在日常生活中55%的信息靠非语言表情传递，38%的信息靠语言表情传递，只有7%的信息靠语言传递。同时表情是比语言产生更早的心理现象，在婴儿不会说话之前，主要是靠表情来与他人交流。例如婴儿从一岁左右开始，当面临陌生不确定的情景时，往往会从成人面孔上搜寻表情信息，然后才采取行动趋近或退缩，这一现象被称为情绪的社会性参照作用。情绪的参照作用，有助于促进儿童探索新环境，扩大活动范围和发展智力。情绪的功能是保障人际关系与社会和谐的规则，许多情绪都具有调控群体间互动的功能。

四、情绪的相关理论

（一）詹姆斯—兰格情绪理论

威廉·詹姆斯（Wiliam James）是心理学早期功能主义的建立者，他不同意上述常识理论的观点。他相信情绪成分的发生顺序是不同的。几乎同时，丹麦的一位生理和心理学家卡尔·兰格（Carl Lange）也提出了与詹姆斯相似的情绪解释，于是人们用他们的名字一起命名这个理论，即詹姆斯—兰格情绪理论。在这个理论中，某种刺激（如一只咆哮的狗）激发了生理反应。詹姆斯和兰格认为，生理唤醒导致了某种情绪标签（恐惧）。简单地说，"我被唤醒了，所以恐惧""我的脸红了，所以我很窘迫""我的胃在颤动，所以我紧张""看他的时候，我的心跳加快了，所以我喜欢他"。

那些脊髓受损使得交感神经系统无法正常工作的人们又怎样呢？虽然按照詹姆斯—兰格情绪理论，这些人应该展现出较弱的情绪反应，毕竟于他们而言引发情绪的唤醒不存在了，但是事实并非如此。一些关于脊髓损伤患者的研究报告显示，这些人在受伤后可以产生与受伤前同等甚至更强烈的情绪反应。

（二）坎农—巴德情绪理论

生理学家艾尔特·坎农（Walter Cannoon）和菲利普·巴德（Phitip Bard）认为，情绪和生理唤醒几乎同时发生。坎农是交感神经系统方面的专家，他认为被不同情绪唤醒的生理反应区别不大，并不能被明确区分为不同的情绪。巴德发展了这个观点，他认为进入大脑的感觉信息是同时传入（通过丘脑）大脑皮层和交感神经系统的相应器官的。因此，恐惧和身体反应是同时经历的，而非一前一后。"我害怕，同时有生理唤醒并逃走了！"

这就是著名的坎农—巴德情绪理论，卡尔·莱什利（Karl Lashley）认为，丘脑必须足够精细复杂，才能理解所有可能的人类情绪，并将它们传递到大脑皮层和身体的特定区域。似乎大脑的其他区域也必须参与到情绪反应过程之中。对脊髓损伤被试的研究表明，情绪能够在脱离受交感神经支配的器官给大脑皮层的反馈的情况下被感知，这也被作为批判詹姆斯—兰格情绪理论的证据，最初还支持了坎农—巴德情绪理论：人们不需要从那些器官得到反馈来感受情绪。但是，有其他可选的路径提供了从这些器官到皮层的反馈，比如脑神经之一的迷走神经，这个反馈通路的存在削弱了坎农—巴德理论的可信度。

（三）情绪的认知理论

1. 认知唤醒理论

斯坦利·沙赫特（Stanley Schachter）和辛格（J. E. Singer）在他们的认知唤醒理论（双因素理论）中提出，情绪发生之前必定会发生两件事：生理唤醒和基于周围环境线索的唤醒标签。这两件事同时发生，形成了情绪的标签。

例如，一个人在散步时遇到一只咆哮的狗，此时身体唤醒（心跳加速，睁大眼睛）伴随着这一定是恐惧的想法（认知）。只有这样，他才会体验到恐惧情绪。换言之："我是在一只吓人的狗面前被唤醒的，因此，我必须害怕。"

2. 拉扎勒斯和认知调节理论

理查德·拉扎勒斯（Richard Lazarus）的认知调节理论指出，任何情绪经历最重要的部分都是人们如何解释或评价这个引起情绪的刺激。调节意味着"介于两者之间"，在这一理论中，认知评估通过介入刺激和对刺激的情绪反应来进行调节。

仍以那个半路遇见恶犬的人为例，根据拉扎勒斯的理论，对情况的评估先于生理唤醒和情绪体验。如果狗被关在围栏中，评估的结果可能是"没有威胁"，最可能的情绪是烦躁，生理唤醒也会很轻微。如果狗没有被关起来，评价的结果可能是"危险的动物"，随之而来的是生理唤醒和恐惧的情绪体验。换言之，是对唤醒的解释导致了恐惧的情绪，解释是第一位的，而非沙赫特—辛格理论中的标签。

【管窥之见】

情绪既是主观感受，又是客观生理反应，具有目的性。情绪也是一种社会表达，是多元的、复杂的综合事件的态度反映。

【心理实验】

愤怒和快乐的人

1962 年，沙赫特和辛格设计了一个实验来验证他们的理论，即情绪是由生理唤醒和唤醒标签（或认知解释）共同决定的。男性被试需要回答一份对某种新型维生素的反应的问卷。事实上，他们被注射的肾上腺素能引起一系列的生理反应，如心率加快、呼吸急促、面色绯红——所有强烈的情绪反应都会有这些生理反应。

然后每名被试在两种实验条件中选择其一。在一种实验条件下，一名伪装成被试的实验者开始抱怨实验者，撕掉问卷后，怒气冲冲地走了。在另一种实验条件下，一名伪装的实验者则表现得非常高兴，几乎是到了忘乎所以的程度，把玩屋里的一些东西。作为实验的一部分，"愤怒"的人和"快乐"的人是两种条件下的可操纵部分。

实验结束以后，两类被试被要求描述自己的情绪。看见了"愤怒"的人的被试将他们的唤醒解释为生气，但是看见了"快乐"的人的被试将他们的唤醒解释为快乐。实际上，唤醒的真实原因是肾上腺素，而唤醒的身体症状是一样的。唯一的不同是，两组被试处于不同的实验环境。沙赫特和辛格的理论准确地预测了结果：生理唤醒在作为某种情绪被经历以前必须要有认知的解释。

尽管这一经典实验激发了大量的研究，但大部分研究并没有为情绪的认知唤醒理论找到更多确实的证据。不过这个理论确实引起了人们对认知在决定情绪上所起的重要作用的注意。

第二节　大学生情绪发展特点及其表现

一、大学生情绪发展的特点

大学阶段是青年人的情绪充分发展的时期。在此阶段，大学生开始思索人生的意义、形成对待生活的态度、学习对自己的行为负责、有意识地锻炼自己各方面的能力，相伴随的是其情绪发展日趋丰富多彩、跌宕起伏，有着不同于其他阶段的特点，归纳如下。

（一）情绪体验趋于多样化，内容丰富多彩

由于大学生在大学校园生活的丰富多彩和自我意识的不断发展，大学生在以前学习生活的基础上产生了各种新的需要，并且各种需要的强度也逐渐增大，如求知、审美、交往的需要，被人认可，自我表现的需要，归属与爱的需要等，都因其年龄特点而表现得十分积极和强烈。尤其是在学习和交往中对自我认识的态度体验，自尊、自信、自负、自卑往往混淆在一起，对友谊和爱情的追求既渴望又害怕，这些微妙感受极大地丰富了大学生的情绪体验。

（二）情绪体验的强度增大，易敏感、冲动

大学生精力充沛、朝气蓬勃，做事热情认真，但容易感情用事，好激动。其情绪世界强烈、复杂，会"感时花溅泪，恨别鸟惊心"。但同时，他们遇到挫折时失败的体验也一样强烈，有时甚至会有伤害他人或自杀的冲动行为。

（三）情绪表现不够成熟、稳定，易波动起伏

大学生的情绪体验往往强烈但不够成熟，来得快，去得也快，情境性很强，时而豪

情万丈，勇往直前，时而灰心丧气。而且比较敏感，往往因为一件很小的事情，甚至别人的一句话、一个眼神，就产生了心情的变化。这种起伏不定的特点，很容易给大学生带来心理上的困扰，甚至影响其个性发展，需要及时给予引导和帮助。

（四）情绪的持续时间延长，易转为心境

大学生在情绪的持续时间上相比中学生要长，情绪一旦被激起，往往会弥散化，渐渐转化为心境。如一次考试的成功可能会带来积极乐观的心境，使之看见什么都愉快，做什么事都有劲，对自己的未来充满信心；一次同学间的矛盾或误会也可能形成消极悲观的心境，令其看谁都不顺眼，觉得谁都不可信，内心充满孤独和失落；另外，面对学习的压力、考试的竞争，大学生还很容易形成紧张、焦虑的心境，天天争分夺秒地学习，恐怕落在别的同学后面，但往往因为压力过大导致学习效率不高，成绩不理想，由此心理更加不安焦虑，形成恶性循环。心境对大学生的学习、生活、健康的影响很大，大学生应尽量使自己处于良好心境，学会摆脱不良心境。

（五）情绪的自我控制能力增强，情绪表现有一定的掩饰性、隐蔽性

大学生虽然与成人相比情绪表现还是比较简单直白，但是与儿童、少年相比，自我控制力有了提高，开始具有一定的掩饰性、内隐性。除了对知心朋友，他们往往不肯轻易地袒露心扉，甚至有时会故意掩饰自己的真实情感，外在表现与内心体验并不一致。如明明某人的所作所为让自己非常恼火，可又不想得罪对方或不知该怎样合理地表达不满，就拼命压抑自己，假装毫不在乎；明明对某异性有好感，却又偏偏装出不理不睬的态度。大学生的这一特点是情绪自我调节、自我控制能力增强的表现，是适应社会能力得以提高的表现，具有一定的积极意义，但同时由于不会合理表达情绪，有些大学生往往过于压抑自己，长期如此，对心理健康的影响也是不利的。

二、情绪的基本形式及状态

（一）情绪的四种基本形式

心理学家认为，情绪只存在几种基本的情绪，其他情绪都是从基本情绪中分化出来的。但对于基本情绪，心理学家们的观点也各不一样。行为主义者华生认为，情绪就像色彩一样，也有基础色，情绪的基础色即是基本的情绪，与生俱来并不需要通过外界学习，它包括恐惧、愤怒和爱。华生分别称之为 XYZ 反应，其中 X 反应是指恐惧，例如婴儿的支撑物突然被移开了，或者是大声说话、突如其来的声音，又或是在婴儿刚刚入睡或醒来时受到温和但突然的刺激，X 的典型表现就是：屏息、抓手、闭眼、皱唇和哭喊。Y 反应是指愤怒，由"阻碍婴儿的活动"引起，其表现包括了哭泣、尖叫、身体僵硬和双手乱动；Z 反应是代表了爱，包括任何温暖的抚摸，外表表现会有微笑、咯咯地笑和窃窃私语。华生认为，上述每种反应的形式都是与生俱来的。现代心理学把快乐、悲伤、恐惧、愤怒看作是单纯的情绪，称为基本情绪或原始情绪。

1. 快乐

快乐是指盼望的目的达到，紧张解除之后出现的情绪体验，其程度取决于愿望的满

足和意外的程度。

2. 愤怒

愤怒是由于目的和愿望不能达到，或者是目标一再受到阻碍，逐渐积累而成的情绪体验。愤怒时人的紧张感会增加，有时不能自我控制，甚至会出现攻击行为。

3. 恐惧

恐惧往往是由于缺乏处理或摆脱可怕情景的力量和能力造成的，它比其他任何情绪都更具有感染性。所以，恐惧的产生不仅仅是由于危险情景的存在，还与个人应对危险的能力有关。同时，恐惧具有很强的感染力，一个人的恐惧往往会引起他人的恐惧和不安。

4. 悲哀

悲哀是指失去盼望的、追求的或有价值的目标时产生的情绪体验，悲哀的程度，依赖于所失去事物的价值。悲哀情绪的体验程度取决于对象、愿望、理想的重要性价值。悲哀时会带来紧张的释放，会导致哭泣。当然，悲哀并不总是消极的，它有时能够转化为前进的动力。

（二）情绪的三种状态

情绪状态是指在一定的事件影响下，一段时间内各种情绪体验的一般表现。根据情绪发生的强度、速度、紧张度、持续性等指标，情绪可分为心境、激情和应激三种状态。

1. 心境

心境是一种微弱的而往往经久不散的情绪活动状态。当人处于某种心境时，会按同样的情绪体验看待周围的事物，心境体现了"忧者见之则忧，喜者见之则喜"的弥散性特点。心境可以持续几个小时、几周或几个月，甚至一年以上。导致心境产生的因素有很多，生活中的顺境和逆境，工作学习上的成功和失败，人际关系的亲与疏，个人健康的好与坏，自然气候的变化都可能引起某种心境。但心境并不是完全取决于外部因素，还与人的世界观和人生观有联系。

2. 激情

激情是一种强烈的、爆发式的、短暂的情绪存在形式。激情可以是正面的，也可以是负面的，人们在生活中的狂喜、暴怒、沉痛、恐惧、绝望等激烈状态都是激情的表现。激情具有暴发性和冲动性，同时伴有明显的生理变化和行为表现。当激情到来时，大量心理能量会在短时间内骤然而出，如疾风骤雨，使当事人失去了对自我行为的控制力。同时，激情对人的影响有积极和消极两个方面。

激情可以激发个体内在的心理能量，成为行为的巨大动力，提高工作效率并有所创造。例如，战士在战场上冲锋陷阵，勇往直前；画家在创作中尽情挥洒，浑然忘我。

激情也有很大的破坏性和危害性。激情中的人有时任性妄为，不计后果，对人对己都造成损害。一些青少年犯罪就是在激情的控制下，一时冲动，酿成大错。激情有时还会引起强烈的生理变化，使人胡言乱语、动作失调，甚至休克。因此，在激情状态下，要注意调控自己的情绪，多发挥其积极作用，并避免冲动行为的发生。

3. 应激

应激是由出乎意料的情况而引起的急速、紧张的情绪状态。当人面临危险或突发事件时，人的身心会处于高度紧张状态，并引发一系列的生理反应，如肌肉紧张、心率加快、呼吸变快、血压升高、血糖含量增高等。在日常生活中突然遇到火灾、地震，大学生在外出旅途中突然遭到歹徒的抢劫，无论天灾还是人祸，这些突发事件常常使人们在心理上高度警惕和紧张，并产生相应的反应，这都是应激的表现。

【知识链接】

如何区分情绪状态、情绪特征以及情绪异常这三个概念呢？当你愤怒或伤心的时候，会呈现出某种独立的状态，这种状态就叫作情绪状态。情绪状态是暂时的，每个人都可以进入很多不同的情绪状态。如果你很容易陷入某一种情绪状态之中，比如，你遇到问题时，总是很容易急躁和愤怒，那么我们就可以说，你具有易怒的情绪特征，如果你遇到困难时，总是习惯往不里想，令自己忧心忡忡，我们可以说你具有焦虑的情绪特征。在一定程度上，情绪特征代表了一个人的性格特质，是你在回应问题时习惯表现出的情绪倾向。不过，对于具有不同情绪特征的人来说，虽然他们很容易陷入某一种情绪状态之中，但并不妨碍他们对其他情绪的感受和表达，易怒的人也能感受到平和，伤心的人也能感受到幸福，焦虑的人也能感受到快乐。接下来你需要注意，如果你被某种情绪持续控制，或者一种情绪长久占据了主导地位，以至于影响了你对其他情绪的感受和表达，那么这就属于情绪异常了。比如严重的慢性抑郁或者广泛性焦虑障碍。适当的抑郁和焦虑都是正常的，但当你被抑郁或者焦虑的情绪长期控制以后，你就无法对外面发生的事情作出正确的情绪反应。你反映的仅仅是你内心衍生出来的情绪，比如，抑郁症患者不管遇到高兴的事还是不高兴的事，他们都会用抑郁的情绪来反应。所以你有任何情绪都是正常的，但是你被任何一种情绪控制都是不正常的。

三、情绪对大学生的影响

现代心理学、生理学和医学的研究表明，情绪对人具有巨大影响。它对大学生的影响主要表现在以下两个方面。

（一）情绪对学习效率的影响

现代心理学研究表明，情绪和情感会对人的学习和工作效率产生重大影响。积极的情绪在学习活动中起着重要的动力作用，它能够提高学生学习的积极性及学习效率，在学习活动中体现为端正的学习动机、浓厚的学习兴趣、高涨的学习热情、旺盛的求知欲和顽强的学习毅力，而忧愁、焦虑等不良情绪会降低学习与工作的效率，心理学家们用实验方法研究发现，焦虑程度与学习成绩有着密切关系，焦虑程度过低或过高，人的学习成绩都会下降。焦虑过度不利于发挥效能，如有的同学考试时过分紧张，结果原本能答出的题反而答不上来，有的甚至在考试中出现晕场现象，这便是焦虑过度对学习造成的负效应。另外，有的同学焦虑过低，表现得毫无压力、缺乏动力，不刻苦学习，也难以取得好成绩。只有适度的焦虑，即个体心理承受能力不超过极限，才能使大学生产生压力，有紧迫感，从而发挥出最佳的学习效率。所以人们常说，没有压力就没有动力。

（二）情绪对行为效果的影响

一个在学习和工作中取得优异成绩的人必定是一个情绪稳定而积极的人。相反，沮丧、孤独、不加控制的消极情绪，会成为成功的干扰因素。有一项对大学生进行的调查研究表明，大学生的情绪与行为效果的关系有以下三种情况。

1. 积极—积极型

这一类大学生体验到的是积极情绪，如快乐高兴等，这时他的行为效能也是积极的，如行为能力的主动性、对社会的兴趣、对周围人的尊重和理解、对行为价值的追求等，都呈现明显的积极心态。

2. 消极—消极型

这类大学生有消极的情绪体验，如痛苦、愤怒、紧张等，这些情绪使他们的行为效能向负向发展，处于消极状态，表现为行为能力具有被动性，对社会的兴趣下降，人际关系紧张，反社会行为增加等。

3. 消极—积极型

这种类型，起初与第二种情况中的大学生心理体验相同，即都是痛苦、愤怒、紧张的消极情绪，但对行为的影响结果却相反，他们的行为效果呈正向发展。通常表现为化悲痛为力量，总结教训重新奋起，变失败为成功等。

总之，积极的情绪体验与积极的行为变化总是一致的，而消极的情绪体验对行为的影响可能是双向的，既可能使人的行为朝正向发展，也可能使其呈负向发展。因此，大学生要尽可能地保持住进和发展自己的积极情绪；弱化、平缓和调控自己的不良的、消极的情绪。在自己产生消极情绪时，要善于因势利导，变不利为有利，促进消极情绪向积极行为方向发展。

【管窥之见】
我们调节情绪的目的不是消除情绪，情绪是我们的一部分，不可以被消除。

第三节　大学生常见的情绪困扰及成因

一、大学生常见情绪困扰

大学生正处于青年期，正所谓年轻气盛，极易产生不同程度的情绪问题，从而影响身心健康和发展。那么大学生常见的情绪困扰有哪些呢？

（一）压抑

压抑是当情绪和情感被过分克制，不能表达和宣泄时所产生的内心体验，它含有苦闷、烦恼、困惑、寂寞等情绪。每一个压抑都避免了一次我们暂时不愿意去面对的冲突。至于我们现在还要不要压抑，取决于我们有没有准备好应对一个可能的冲突，或准备好表达真实的自己。

（二）抑郁

抑郁是一种由情绪低落、冷漠、悲观、失望等构成的复合性负性情绪。长期处于抑郁情绪状态，会使大学生的学习、工作和生活受到极大影响。情绪抑郁消沉的大学生往往对学习交往和活动失去热情和动力，体验不到生活的乐趣，学习效率大大降低。他们自我评价偏低，常常自怨、自责，认为自己无能无用，愧对父母师友，对生活失去信心，甚至产生极端的念头和行为。

大学生由于心理和社会发展尚不成熟，在遇到挫折时，往往难以接受；在对社会、他人和自我进行评价时，容易片面化、极端化，把生活看成非黑即白、非好即坏，且多看其消极、黑暗面，因而极易陷入悲观沮丧、情绪低落的抑郁状态中。遭受重大不幸事件和灾难，如亲人亡故、罹患重病、家境贫穷、负担过重，以及长期努力却不能得到相应回报，也是导致抑郁的原因。此外，性格内向、敏感多疑、依赖性强、易悲观的大学生较其他同学更易陷入抑郁情绪。

（三）焦虑

焦虑是一种情绪反应，任何人都可以体验到，比如在面对考试或面对棘手问题时，通常会感到压力紧张，可以称为一种叫危机感。这种危机感会激发个人内在动力，使其积极寻找资源，做好准备，面对困难，解决困难，所以焦虑情绪是预感到负面情形时而产生的一种综合了担忧、紧张、不安、恐惧、不愉快等情绪的体验。

我们觉得焦虑让我们觉得难受，是因为我们从来都没有在焦虑中认真地去看看焦虑到底想要带给我们什么信息。如果我们能在焦虑中安静下来，看看焦虑本身，焦虑会告诉你哪里做错了，哪里的界限是有问题的，哪里该停下来，整理整理，不要一个劲地向前冲。这非常重要，可以避免你此后很多的挫败、无望、自责、慌乱和失眠。

（四）嫉妒

嫉妒是社会尊重需要受到现实的或潜在的威胁时产生的情绪体验，是一种包含焦虑、忧惧、悲哀、失望、愤怒、敌意、憎恨、羡慕、羞耻等错综复杂的情绪的体验。

嫉妒来源于我们想要却暂时还没有的东西，或者自己觉得不屑但又没能获得的东西。简而言之，嫉妒就是我们没能看见、回避和逃避的内在需要。虽然自我检查内在需求并不是一条轻易的路，但这是一条通往爱和希望的路。而让我们难受的嫉妒，正是提醒我们看见需要的信号灯。

（五）冷漠

冷漠是个体受到挫折后的一种消极情绪反应，它通常在个体不堪承受挫折压力，攻击行为无效或无法实施而又看不到改变境遇的可能时产生。个体长期反复遭受同一挫折却又无力改变，即长期的努力得不到相应回报时，也会用退让、逃避、冷淡的方式进行自我保护，产生冷漠反应。

（六）自卑

自卑是自我情绪体验的一种形式，是个体由于某种生理或心理上的缺陷或其他原因所产生的对自我认识的态度体验，表现为对自己的能力或品质评价过低，轻视自己或看不起自己，担心失去他人尊重的心理状态。

大学生自卑心理主要表现为自我评价过低，在对自己的生理条件如长相、身高，以及对学习、交往等各方面能力的评价上，认为自己明显不如他人。严重的甚至会产生泛化，即由于某一方面的原因造成的自卑情绪容易泛化到其他方面。

（七）愤怒

愤怒只是一个情绪而已，它和其他所有的情绪一样，会让我门害怕的，是表达愤怒的这个人所产生行为和能量。比如，用言语表达"我很生气"，这是愤怒；摔东西、打人，也是愤怒。由于并不是每个人都学会了合理的愤怒表达方式，因此有些人的表达方式中会有攻击和伤害。但愤怒本身只是种情绪，它并不是一定包含暴力或者极端表达。

愤怒里包含着力量和自尊自重。当你不断地退缩和被侵犯时，你很难不愤怒。愤怒中蕴含的是力量，你怎么用这个力量是你的选择。实际上悲剧和灾祸不是因为愤怒而生，而是因为对愤怒采用了错误或极端的表达方式。愤怒的背后是我们内心一直在追求公平与合理地被对待。这就是自尊、自重和希望更好的力量。

二、不良情绪的形成原因

在日常生活中，我们的冲动行为往往来源于不良情绪，那么不良情绪又源于什么呢？不良情绪的产生根本上是源于个体的主观需要没有获得满足。

在现实生活中，引起大学生不良情绪，或者说影响大学生获得满足的因素有很多，概括起来包括：生理因素、遗传因素、环境因素和认知因素四个方面。

（一）生理因素

当躯体发生病变时，常会影响情绪。比如缺氧、中枢神经感染、外伤（尤其是外伤致残）、中毒（如药物中毒、食物中毒、煤气中毒等）、血管性疾病、肿瘤（尤其是等待病理结果及肿瘤性质确认后）、营养代谢出现障碍以及内脏疾病等都容易引起情绪障碍。

另外，人体内部的生物钟也会影响人的情绪。有研究者认为：人的体力、情绪和智力都会呈现出一种周期性的盛衰节律，它们的周期分别为 23 天、28 天和 33 天，并有如下表现：

第一，当三者均处于高峰期时，人将处于身心最佳状态，精力充沛、生机勃勃、愉快豁达，而且头脑清晰、思维敏捷。

第二，当三者均处于低谷期时，人的各种技能效率降低，同时体力和智力的不佳也会加强已有的情绪低落状态。

第三，当三者处于临界状态时，则是一个极不稳定的过渡期，肌体协调性差，易出现差错，情绪也容易波动。

（二）遗传因素

遗传因素对情绪的影响主要表现在人的神经类型上。不同神经类型的人在情绪的体验上存在较大差异。苏联生理学家巴甫洛夫根据神经类型的三个基本特征，即兴奋和抑制过程的强度、活性和平衡性，把人的气质分为以下四个基本类型。

1. 不可遏止型

这种人的神经兴奋和抑制过程都很强，而且兴奋相对抑制过程要更强些。这种人的外向性格较为明显，好斗、脾气暴躁、精神负担重。

2. 活泼型

这种类型的人活动的兴奋和抑制过程较为平衡，显然易兴奋，灵活性较强，在面临各种应激情景时具有很强的自我调节能力。

3. 安静型

这种类型的人神经活动很难从一种状态转移到另一种状态，表现为平静、冷静，具有较强忍耐力，能够宽容别人，有时也表现得有些压抑，但有很强的自我调节能力。

4. 弱型

这种类型的人情绪压抑，情感脆弱，经不起挫折和打击，容易出现异常情绪。

（三）环境因素

环境是指存在于人的周围并给予人一定影响的客观世界。环境对人的影响主要表现在能够为人类的生存提供必需的物质生活基础，能把遗传提供给人的发展的可能转化为现实，并能影响遗传素质的发展变化和差异性，更重要的是环境能够制约人的身心发展的方向和性质，并影响身心发展的速度和进程。

环境对大学生的情绪波动具有明显的作用。对大学生而言，能对其情绪产生作用的客观环境因素包括如下三个方面。

1. 社会因素

由于大学扩招，社会就业市场竞争加剧，对人才要求高、就业难的问题，增加了大学生的心理压力和焦虑程度。

2. 学校因素

"填鸭式"的授课模式限制了大学生创造性思维的发展和人格的完善，不利于其认知水平的发展和情绪的成熟。

3. 家庭因素

家庭经济状况、成员关系及其变更都会冲击大学生的脆弱心理。一些贫困生由于经济问题，过早地承担了生活压力，又由于缺少社会支持，易出现自卑和退缩性行为，并以消极的眼光来审视自己、他人及社会，从而产生情绪困扰。

（四）认知因素

大学生作为一个特殊的社会群体，自然存在许多特殊的问题，诸如对新的学习环境、学习任务的适应问题，理想与现实的冲突问题，人际关系和恋爱问题，学习劳动的付出与就业回报的反差等。由于认知的偏差，容易导致各种心理冲突和负面情绪。

片面的认知方式和错误的观念，是大学生产生焦虑、抑郁、自卑、恐惧、痛苦等不良情绪的根本原因。因此，大学生对于自己的学习与生活问题，若能做出正确的认知评价，就会产生积极的情绪体验和行为反应；反之，则会产生消极的情绪体验和行为反应。

【管窥之见】

大学生的情绪虽然开始趋于成熟，但是冲动性的特点也很明显，特别是一些负面情绪对大学生的身心、学习、人际关系甚至人格都会造成危害。因此，当出现不好的情绪时，最好予以理性调节，不要给自己的生活及身体带来坏的影响。

【案例分析】

一位大学生在课堂上，面对老师的突然提问时，由于一时紧张出现了口误，引起了班上同学的哄笑，并被老师批评。从这以后，每次听这位老师的课，该学生都感到极度的紧张、焦虑，而后发展到恐惧。因此，每次上这门课他都坐在最后一排，但还是恐惧老师注视他的目光，并逐渐严重到不敢进教室听课，后来又发展到害怕进教室和惧怕所有上课老师的目光。

诊断： 本案例属于情绪障碍，因偶然事件所引发的负性情绪体验在之后逐渐泛化到了所有相似的情景之中。负性情绪的反应持续时间过长或者泛化，都会严重影响人们正常工作、学习和生活，而且会给人们的身心带来严重的负面影响。

策略： 接受我们的情绪，去了解这情绪背后的意义。就好比这情绪是邮寄给自己的一封信，需要我们去解读，而不是逃避或回避。了解引发它的原因，找出有效的应对方法，我们就可以做情绪的主人。

第四节　情绪管理与调适

许多人在心情不愉快时，会使自己陷入一种含有敌意的沉默中。实际上，如果能把这种不快表达出来，往往会感到某种真正的轻松和愉快。因此，医学心理学上不鼓励人们无限制地任凭情绪反应发展，也不认为"压抑"是适当的方法，但赞同对情绪的适当控制，即要使情绪能适当地表现，并通过一些方法加以缓和。

一、大学生常见的情绪调适

克服负面情绪的前提，首先是树立调节情绪的自觉意识，即必须承认某种情绪的存在。例如，有人惧怕黑暗，那他得先承认对黑暗的惧怕心理，如果他认为那是丢人的事而不愿承认，就无法克服这种恐惧。同样，怀有愤怒之心而不肯承认，那他就无法消除那些愤怒。

（一）总结自己曾有的各种情绪

总结过去的行为，可以更清楚地了解自己独特的内在反应模式及情绪反应的原因，具体做法如下。

第一，找一个独处的时间和安全的空间，大声地把任何感觉不加责备地、不做逃避地说给自己听。

第二，选定某一种情绪主题后，自由联想与童年相关的事情，把所想到的事情不做任何筛选地大声讲出来，甚至对忘记的部分进行虚构并澄清自己内心的感受。

第三，可以问问父母、兄长或儿时的朋友，问他们关于自己童年回忆中的喜怒哀乐，从过去的经验或回忆中总结自己的情绪。

（二）记录整理每天的情绪，增加对情绪的认识和觉察

了解自我情绪的另一个方法，就是从撰写个人的心情日记或记录自己每天的情绪状态着手，了解自己的情绪、想法等。

除了情绪日记外，为了增强情绪的觉察力，专家还提出了一个观察记录自己每日情绪的好方法：每天清晨一觉醒来，先写出自己的情绪状态，晚上睡觉前再记录一次，并将当天较为明显的情绪事件记录下来。

二、缓和与转换情绪

学会缓和、转化自己过激或不稳定的情绪是自我管理的一部分。下面介绍七种缓和与转移情绪的方法。

（一）身心松弛法

身心松弛法是利用生理和心理彼此相互影响，使生理和心理两方面同时达到松弛效果的情绪缓和方法。其目的是让人们放松精神，使我们达到一个平静舒适的境界，这样有利于我们进一步觉察自己的情绪状态。

由身体至心理的放松。首先以身体或生理各部分作为练习时的目标，在达到这个目标的同时，我们的注意力便会集中，从而达到心理松弛的效果。

由心理至身体的放松。把达到心理的松弛作为目标，通过练习，让身体产生放松的效果。这类方法包括"自律松弛法""意向松弛法"等。

身心连锁的放松。利用人的意念力来指示身体和心理的放松。利用人的意念力来指示身体做出松弛的反应，练习时是以生理的状态作为目标，不过却是通过心理的意念来达成此目标。

（二）活动转移法

活动转移法是指处于情绪困扰时，暂时将问题放下，去从事喜爱的活动，以转变情绪的体验的性质，达到调控情绪的目的。活动转移法按其转移的方法可以分为以下两类。

1. 消极转移法

指情绪不佳时，转而去吸烟、酗酒、自暴自弃，这是年轻人应该努力避免的情绪转移方向。

2. 积极转移法

指把时间、精力从消极情绪体验中转向有利于个人和人类幸福及未来发展的方向上，如勤奋学习等，这是大学生调控情绪时应努力的方向。

（三）寻求帮助法

当大学生陷入较严重的情绪障碍时，可以向社会支持系统寻求帮助。因此，每个大学生都应该建立自己的社会支持系统，有能够在心理方面给予自己支持和帮助的社会网络，如亲人和朋友，或者专业的社会工作者、心理医生等。

社会支持系统存在多方面的意义：第一，倾诉苦恼的人将苦恼向他人倾诉后，会有轻松解脱的感觉，大学生应该掌握并经常利用这种情绪调控手段来缓和自己的情绪；第二，提供看问题的新视角和思路，帮助当事人走出个人习惯的思维模式，重新评价困境，寻找新的出路；第三，社会工作者和心理医生可以提供专业的意见、建议，运用心理学的手段和方法帮助大学生更有效地解除情绪困扰。

【知识链接】

意大利精神病研究小组最近提出了一种新奇的情绪调节方法——理发。"假如你的情绪不佳，那就去理一次发。"理发除了能给别人以美感，还能满足自己爱美的心理欲望。医学专家认为，理发可提高个体抵抗外界压力的能力，同时还可以起到消除疲劳的作用。

理发能调节情绪的原理非常简单：在理发过程中，自我处于被动安静状态，能使情绪渐渐好转；理发后，特别是发型、容貌改观后可获得心理上的愉悦和轻松，负面情绪便随之减轻或完全消失。

在理发过程中，由于受到修、剪、洗的头部刺激，特别是对太阳穴、耳部、头顶、后颈等部位的物理刺激，能使头部血管扩张，增加脑供血量，刺激末梢神经，通过大脑神经反馈到大脑中枢，出现某些应激反应，从而调节内分泌功能。这种生理的舒适又会改善情绪。

（四）合理情绪治疗

美国临床心理学家艾尔波特·艾里斯（Albert Ellis）已经把中国的俗语"想得开"上升到科学理论的高度，他在20世纪50年代提出情绪ABC理论，也称晴雨ABC理论。

他以一句很有名的话作为 ABC 理论理念上的起点："人不是被事情困扰着，而是被对这件事的看法困扰着。"所谓 ABC，A 指事件（Accident），B 指信念（Beliefs），也称为非理性信念，是指个体在遇到诱发事件之后，对该事件的想法解释和评价，C 是指这件事发生后，人的情绪和行为结果（Consequence）。通常人们会认为，人的情绪是直接由诱发性事件 A 引起的，即 A→C，ABC 理论则指出诱发性事件 A 只是引起情绪的间接原因，而人们对诱发性事件所持的信念看法和解释才是引起情绪更为直接的原因，即 A→B→C。例如：两个人一起在街上闲逛，迎面碰到他们的领导，但对方没有与他们打招呼，径直走过去了。这两个人中的一个对此是这样想的："他可能正在想别的事情，没有注意到我们。即使是看到我们而没理睬，也可能有什么特殊的原因。"而另一个人却可能有不同的想法："是不是上次顶撞了他一句，他就故意不理我了，下一步可能就要故意找我的岔子了。"两种不同的想法就会导致两种不同的情绪和行为反应。前者可能觉得无所谓，该干什么仍继续干自己的；而后者可能忧心忡忡，以至于无法冷静下来干好自己的工作。从这个简单的例子中可以看出，人的情绪及行为反应与人们对事物的想法、看法有直接关系。在这些想法和看法背后，有着人们对一类事物的共同看法，这就是信念。这两个人的信念，前者在合理情绪疗法中称之为合理的信念，而后者则被称为不合理的信念。合理的信念会引起人们对事物适当适度的情绪和行为反应；而不合理的信念则相反，往往会导致不适当的情绪和行为反应。当人们坚持某些不合理的信念，长期处于不良的情绪状态之中时，最终将导致情绪障碍的产生。

（五）呼吸调节法

情绪激动时，人们通常会呼吸短足，如果此时试着做几次深呼吸，会有助于情绪的控制，从而使激动的情绪趋于平静，并消除紧张的状态。

在日常生活中，我们常用到的呼吸调节法主要有以下两种。

1. 深呼吸法

当我们紧张焦虑时，我们的呼吸节奏会不由自主地加快，而且是胸式呼吸，即我们的腹肌、膈肌几乎没有参与收缩。那么，我们想要排除焦虑等情绪，最简单、最有效的办法，就是做"深呼吸"，即腹式呼吸了。

2. 内视呼吸法

这是一种运用视觉表象调节呼吸的方法，具体做法如下。

闭目静坐，舌尖贴住上腭，面部肌肉自然放松，身体取一个最舒适的放松姿势。

边做缓慢而深长的腹式呼吸，边想象吸气时气流从鼻孔进入鼻腔，同时想象气流中有一个红色的气泡沿着气流行走路线前进，从口腔经过咽喉，沿气管到支气管，直到胸腔。

气流在想象中又继续前行到达腹腔再经过右（左）髋部走到右（左）大腿，再到右（左）小腿，到右（左）脚底。稍停之后，想象气流再带着小红泡沿着原路返回，直至完全把气体排出体外。

再按上述方法进行反复练习时，可以一次想象气泡沿着身体右侧运行，下一次想象沿身体左侧运行，这样交替进行，每次练习 5～10 分钟即可。

其实，情绪的呼吸调解法不仅是在紧张时有用，在其他情况下同样适用。比如，当你情绪低落时，呼吸法可以让你的情绪兴奋起来；在你情绪高涨或愤怒时，也可通过 3 ~5 分钟的短促吸气法，让情绪逐渐平和下来。

（六）表情调节法

如果两个人，一个表情严肃不苟言笑，另一个则面露微笑，给人的感觉是否一样呢？肯定不一样，前者体验到的是沉重，而后者体验到的是轻松愉快。人的情绪状态会影响到人的表情，反过来表情的变化也会使内心的情绪发生相应的变化。

笑是调节身心的重要方法。"笑"可以使人心情舒畅、精神愉快，从而驱除疲劳、治病防病，并通过调节情绪，使人保持良好的心境。如果不用笑驱病，而是陷入忧郁、绝望之中，那个体的身体的免疫能力就会被抑制，病情就会恶化。

人在心情不好的时候，做什么事都会索然无味，因此总希望尽快从这种心境中解说出来。怎么办？我们不妨用"笑"来调节一下自己的糟糕情绪。

"笑"是由面部肌肉和皮肤的一系列变化引起的，面部肌肉属于骨骼肌，受人的主观意志的调节，所以控制面部表情可以改变心境。

比如，一个演员要表演悲伤，那么他可以先做出悲伤的表情，不久，心情就会逐渐感到沉重，甚至悲痛欲绝，从而完全进入了角色。平时，若有几位朋友在一起无缘无故地大笑，旁观者也会跟着快活起来。

所以，当你在心情不好、抑郁不快时，不妨从改变心情入手，对着镜子练习微笑。此时一定要笑得大方得体。当练习微笑时，心情也可以感到轻松。

（七）综合调节方法

一说到情绪调节，人们就很容易想到对负面情绪的调节，如愤怒时如何克制，悲伤时如何调整等。其实，正面情绪在某些情况下也需要调节。比如，在学习、工作中取得好成绩时，不能表现得过分高兴，否则会影响其他同学的情绪，并可能导致自满。

一般认为，情绪调节主要是调节过高水平和过于强烈的情感体验。研究表明，狂怒会使人失去理智而导致越轨行为，狂喜同样也会让人迷失自己。但是，一些较低程度的情绪也需要调节，如有些人对工作总是提不起兴趣，这就是情绪水平过低的原因，同样需要调节。情绪调节有很多类型。从情绪调节的来源而言，可分为内部调节和外部调节两种。

情绪的内部调节来源于个体内部，如个体可以通过深呼吸、自我暗示等进行生理、心理和行为的调节。

情绪的外部调节来源于个体以外的环境，如与朋友谈心以进行人际调节，通过爬山旅游等进行自然调节等。

若根据调节过程中情绪水平的变化，情绪调节可分为修正调节、维持调节和增强调节三种。

情绪的修正调节主要是指对负面情绪进行调整和修正，使其水平降低、强度降低而恢复平静。

情绪的维持调节主要是指对有益的正面情绪，如兴趣、快乐等进行有意识的、积极主动的维持，使其能够较长时间地存在。

情绪的增强调节主要是指对情绪进行积极的管理。如通过一些方法让一个人开心起来并开怀大笑等。

从内容来看，情绪调节又包括情感体验的调节、表情动作的调节两种。

情绪的体验调节是指情绪调节过程往往与情绪体验的强度相关联，尤其是那些过于强烈的情绪，如痛苦、愤怒或烦恼，个体会有意识地去调整。

情绪的行为调节是指个体通过控制和改变自己的表情和行为而实现对情绪的调节，如抑制和掩盖不适当的情绪，在失望或愤怒时管理和控制情绪等。

当然，情绪调节的最好办法，就是根据自己的生活和学习现状，制订一套可行的计划，使之有助于处理生活中能够引发情绪压力的诸多琐事，从而让自己的情绪保持稳定、平和，并逐渐走向成熟。

【管窥之见】

情绪有好坏之分吗？人很容易评判情绪，对于那些不愉快的、不喜欢的情绪，就称为负面情绪，所以，我说的"好"是针对人们以为的"坏"。其实没有不好的情绪，只有不被尊重的情绪，没有可怕的情绪，只有缺乏了解的情绪。及时察觉情绪，合理处理情绪，有利于身心健康。

【心理训练】

【心理微课】（请使用"知到 app"进行扫描学习）

认识情绪

情绪分类

情绪状态

情绪功能

情绪表达

情绪管理

【推荐读物】

1. 辛德勒. 如何控制负面情绪［M］. 北京：中国友谊出版有限公司，2018.

2. 温奇. 情绪急救——应对各种日常心理伤害的策略与方法［M］. 上海：上海社会科学院出版社，2019.

3. 魏卓，尚登飞. 焦虑这个可以有［M］. 武汉：武汉大学出版社，2014.

【学习与思考】

1. 大学生常见的情绪困扰有哪些？

2. 如何区分詹姆斯—兰格情绪理论和坎农—巴德情绪理论？

3. 你是如何管理自己的情绪的？

第八章　健全人格
——大学生人格发展与心理健康

人格像每一种有生命的物体一样，随着成长而发生变化。

——阿尔伯特

【学习目标】

知识目标：理解人格的概念、特征及影响因素，了解人格的相关理论，掌握大学生人格发展过程中常见的人格发展不足状况。

能力目标：掌握人格调适的技巧和方法。

价值观目标：不断完善自我发展，塑造学生健全人格。

【本章重点】

1. 人格的内涵、特征、形成与发展、结构系统及相关理论。
2. 大学生常见的人格问题。
3. 大学生健全人格的标准及塑造方法。

【思维导图】

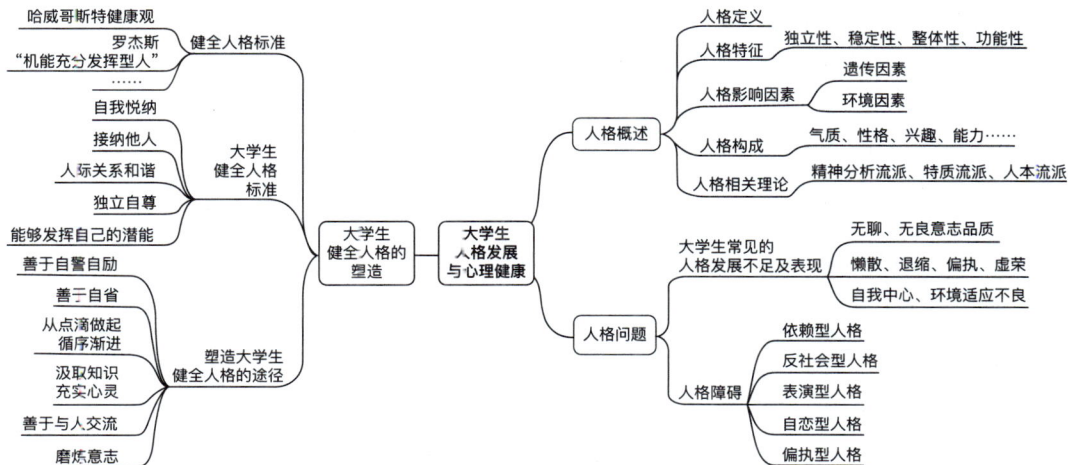

　　人格是伴随着人的一生不断成长的心理品质。人格的成熟意味着个体心理的成熟，人格的魅力展示着个体心灵的完善。人格是一个丰富而复杂的心理成分，它凝聚着文化、社会、家庭、教育与先天遗传的个体风貌。"人有千面，各有不同。"人格有着鲜明的个性特征，人格的差异铸就了个体千差万别、千姿百态的心理面貌。

　　人格素质是大学生综合素质的重要组成部分。在现实生活中，有些学生才华横溢、天资聪颖，但往往会因为人格存在缺陷而导致适应不良、效率低下甚至一事无成。大学生的人格还未完全定型，具有一定的可塑性。因此，大学生在求学的道路上需要加强人格塑造，为通向成才之路奠定坚实的基础。

第一节　人格概述

一、人格的内涵

人格指在遗传的基础上，在人的社会化的过程中形成的具有一定倾向性的行为模式和心理特征的总和，它反映了一个人的整体精神面貌，包括性格、气质、兴趣、爱好、能力、需要等方面的内容。人与人之间显著的差别就在于人格。

"人格"一词是我们日常生活中的高频词汇，我们经常说"他具有高尚的人格""他出卖了自己的人格""他具有健全的人格"等。人格一词涵盖了法律、道德、社会、哲学等领域。而人格（personality）一词最初来源于古希腊语 persona，是指演员的面具，面具会随着角色的变化而不断变化。后来此词被用来描述人的心理。心理学上的人格内涵极其丰富，但基本包含两方面的意思：一是个体在人生舞台上所表现出的种种言行，人格所遵从的社会准则，这就是我们可以观察到的外显的行为和人格品质；二是内隐的人格成分，即面具后面的真实自我，是人格的内在特征。

第一，人格是构成一个人的思想、情感及行为的特有的统合模式，这个模式包含了一个人区别于他人的稳定而统一的思想品质。

第二，人格是指稳定的行为方式和源于个体内部的人际过程。

第三，查尔德认为人格是使个体的行为保持时间的一致性，并且区别于相似情境下的其他个体行为的比较稳定的内部因素。

第四，人格是"稳定的""内部的""一致的""区别于"他人的心理品质。人格存在于个体内部并不等于外部行为。

二、人格的特征

（一）独特性

个体的人格是在遗传、成熟、环境、教育等先、后天环境交互作用下形成的，不同的遗传、存在及教育环境，形成了各自独特的心理特点。我们经常所说的"人心不同，各如其面"就是指这个意思。如有的人开放自然，有的人顽固自守，有的人沉默寡言，有的人豪爽，有的人谨慎等。环境会使某一人格品质在不同人身上表现出不同的含义。如独立性这一人格特质，在缺乏父母爱护的家庭中成长的孩子身上，独立带有靠自己努力的含义；而在一个民主型家庭成长的孩子，独立则作为健全人格培养的重要部分。

（二）稳定性

人格的稳定性是指那些经常表现出来的特点，是一贯的行为方式的总和。正如我们所说"江山易改，本性难移"。一个人的某种人格特质一旦稳定下来，要改变是较为困难的事，这种稳定性还表现在人格特征在不同时空下的一致性。列如一个性格外向的大学生，他不仅在家庭中非常活跃，而且在班级活动中也表现出积极主动的一面，在老师面前同样也能自然地表现自己，不仅大学四年如此，即使毕业若干年再相逢，这个特质依旧不变。

（三）统合性

人是极其复杂的，人的行为表现出多元性、多层次的特点。人格的组合千变万化并非死水一潭。各种人格结构的组合千变万化，因而使人格表现得色彩纷呈。在每个人的人格世界里，各种特征并非简单的堆积，而是如同宇宙世界一样，依据一定的内容、秩序与规则有机组合起来的。人格的有机结构具有内在一致性，受自我意识的调控。当一个人的人格结构各方面彼此和谐一致时，人们会呈现出健康的人格特征，否则就会出现各种心理冲突，导致"人格分裂"。

（四）功能性

人格是一个人生活成败、喜怒哀乐的根源。正如人们常说的"性格决定命运"，人格决定了一个人的生活方式，甚至有时会决定一个人的命运。人们常常使用人格特征解释某人的言行及事件的原因。面对挫折与失败，有志者认真总结经验教训，在失败的废墟上重建人生的辉煌；而怯懦的人一蹶不振，失去了奋斗的目标。当人格功能发挥正常时，表现为健康而有力，支配着人的生活与成败；当人格功能失调时，就会表现出懦弱、无力、失控甚至变态。

三、人格的形成与发展

心理学有很多理论说明人格的形成。尽管有不同的观点和流派，但对于我们大多数人来说，人格的形成是先天的遗传因素和后天的环境、教育因素相互作用的结果。

先天的遗传因素即素质，是婴儿初生时所具有的解剖的和生理的特性，包括脑和神经系统类型、内分泌腺以及身体外表的特征等。比如，心理学家巴甫洛夫（Ivan. P. Pavlov）发现，神经过程平衡的人能有效地分配注意力，同时做好几件事情；不平衡的人如兴奋占优势的神经类型则在分配注意力上有一定困难。又如，荷尔蒙中的某种成分分泌过剩，容易产生兴奋，分泌不足，则容易产生疲劳，这都会引起孩子个性的变化。此外，人的身体外表也会引起人格问题，我们都有这方面的体会。小时候，我们就把自己的体格、容貌、身体的姿态特征与其他人相比较，总希望自己比别人有更好的身体条件。如果觉得自己不如别人，往往会引起对自己本身的期待或自卑的体验。总的说来，人格就是在这个自然基础上形成和发展的。对大多数身体健康、发育正常的人来说，先天的遗传因素会起一定的作用。据北京师范大学心理学教授陈会昌介绍，行为遗传学的最新研究证明，遗传对人格（总体上）的影响占50%，但是，其人格发展也受个体的生活史以及社会历史条件的重要影响。

一些儿童心理学家对个体生活史对人格的作用有很好的描述，比如埃里克森（Erik HErikson）说：人在生长过程中有一种注意外界的需要，并与外界相互作用，而个人的健全人格正是在与环境的相互作用中形成的。社会学习理论的创始人班杜拉（Albert Bandura）指出：一个人的行为的获得是对他人的行为态度和各种反应的模仿和认同，如同孩子经常模仿父母的行为语言等。美国心理学家罗杰斯（C. Rogers）强调自我概念及其与现实的协调，认为理想的自我概念是个体所希望的自我形象。人格很重要的方面是自我与现实之间的和谐，以及自我和理想的自我之间的和谐。

总之，先天的遗传素质、后天的环境、教育等因素对儿童人格发展有非常重要的作用。

四、人格的结构系统

人格是一个复杂的结构系统，它包含着各种成分。主要的是人格的倾向性和心理特征两个方面。前者是指人格的动力，后者是指个体之间的差异。需要和动机是人格的动力，它表现了人格的倾向，是人格中最活跃的因素，是人格积极性的源泉。人格的倾向决定着人对现实的态度，决定着人对认识对象的趋向和选择。

人格心理特征是人的多种心理特点的独特结合，构成了一个人心理面貌的独特性，说明了心理面貌的个体差异。人格的心理特征包括人的能力、气质和性格。

（一）气质

气质是指个体表现在心理活动的强度、速度、灵活性与指向性上的一种稳定的心理特征。这种特征既决定了个体心理活动的动力特征，又给每个人的心理活动蒙上了一层独特的色彩。

胆汁质——夏天里的一团火。这类人精力旺盛，直率热情，行动敏捷，情绪易于激动，心境变换剧烈。这类大学生有理想、有抱负，有独立见解，反应迅速，行为果断，表里如一；不愿受人指挥，而喜欢指挥别人；一旦认准目标，就希望尽快实现，遇到困难也不屈不挠，学习和工作带有明显的周期性特点，能以极大的热情和旺盛的精力投入学习和工作；一旦精力消耗殆尽时，便会失去信心，情绪顿时转为沮丧而心灰意冷。

多血质——喜形于色。喜怒都在展现中，可塑性强。多血质的人具有活泼好动，反应迅速，情绪发生快而多变，兴趣容易转移等特征。这类大学生易于适应环境的变化，性情活泼、热情，善于交际，在群体中精神愉快，相处自然，常能机智地摆脱困境；他们在学习和工作上肯动脑、主意多，不安于机械、刻板、循规蹈矩，常表现出较强的工作能力和办事效率；对外界事物兴趣广泛，但容易失于浮躁，见异思迁。

黏液质——冰冷耐寒。黏液质的人安静、稳重，反应缓慢，沉默寡言，情绪不易外露，注意力稳定难于转移，善于忍耐。这类大学生反应较为迟缓，但无论环境如何变化，都能基本保持心理平衡；凡事深思熟虑，力求稳妥，一般不做无把握的事情，在各种情况中都表现出较强的自我克制能力；他们外柔内刚，沉静多思，不愿流露内心的真情实感；与人交往时，态度适度，不卑不亢，不爱抛头露面和做空泛的清谈；学习、工作有板有眼，踏实肯干，严格恪守既定的生活秩序和制度。但他们过于拘谨，不善于随机应变，固定性有余而灵活性不足，有墨守成规、因循守旧的表现。

抑郁质——秋风落叶。抑郁质的人孤僻行动迟缓，情感体验深刻，善于觉察别人不易觉察到的细小事物。这类大学生在生理上难以忍受或大或小的神经紧张，厌恶那些强烈的刺激；他们的感情细腻而脆弱，常为区区小事引起情绪波动；自己心里有话，宁愿自己品味，也不愿向别人倾诉；喜欢独处，与人交往时显得腼腆、扭怩，善于领会别人的意图，在团结友爱的集体中，很可能是一个容易相处的人；遇事三思而行，求稳不求快，对力所能及的工作能认真负责地完成。在学习、工作一段时间后，常比别人更感疲倦；在困难面前常怯懦、自卑和优柔寡断。

气质本身无优劣之分，任何一种气质都有其积极和消极的方面，气质也不能决定一个人活动的社会价值或成就的高低。因此，大学生要正确对待自己的气质类型，经常有意识地控制自己气质的消极品质，发扬积极品质，以有利于形成良好的个性。而且值得重视的是，更多的人是多种气质的混合体，应区分哪种气质占主导性地位。

（二）性格

性格是一种与社会相关最密切的人格特征，它是一个人对现实稳定的态度和与之相适应的习惯化了的行为方式的总和。性格表现了人们对现实与周围世界的态度。

从不同角度和侧面可以对性格类型进行不同的划分，如按照知、情、意在性格中的表现程度，可分为理智型、情绪型和意志型三种。理智型的人以理智支配自己的行动；情绪型的人，情绪体验深刻，举止容易受情绪左右；意志型的人具有较明确的目标，行为主动。

按照个体的心理倾向，可分为外倾型和内倾型。外倾型的人心理活动倾向于外部，活泼开朗，善于交际，感情易于外露，处事不拘小节，独立性较强，但有时粗心、轻率；内倾型的人心理活动倾向于内部，一般表现为感情含蓄，处事谨慎，自制力强，交往面窄，适应环境比较困难。

按照个体独立性程度，可分为独立型和顺从型。独立型的人不易受外来事物的干扰，他们具有坚定的信念，能独立地判断事物、发现问题并解决问题，在紧急和困难的情况下不慌张，易于发挥自己的力量，但有时会把自己的意志强加于人，固执己见，不易合群；顺从型的人随和、谦虚，易与人合作，但独立性较差，易受暗示，容易接受别人的意见，在紧急情况下易惊慌失措。

性格与气质都是构成人格的重要因素，二者相互渗透，相互影响，彼此制约。二者所不同的是，性格是人格中涉及社会评价的内容，更多受到环境的影响，具有较大的可塑性。性格具有社会评价的意义，反映了社会文化的内涵，有好坏之分；而气质更多的受生理上和心理上的特点制约，虽然在后天的环境影响下也有所改变，但与性格相比，它更具有稳定性，变化比较缓慢。

五、人格的相关理论

人格理论是心理学家用来阐述人格问题的参考框架。由于人格的复杂性和心理学家的研究取向差异，近一个世纪以来形成了各种不同的人格理论。心理学家尝试将这些理论归属到不同的流派，分别是精神分析流派、特质流派、生物学流派、人本主义流派、行为主义流派和认知流派等。每一个流派、每一种理论都能为我们提供观察人格的一条途径。这里简单介绍其中两种流派的人格理论。

（一）精神分析流派

1. 弗洛伊德（Sigmund Freud）的经典精神分析论

精神分析是奥地利精神病学家弗洛伊德根据其多年对精神病人的诊断、治疗和病理研究而提出的心理治疗和解释人性的系统理论。弗洛伊德认为人格是由本我、自我和超我三个心理结构组成的动力系统，其能量的来源是"力比多"（即性力）。本我位于人格结构的最深层，是由先天的本能、欲望所组成的能量系统，包括各种生理需要；自我是从本我中逐渐分化出来的，位于人格结构的中间层，作用是调节本我和超我之间的矛盾；超我位于人格结构的最高层，由社会规范、伦理道德、价值观念内化而来，其形成是社会化的结果。人的大多数行为都是由本我、自我和超我共同活动的结果。

2. 卡尔·荣格（Carl jung）的分析心理学理论

瑞士心理学家卡尔·荣格认为，人格具有与生俱来的整体性，心理能量是推动人格发展的动力。人格结构是由意识（自我）、个体潜意识（情结）和集体潜意识（原型）三个层面所构成。荣格把人的态度分为内倾型和外倾型。内倾型的心理能量指向主观世界，其特征为迟疑、孤僻、多思寡言；外倾型的心理能量指向客观世界，其特征为开朗、坦率喜欢社交，敢于冒险。每个人都具有这两种倾向，但是只有其中的一种会成为人格的主宰。同时我们心理活动有四种功能：思维、情感、感觉以及直觉。这四种功能与态度的交互作用便形成了八种人格类型：外倾思维型、外倾情感型、外倾感觉型、外倾直觉型、内倾思维型、内倾情感型、内倾感觉型、内倾直觉型。

3. 阿德勒（Alfred Adler）的个体心理学理论

奥地利心理学家阿德勒认为人格是在战胜自卑和追求卓越的过程中形成的。自卑感和补偿是人格发展的动力，追求优越取决于环境和生活方式，由此发展出不同的行为特征和习惯，即所谓的生活风格。阿德勒还描述了四种主要的社会风格：统治—支配型、索取—依赖型、回避型、社会利益型。

4. 弗洛姆（Erich Fromm）的人格类型论

美国心理学家弗洛姆认为人格是社会因素与心理因素（情感、需求）交互作用的产物，影响人格发展的因素是外在的社会条件和内在的主观需求。他从社会文化的角度，将人格区分为接纳型、剥削型、囤积型、市场型以及生产型五种类型。

（二）特质流派

1. 奥尔波特（Gordon Allport）的特质分类理论

美国心理学家奥尔波特认为特质是人格的基础，而人格特质是每个人以其生理为基础的一些持久不变的性格特征。

奥尔波特首先把特质分为共同特质和个人特质。共同特质是同一文化中人们可以相互比较的人格特质，即同一文化中许多个体都具有的特质。人格的独特性主要是由个人特质决定的。

个人特质又分为首要特质、中心特质和次要特质。首要特质是一个人最基本的特质，渗透于个人的全部活动之中。奥尔波特认为首要特质渗透到个人生活的所有方面，并不是众人都具有的，而另外两种个人特质则是众人都具有的。中心特质是指一个人的人格的基本方面它构成个人人格的核心部分，可以揭示一个人的人格。次要特质是指个体的一些表面的特点且并非稳定，相当于习惯和态度等。因此，在描述一个人的时候，次要特质可多可少。

2. 艾森克（Hans Eysenck）的人格维度

英国心理学家艾森克认为人格类型包括内外倾、神经质和精神质这三个基本人格维度，内外倾是人类个性的基本维度，外倾者不易受周围环境的影响，情绪冲动，难以控制，喜欢社交，寻求刺激和冒险，爱发脾气；内倾者容易受环境的影响，情绪稳定，含蓄内收，不爱社交，不喜欢刺激和张扬，深思熟虑。神经质也即情绪的稳定与不稳定，情绪稳定的人情绪缓慢，温和持重，不易产生焦虑；情绪不稳定的人喜怒无常，容易激动，有较高的焦虑。精神质也即心理变态的倾向，在这个维度上表现明显的人被描述为倔强固执，凶残暴烈，表现不明显的人则是温柔随和，心地慈善。由于精神质维度的研究不是很充分，可以暂时不考虑，因而将内外倾、神经质两个维度进行组合，得到四种典型的人格类型，即神经质外倾、神经质内倾、稳定性外倾、稳定性内倾。这四种人格类型可以与古希腊医生希波克拉底所划分的四种气质类型一一对应起来，也就是：神经质外倾胆汁质、神经质内倾抑郁质、稳定性外倾多血质、稳定性内倾黏液质。

3. 卡特尔（Raymond Cattell）的特质分类理论

美国心理学家卡特尔认为，仅仅依据特质对人格进行分类是远远不够的。必须要了解这些特质是怎样相互联系并组织起来的。通过因素分析卡特尔将众多的人格特质分为表面特质和根源特质。表面特质是人的外显特质，它可解释外表行为，代表行为的属性和功能。根源特质共有16种人格因素，是构成人格的基本要素，是深层的、代表行为属性和功能的决定因素，卡特尔编制出16种人格因素问卷（sixteen personality factor questionnaire，简称16PF）来测量人们的人格。这16种人格特质包括：①服从性对支配性；②保守性对试验性；③情绪性对稳定性；④权宜性对真心实意；⑤直率对机灵；⑥团体志向对自负；⑦谦恭对武断；⑧低智力对高智力；⑨平静对忧虑；⑩注重实行对富于想象；⑪松弛对紧张；⑫缄默对开朗；⑬胆小对冒险；⑭清醒对听天由命；⑮坚强对柔弱；⑯信任对多疑。

【知识链接】

人格研究中国化

（节选自《人格研究中国化之我见》《孔子思想中的君子人格——心理学测量的探索》）

人格研究中国化就是从中国的实际出发研究中国人的人格，努力创建具有中国特色的人格心理学，更好地为我国的人才培养和社会发展服务。人格研究中国化的原因是人格的基本词义、结构均存在中西方差异，人性的基本假设和取样均以西方国家为主，导致当代人格心理学研究缺乏普适性。

二十世纪九十年代美国心理学家麦克雷（McCrae）和科斯塔（Costa）等提出了人格五因素模型：神经质、外倾性、经验开放性、宜人性、认真性。他们通过自评、他评、跨文化研究、人格障碍研究、进化论和遗传学的研究等均发现有这五个基本维度。中国人是否也具有相同的五个基本维度呢？我国有两组心理学家来验证他们的研究结果。一组是北京大学的王登峰和崔红，他们采用了和西方完全相同的词汇法，结果发现中国人的基本人格结构是七个因素，分别为外向性、人际关系、行事风格、智慧、情绪性、善良和处事态度；另一组是香港中文大学的张妙清、梁觉和中国科学院心理研究所的宋维真、张建新等，他们用西方的方法发现中国人的基本人格结构也不同于西方心理学家的五因素，而是多出一个因素，即人际关系特质。可见，由于社会文化上的差异，中西方个体在基本人格结构上是不相同的。葛枭语等通过经典文本的理论分析与心理测量的实证分析相结合的方法考察了君子人格的内在结构，选取《论语》中孔子对君子的论述作为材料，运用探索性和验证性因素分析、效标关联效度分析等实证研究方法，结果发现，孔子思想中的君子人格包含智仁勇、恭而有礼、喻义怀德、有所不为、持己无争五个因素。因此，研究中国人的人格就应当立足于我们的社会文化和历史根基，深入中国实际，努力做好中国人的人格研究。

【管窥之见】

人格也称个性，它是个人在社会中的地位和作用的统一，是个人的尊严、名誉、价值的总和。在我国，每个公民人格平等，人格尊严受到法律保护。

第二节　大学生常见的人格问题

一、大学生常见的人格发展不足及其表现

大学时代既是学习掌握知识的黄金时代，也是人格发展的重要阶段。但由于遗传、环境、教育等因素的影响，在大学生人格发展中普遍存在发展不足的状况，主要有以下八个方面的问题。

（一）无聊

无聊心理的主要特点是空虚、幻想、被动感觉不到自我存在的意义与人生的价值，其核心在于没有确立合适的人生目标。空虚是因为没有目标或目标太低，人一旦失去目标的牵引，生活就没有动力；缺乏对生命意义的深刻认识，就会出现茫茫然混日子的现象，对生命意义的否定发展到极端将是对生命的否定。幻想是由于目标定位不准确或者目标太多而导致的心理负担，实质是对责任的恐惧。被动是由于目标不是自己内心的渴望，未获得内心的自觉与认同，只是为学习而学习，为考试而考试，疲于应付学习生

活，缺乏主动性和创造性。克服无聊心理的根本方法是确立恰当的人生目标，并由人生目标牵引着实现自己的人生价值。

（二）不良意志品质

不良意志品质是指意志发展的不良倾向，主要表现为：生活缺乏目标，随波逐流，无所事事，懒散倦怠，浑浑噩噩，醉生梦死；还有的意志发展不成熟的个体会曲解意志品质，把刚愎自用、轻率当作果断，把犹豫、彷徨当作沉着冷静，把固执己见、执着一念当作顽强等，不良意志品质一经形成，会带来很多性格缺陷，最后发展为人格缺陷。克服不良意志品质的办法是矫正自我认知中的非理性观念，正确理解意志品质的内涵，发展自觉性、果断性、坚韧性和自制力。远大的理想、坚定的信念和正确的世界观，是人奋斗的动力之源，大学生应确立适当的行动目标并付诸实践。

（三）懒散

懒散是指一种慵懒、闲散、拖拉、疲沓、松垮的生存状态。主要表现在：活力不足，什么也不想做，没有计划，随波逐流，无法将精力集中在学业中，无法从事自己喜欢的事，百无聊赖，心情不爽，情绪不佳，犹豫不决，顾此失彼，做事磨蹭。在大学生活中表现为常常踏着铃声进教室，常为自己的懒散寻求合适的解释，做事一误再误，无休止地拖下去，虽下决心改正，但不能自拔，不接受教训，对做任何事都没有信心，没有欲望。克服懒散的办法是从小事做起，自我监控，学习管理时间。

（四）退缩

退缩是指在困难面前表现出怯懦与畏难的心理恐惧，选择逃避与后退。主要表现是：在困难面前缺乏勇气和信心，不表明自己的态度，不敢承担责任，不敢冒险，不敢与坏人坏事作斗争，回避困难，逃避责任等。这样的人常常抱怨自身的不幸，却宁愿忍受痛苦而不主动追求克服退缩的办法。克服退缩应先鼓励自己积极应对生活中的挫折，发现自己的优点，变被动为主动，克服退缩需要勇气与毅力。

（五）褊狭

褊狭主要表现为心胸狭窄，耿耿于怀，挑剔，嫉妒。褊狭是一种有百害而无一利的人格特征。褊狭人格多出现于性格内向者，尤其是女性身上。褊狭不是与生俱来的，而是后天习得的，因而，克服褊狭人格首先要学会宽容，能够容人容事，正确看待生活中出现的矛盾冲突，对事不对人；其次要开阔心胸，拓宽视野。人一旦心胸狭窄，就容易进入管状思维，只见树木，不见森林。

（六）虚荣

虚荣是指过分看重荣誉、他人的赞美，自以为是。虚荣心往往与自尊心、自卑感紧紧相连。没有自尊心，就没有虚荣心，也就没有自卑感。虚荣心是自尊心与自卑感的混合产物。虚荣心强的人一般性格内向，情感脆弱，自尊敏感，虽然有些自卑，又担心别人伤害自己的尊严，过分介意别人的评论与批评，与人交往时防御性强，喜欢抬高自己的形象，他们捍卫的是虚假、脆弱的自我。克服过强的虚荣心，首先要对虚荣心的危害性有明确的认识；其次要正确看待名利，正视自己的优势与不足，扬长避短；最后是树立健康与积极的荣誉心，正确表现自己，不卑不亢，正确对待个人得失与他人评价。

（七）自我中心

自我中心是指考虑问题、处理事情都以自我为中心，将自我作为思考问题的出发点与归宿。表现为一切以自己为出发点，目中无人，甚至自私自利，遇到冲突时，认为对的是自己而错的是他人。特别是那些自尊心强、优越感强、自信心高、独立的大学生，比较容易陷入自我中心之中，当这种倾向与一些不健康的思想意识如个人主义、自私自利和心理特征如过强的自尊心、唯我独尊相结合，自我中心与自我膨胀便呈现出来。改变自我中心的途径主要有：一是正确评价自己，认识到自己的社会责任，既不妄自菲薄也不夜郎自大，既不自我贬损也不自恋；二是树立正确的人生观与价值观，将自己与他人，自我与社会、个人利益与集体利益统筹考虑，从狭隘的小天地走出来；三是学会尊重自己与尊重他人，懂得设身处地，换位思考，真诚待人。

（八）环境适应不良

环境适应不良主要是指大学生在大学学习、人际关系、异性交往等方面表现出的不适应。表现为强烈的失落感、孤独感，不能适应环境的改变。事实上，在构成环境的诸多要素中，人是最重要的要素，个体既受环境的影响与制约，又影响与改变着环境。因此，大学生要多了解自己所处的环境，培养自我调节的能力，在不同的环境下，能够主动适应环境并成为环境的改造者。

二、人格障碍的涵义及其特征

人格障碍，是指人格发展的内在不协调，指在没有认知障碍或智力障碍的情况下，个体出现的情绪反应、动机和行为活动的异常。多数心理学家认同病态人格区别于精神病，它是正常人格的一种变异，介于精神病与正常人之间。人格障碍者行为的问题程度不同，有的人在社会生活中的表现与正常人一样，只有他的家人才能感觉到他的怪癖与难以相处；严重者表现为明显的社会适应障碍，不能正常地学习和生活。值得重视的是，人格障碍与精神病是相互转化的，严重的人格障碍者如果得不到及时有效的矫正，会成为精神病的高发人群。

人格障碍的类型有很多，目前尚无统一公认的分类。参照美国《心理障碍诊断和统计手册》（DSM-Ⅲ）中的分类，人格障碍分三大类群。第一类以行为怪僻、奇异为特点，包括偏执型、分裂型人格障碍；第二类以情感强烈、不稳定为特点，包括癔病型、自恋型、反社会型、攻击型人格障碍；第三类以紧张、退缩为特点，包括回避型和依赖型人格特征。

由于人格障碍在大学生中属于少数，因而常常不能引起高度重视，但人格障碍的学生一旦滋事，绝非小事。在大学生中较为常见的人格障碍主要有以下五种。

（一）偏执型人格障碍

这是一种以猜疑和偏执为主要特点的人格障碍。表现为主观、固执、敏感多疑、好忌妒、心胸狭隘。一方面自我评价过高，过分自负，总认为自己是正确的，好与人争论，喜欢钻牛角尖，脱离实际地争辩与敌对，固执地追求个人不够合理的"权利"或利益，容易与他人发生冲突和争执。另一方面，猜疑心强，对人充满不信任和戒备，常将他人无意的非恶意的甚至是友好的行为误解为敌意或歧视，容易感情冲动，并伴有攻击性行为。在遭遇挫折和失败时，习惯把责任推诿给他人。这类人格障碍在大学生中最突出。

（二）自恋型人格障碍

自恋型人格障碍的基本特征是对自我价值感的夸大和缺乏对他人的共感性。这类人无根据地夸大自己的成就和才干，认为自己应当被视作"特殊人才"，认为自己的想法是独特的，只有特殊人物才能理解。在实际中，他们稍不如意，就又体会到自我无价值感。他们幻想自己很有成就，自己拥有权利、聪明和美貌，遇到比他们更成功的人就产生强烈嫉妒心。他们的自尊很脆弱，过分关心别人的评价，要求别人持续注意和赞美自己；对批评则感到内心愤怒和羞辱，但外表以冷淡和无动于衷的反应来掩饰。他们不能理解别人的感情，缺乏将心比心的共感性，因此人际关系常出现问题。

（三）表演型人格障碍

表演型人格障碍是一种以过分感情用事或夸张言行以吸引他人注意为主要特点的人格障碍。具有表演型人格障碍的人在行为举止上常带有挑逗性并且他们十分关注自己的外表。常以自我表演、过分的做作和夸张的行为引人注意，暗示性和依赖性特别强，自我放任，不为他人考虑，表现出高度的自我为中心，这类人情绪外露，表情丰富，喜怒哀乐皆形于色，矫揉造作，易发脾气，喜欢别人同情和怜悯，情绪多变且易受暗示，极端情绪化，易激动。思维肤浅，不习惯于逻辑思维，言语举止和行为显得天真幼稚。

（四）反社会型人格障碍

反社会型人格也称精神病态或社会病态。具有这种人格障碍的大学生以行为不符合社会规范为主要特征，往往缺乏道德观念，对现实社会的主导价值和规范不仅没有吸收的欲望，而且总试图加以否定；行为自私，对他人冷酷、仇视、缺乏好感和同情心；危害别人时没有自罪感和内疚感，不能从挫折与惩罚中吸取教训，缺乏罪恶感；他们大多以自我为中心，以个人满足为最高目标，没有爱恋能力，对人也不忠实；这类人的情绪极不稳定，常被一时的冲动性动机所支配而产生不负责任的行为，没有社会责任感和羞愧心。对社会的不满和无知使得他们的社会交往充满对立和怀疑，社会适应性困难，有时可能伴有畸形的侵犯动机，甚至走向犯罪。

（五）依赖型人格障碍

现代大学生大多都是独生子女，亲人的过分溺爱，使他们逐渐产生对父母或权威的依赖心理，久而久之，就形成了依赖型人格障碍。

依赖型人格障碍有以下两个特点：

1. 无助感

深感自己软弱无助，有一种"我渺小可怜"的感觉，让别人为自己做大多数的重要决定，如在何处生活，该选择什么样的职业等，但要自己拿主意时，便感到一筹莫展，像一只迷失了方向的小船。

2. 缺乏独立性

很难单独开展计划或做事，无意识地倾向用别人的看法来评价自己，理所当然地认为别人比自己优秀，比自己能干。依赖型人格对亲近与归属有过分的渴求，这种渴求与真实的感情无关，是有强迫性、盲目性和非理性的。他们宁愿放弃自己的兴趣和人生观，委曲求全来得到别人对自己的认同和温情，这种处世方式使得他越来越懒惰、脆弱，缺乏自主性和创造性，并产生越来越多的压抑感。

【管窥之见】

人格障碍一般于早年开始，一旦形成以后即具有恒定和不易改变性。这些人智力并不低下，但人格的某些方面非常突出和过分地发展，而且本人对自己的人格缺陷缺乏正确的判断。因此，从早期教育开始就应该注重人格的塑造与培养。

【案例分析】

小雯（化名），女，19 岁，某大学一年级学生，她是父母的独生女儿，因而备受宠爱。上大学前，她的一切事宜均由父母料理，从不承担任何家务。考上大学后，对大学生活极不适应，每天晚上躺在床上就想家，很难入睡；经常梦到父母，醒来就感到心酸；听见有"妈妈"内容的音乐就会不由自主地哭起来；周末看见本地同学回家，就会感觉自己像被抛弃了；对班级、学校组织的活动毫无兴趣。后来，小雯谈了一个男朋友，她要求男友时刻陪着自己，如果男友有事情不能陪她，她就会感觉非常痛苦，总是哭闹一番，任何事情都要男友做决定或者帮她安排好，男友无法忍受提出分手，小雯失魂落魄，课也不愿意上，只想退学回家，认为家里才是最安全的幸福乐园。

诊断：本案例属于依赖型人格障碍。依赖型人格障碍源于个体发展的早期，幼年时期的儿童离开父母很难生存。在儿童印象中保护他、养育他、满足他一切需要的父母是万能的。这时父母如果过分溺爱子女，不让他们有长大和独立的机会，久而久之，在孩子心目中就会逐渐产生对父母或权威的依赖心理，成年以后依然不能自主，缺乏自信，总是依靠别人来决定，不能担负起工作和生活的责任，形成依赖型人格障碍。

策略：依赖型人格障碍的重要特征是，依赖行为并不是轻易可以消除的。可以尝试认真思考自己的行为中哪些是习惯性地依赖别人去做，哪些是自己做决定的，每天将其记录下来，记录一周，然后将记录的这些事情按照自主意识较强、中等、较弱分为三等。对自主意识强的事件，以后遇到同类情况应坚持自己做；对自主意识中等的事件，应提出改进的方法，并在以后的行动中逐步实施；对自主意识较弱的事件，可以采取控制技术逐步强化、提高自主意识。也可以尝试回忆童年时父母、长辈、朋友对自己说过的具有不良影响的话，一条一条加以认知重构，并将这些话语转告给你的朋友、亲人，让他们在你试着做一些事情时，不要用这些话来指责你，而要热情地鼓励、帮助你。还可以选择做一些略带冒险性的事，每周做一项，例如独自一人到附近的景点短途旅行，通过做这些事情，可以增加你的勇气，改变你事事依赖他人的弱点。

第三节　大学生健全人格的塑造

一、健全人格的涵义

健全人格指各种良好人格特征在个体身上的集中体现，国内外学者关于健全人格都做了相应论述。

（一）哈威哥斯特（Havingurst）健康观

哈威哥斯特综合许多心理学家的意见，认为个体具有以下九种有价值的心理特质即为心理健康：第一，幸福感，这是最有价值的特质；第二，和谐，包括内在和谐与环境的和谐；第三，自尊感；第四，个人的成长，即潜能的发挥；第五，个人的成熟；第六，人格的统整；第七，与环境保持良好接触；第八，在环境中保持有效的适应；第九，在环境中保持相对独立。

（二）罗杰斯（C. R. Rogers）"机能充分发挥型人"的特征

第一，接受自身体验的意愿；第二，对自我的信任；第三　自我依赖；第四，作为人而继续成长的意愿。

（三）奥尔波特（Gordon Allport）提出人格健康的六条标准

第一，力争自我的成长；第二，能客观地看待自己；第三，人生观的统一；第四，有与别人建立和睦关系的能力；第五，人生所需的能力、知识和技能的获得；第六，具有同情心和对一切有生命事物的爱。

（四）弗洛姆（Erich Fromm）的"创发者"观点

人本主义心理学家弗洛姆提出"创发者"模式，他认为"创发者"有四个特征：

第一，创发性爱情；第二，创发性思维；第三，有真正的幸福感；第四，以良心为其定向系统。

（五）黄希庭关于健全人格的标准

我国心理学家黄希庭依据自己的研究，提出了健全人格的标准，即对世界抱开放态度，乐于学习和工作，不断吸取新经验；以正面的眼光看待他人，有良好的人际关系和团队精神；以正面的态度看待自己，能自知、自尊、自我悦纳；以正面的态度看待过去、现在和未来，追求现实而高尚的生活目标；以正面的态度对待困难和挫折，能调控情绪、心境良好。总之，健全的人以辩证的态度对待世界、他人、自己，过去、现在和未来，顺境和逆境，是一个自立、自信、自尊、自强、幸福的进取者。

二、大学生健全人格的标准

我们认为，大学生健全人格包括以下四个方面的内容。

（一）自我悦纳，接纳他人

人格健全的学生能够积极地开放自我，正确地认识自己，坦率地接受自己的缺陷并对生活持乐观向上的态度。

（二）人际关系和谐

人格健全者心胸开阔，善解人意，宽容他人，尊重自己也尊重他人，对不同的人际交往对象表现出合适的态度，既不狂妄自大，也不妄自菲薄，在人际关系中具有吸引力，深受大家喜欢。

（三）独立自尊

人格健全者人生态度乐观向上，生活态度积极热情，有正确的人生观与价值观，能够用理性分析生活事件，头脑中非理性观念较少。人格独立，自信自尊。

（四）能够发挥自己的潜能

人格健全的大学生具有自我发展、自我塑造与自我完善的能力。能够充分开发自身的创造力，创造性地生活，发现生命的意义并选择有意义的生活。

三、塑造大学生健全人格的途径与方法

人格和性格一样或多或少总会有这样那样的弱点和缺陷，我们应该努力克服缺点，发扬优点。从某种意义上说，个体的完美之处就在于能够找出自身的缺点，并力图对其进行修正和控制。因此，锻造良好的人格主要从以下六个方面着手。

（一）善于自警和自砺

自警就是自我提醒，自砺就是自我磨砺。宋代司马光用"警枕"一是为了提醒自己不要消沉、倦怠，二是为了使自己睡觉不舒服，有意识地不让自己有睡懒觉的机会和习惯。这确实是一个很好的范例。改善人格往往就是在与自我的强大惯性做长久的斗争，从培养自己良好的性格方面磨砺和改善自己的人格。

（二）善于自省

先哲曾说过，"吾日三省吾身"，充分地认识自我，是提高和完善自我人格的前提。每个人都应该注重自省，努力追求慎独的境界。应挤出一定的时间，对自己的言行、思想及他人对自己的反应进行思考，分析自己存在的优点和不足，了解自己的人格特点，有意识、有目的地改善自己的人格。

（三）从点滴做起，循序渐进

个体的人格特质都是经过日积月累逐渐养成的。要改善自身的人格特质也不是一蹴

而就的，而是必须从小事做起，点滴进行，一步一步地完善自己的人格。

（四）汲取知识，充实心灵

知识是精神的食粮，是心灵的航标。个体的知识越多、越深、越广，其个体人格的改善才会有更多、更深、更广的精神基础。

（五）善于与人交流

人格的形成和发展是个体社会化的过程。人与人沟通的过程中，个体能更好地以他人的人格特质和信息反馈为参照，全面、客观地评估自己人格特质的长处与短处，取长补短。通过人际交流，能从他人那里获得改善自己人格的力量和帮助。具有优良人格特质的交往对象，是个体最直接的学习楷模。

（六）磨炼自己的意志

意志锻炼是指培养坚韧性、顽强性以及克服困难的品质。大学生正处在一个转变期，面对社会上的各种不良诱惑，没有坚强的意志便无法实现自我人格的完善。坚强的意志是目标实现的推动力，是克服困难的必要条件，也是优化个体人格特质的重要途径。

【管窥之见】

生命的成长和臻于成熟，有赖于人格的不断成熟与发展。人的成长过程就是不断了解自我、提升自我、完善自我，塑造健全人格的过程。

【心理测验】

【心理训练】

【心理微课】（请使用"知到 app"进行扫描学习）

人格的定义

人格的特征

人格的结构系统

【学习与思考】

1. 你属于哪种气质类型，如何发挥自己的优势？

2. 大学生人格发展中值得关注的问题有哪些？

3. 你认为大学生应如何完善自我人格？

第九章　规划人生
——大学生职业生涯发展与规划

凡事预则立，不预则废。

——《礼记·中庸》

【学习目标】

知识目标：正确理解职业生涯规划的概念；科学进行职业生涯发展自我探索；科学有效地对职业生涯规划进行管理。

能力目标：学会用正确的途径与方法进行职业生涯规划设计。

情感与价值观目标：通过对职业生涯的认知充分了解自我职业兴趣，进行理性的职业匹配探索，更好地建立有效的职业价值观。

【本章重点】

1. 职业生涯发展的概念与发展阶段，职业生涯规划能力的培养。

2. 职业生涯规划的自我探索过程，生涯规划的管理。

【思维导图】

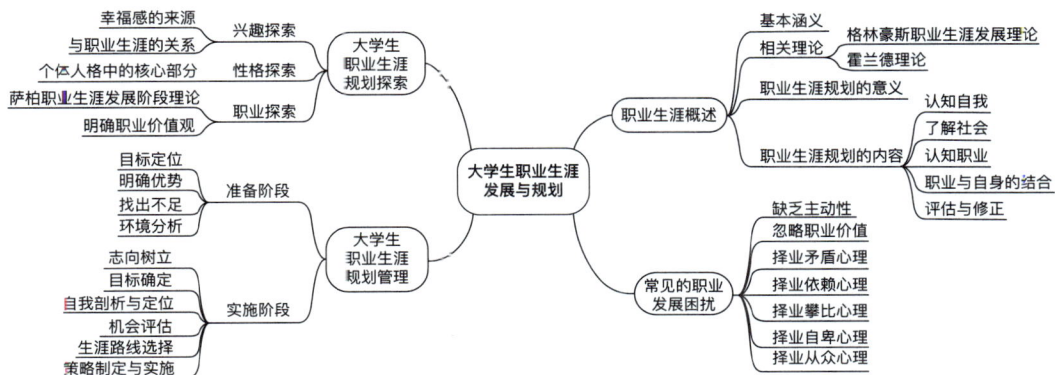

　　人一生中三分之二的时间都在工作，很多人对工作没有想法也不预先进行职业规划，导致一生碌碌无为抱憾终生，待岁月消逝后才意识到合理进行人生职业生涯规划是多么的重要，会影响人一生的价值发展。职业生涯本身是一个动态的不断发展的变化过程。职业规划不是应变之策，而是经营未来。职业是一个人安身立命之本、施展抱负之基、成就自我之途。合理有效的职业生涯规划在每个人的职业生涯中都起着决定性作用。人们常说"凡事预则立，不预则废""上进之心，人皆有之"，这些都有一定道理。然而，事业的成功，并非人人都能遂心如愿，问题到底出在哪儿呢？怎么做才能使事业获得成功、实现人生价值呢？职业生涯规划给我们提供了一条走向成功的道路。

第一节　职业生涯概述

随着高等教育的普及，一方面大学生越来越多，就业的压力逐年增加；另一方面大学生的就业选择也越来越多，这既给大学生带来了机遇，同时也带来巨大的挑战、迷茫和困惑。对大学生来说，越早对职业生涯进行了解和规划，越可能实现自己人生的理想。

一、职业生涯的涵义

职业生涯是一个人一生的工作经历，特别是职业、职位的变动及工作理想实现的整个过程。职业生涯规划又称职业生涯设计，是指个人与组织相结合，在对一个人职业生涯的主客观条件进行测定分析总结基础上，对其兴趣、爱好、能力特点进行综合分析与权衡并结合时代特点确定其最佳的职业奋斗目标，并为之做出行之有效的安排。在日常生活中，我们常常把工作、职业与职业生涯混为一谈，以为找工作就是找职业，从事了某种职业就拥有了职业生涯。诚然，工作、职业与职业生涯是密切相关的概念，但它们并不完全是一回事。

职业生涯规划究竟是什么呢？从个人角度来看，职业生涯规划指的是个体对其一生中所承担职务的相继历程的预期和计划。即个人在对自己的兴趣、爱好、能力、特点和客观环境进行综合分析与权衡的基础上，面对各种机遇和制约因素，为自己确立职业目标、选择职业道路、确定教育和发展计划、制订行动策略，实现个体的全面发展。为了更好认知和区分，我们需要了解职业、工作、职业生涯的相关概念。

一是工作。工作是指在社会中扮演的角色在某个领域付出劳动的过程。这个过程有社会服务的要求和目的，是个体持续一定时间的劳动付出，比如，教师教书育人，公交司机开公交车。

二是职业。职业是在不同的工作领域中逐渐根据工作具体需求结合个体的能力与知识发展出来的专业领域的概括，可以涵盖该领域下一系列专业技能相关的工作。比如医生、工程师、律师是一种职业。比如教师这个职业下划分小学教师、中学教师等。

三是职业生涯。职业生涯主要是指个体在一生中的生活发展进程中结合自身的兴趣性格、劳动、生活、心理与社会等因素与长期从事的工作发展的一种指向性生命的历程，这一持续性过程具有个人自我独特性、职业的专业性和延续，影响人一生的成长和发展方向。

四是职业生涯发展规划。主要指个人对自己一生所从事的工作进行预期的思考与计划，通过对自己的综合因素结合外界的需求，恰当地为自己确定职业工作的发展方向与目标，从而实现自己的最优发展与职业价值。

二、职业生涯的相关理论

（一）格林豪斯的职业生涯发展理论

美国心理学博士格林豪斯（Greenhaus）的研究侧重于不同年龄段职业生涯所面临的主要任务，并以此为依据将职业生涯划分为五个阶段：职业准备阶段，进入组织阶段，职业生涯初期，职业生涯中期和职业生涯后期。

1. 职业准备

典型年龄段为 0~18 岁。主要任务：发展职业想象力，对职业进行评估和选择，接受必须的职业教育。

2. 进入组织

18~25 岁为进入组织阶段。主要任务：在一个理想的组织中获得一份工作，在求取足量信息的基础上，尽量选择一种合适的、较为满意的职业。

3. 职业生涯初期

处于此期的典型年龄段为 25~40 岁。主要任务：学习职业技术，提高工作能力；了解和学习组织纪律和规范，逐步适应职业工作，适应和融入组织；为未来的职业成功做好准备。

4. 职业生涯中期

40~55 岁是职业生涯中期阶段。主要任务：需要对早期职业生涯重新评估，强化或改变自己的职业理想；选定职业，努力工作，有所成就。

5. 职业生涯后期

从 55 岁直至退休为职业生涯的后期。主要任务：继续保持已有的职业成就，维护尊严，准备引退。

（二）霍兰德理论

该理论是由美国职业指导专家霍兰德（John Holland）根据他本人大量的职业咨询经验研究而提出。他认为一个人的人格类型（包括价值观、兴趣、动机、需要等）与其从事的职业密切相关，不同的人格特征适应于不同的职业。同一类型的人与同一类型的职业互相结合，才能达到适应状态。

霍兰德理论的核心假设是人可以分为六大类（如图 9-1 所示），即现实型、研究型、传统型、社会型、企业型、艺术型。职业环境也可以分成相应于同样名称的六大类，人格与职业环境的匹配是形成职业满意度、成就感的基础。各个兴趣类型的特点及较为适宜的职业环境如表 9-1 所示。

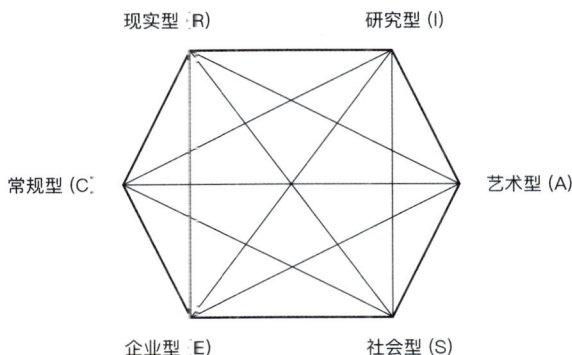

图 9 – 1　霍兰德理论图

表 9 – 1　霍兰德理论职业类型对应表

类型	劳动者	职业
现实型	①愿意使用工具从事操作性工作 ②动手能力强，做事灵活，动作协调 ③不善言辞，不善交际	主要是指各类工程技术工作、农业工作，通常需要一定体力，需要运用工具 主要职业：工程师，技术员；机械操作、维修、安装工人，电工、鞋匠等；司机，测绘员、描图员；农民、牧民、渔民等
探索型 （调研型）	①抽象思维能力强，求知欲强，肯动脑，善思考，不愿动手 ②喜欢独立的和富有创造性的工作 ③知识渊博，有学识才能，不善于领导他人	主要是指科学研究和科学实验工作 主要职业：自然科学和社会科学方面的研究人员、专家；化学、冶金、电子、无线电、电视、飞机等方面的工程师、技术人员；飞机驾驶员、计算机操作员等
艺术型	①喜欢以各种艺术形式的创作来表现自己的才能，实现自身的价值 ②具有特殊艺术才能和个性 ③乐于创造新颖的、与众不同的艺术成果，渴望表现自己的个性	主要是指各类艺术创作工作 主要职业：音乐、舞蹈、戏剧等方面的演员、艺术家编导、教师；文学、艺术方面的评论员、广播节目的主持人、编剧、作者、绘画、书法、影视、艺术、家具设计、珠宝、房屋装饰等行业的设计师等
社会型	①喜欢从事为他人服务和教育他人的工作 ②喜欢参与解决人们共同关心的社会问题，渴望发挥自己的社会作用 ③比较看重社会义务和社会道德	主要是指各种直接为他人服务的工作，如医疗服务、教育服务、生活服务等 主要职业：教师、保育员、行政人员；医护人员、衣食住行服务行业的经理管理人员和服务人员、福利人员等
企业型	①精力充沛、自信、善交际，具有领导才能 ②喜欢竞争，敢于冒风险 ③喜爱权力、地位和物质财富	主要是指那些组织与影响他人共同完成组织目标的工作 主要职业：经理企业家、政府官员、商人、行业部门单位的领导者、管理者等

(续表)

类型	劳动者	职业
传统型（常规型）	①喜欢按计划办事，习惯接受他人指挥和领导，自己不谋求领导职务 ②不喜欢冒险和竞争 ③工作踏实，忠诚可靠，遵守纪律	主要是指各类与文件档案、图书资料、统计表之类相关的各类科室工作 主要职业：会计、出纳、统计人员、打字员、办公室人员；秘书和文书、图书管理员；旅游、外贸职员、保管员、邮递员、审计员、人事职员等

三、职业生涯规划的内容及措施

（一）职业生涯规划内容

职业生涯规划内容主要包括整体（人生）规划和分阶段规划（包括长期、中期、短期规划），体现从整体到分阶段、从长远到眼前的人生过程中不同时期的目标和相应的规划。人生规划指整个职业生涯的规划，设定 20 年以上至整个人生的发展目标；长期规划指 5~10 年的规划，设定较长远的目标；中期规划是指 3~5 年内的目标与任务；短期规划是指 1~2 年以内的规划，设定近期目标与任务。

（二）职业生涯规划的措施

1. 认知自我

了解自己的兴趣、个性、能力、特长、身体状况、学识水平、思维方式、价值观、情商以及潜能等。需要采取各种相关测试及训练等相应的有效方法来对各种问题进行深入思考。

2. 了解社会

了解社会政治经济发展现状及趋势、社会职业发展状况、大学生就业相关法律及政策规定等。可以采取社会实践、参加报告会、职位实习等有效方式来实现。

3. 认知职业

通过对社会信息的搜索和相关职业的问询，了解不同职业的需求与发展，科学全面认知职业的类别与细化，清晰掌握不同职业发展的方向与趋势，更好确定自己职业选择与目标。

4. 职业与自身的结合点

包括兴趣、能力、价值观的结合点，清楚自己喜欢的、适合的、能够干的职业和工作，并总结自己目前状况与这个目标之间的差距，明确具体的成长目标。

5. 不断评估、不断修正

职业规划应该是动态的、发展的。要不断地关注行业的变化及与职业相关的社会发展状况；不断进行自我评估，及时调整和修正自己的职业生涯规划。

职业生涯规划具有个人主导性的特点，即职业目标的实现需要个人自己以负责任的态度，积极主动地开展职业发展方面的实践。人生是否成功，职业发展是衡量标志之一，大学期间的知识学习、能力培养是在为职业发展做准备，合理的职业生涯可以给我们带来快乐、成功和充实的生活。

四、大学生职业生涯规划的意义

随着高等教育的不断发展，大学毕业生逐年增多。为了更好地解决毕业生就业问题，让经过十几年苦读的大学生们可以在毕业以后找到合适的发展方向，这就需要对他们进行职业规划的教育和实践指导，具体来说，职业生涯规划的作用和意义主要体现在以下三个方面。

首先，职业生涯规划能使个体确立正确的职业目标。影响职业目标选择的因素很多，个体若不进行认真分析和规划，对诸多因素不进行权衡和通盘考虑，仅倚重某一方面的因素做出目标选择，就会出现目标偏差，导致在经历了一段职业生涯后对自己所选择的目标不满意，产生挫败感。"好的开端是成功的一半"，制定出正确的目标将使你的职业生涯成功一大半，而错误的目标则注定你的职业生涯无法成功，因为在错误的职业生涯目标指引下走得越远，离成功也就越远。正如西方一句谚语所说的："如果你不知道你要到哪儿去，那通常你哪儿也去不了。"

其次，职业生涯规划能使个体走上一条明晰高效的职业道路。有了正确的职业生涯目标，还需要有保证目标实现的措施和步骤。个人必须在规划中明确自己的现状与目标之间存在的实际距离，在每一个关键发展期需要克服的最大障碍是什么，每一个关键发展期需要多长时间以及可分为几个具体的实施步骤，个人的自身素质应有哪些发展……职业生涯道路上可能遇到的一系列问题都应该明确并做好计划，考虑好应对的方法，才能保证职业生涯目标的实现，才能保证自己走上一条自我掌控、迈向成功的职业生涯道路。

最后，职业生涯规划本质是在规划自己的人生，是成功人生的始发点。有效的职业生涯规划有利于个人远离"马努杰的死亡回旋梯"。"马努杰的死亡回旋梯"指的是，工作表现越差，对工作的感觉就越不好、对职业生涯也就越来越失去信心。这么一来，陷入恶性循环，表现就会更加不如意，然后事业就会每况愈下。

【知识链接】

1978年，美国 E. H. 施恩教授提出的职业锚理论包括五种职业锚类型：自主型职业锚、创业型职业锚、管理能力型职业锚、技术职能型职业锚、安全型职业锚。在九十年代，又发现了三种类型的职业锚如下：安全稳定型职业锚、生活型职业锚、服务型职业锚。施恩先生将职业锚增加到八种类型，并推出了职业锚测试量表。锚是帮助船只停泊定位用的铁制器具。职业锚，实际就是人们选择和发展自己的职业时所围绕的中心，是指当一个人不得不做出选择的时候，他无论如何都不会放弃的职业中的那种至关重要的东西或价值观。是自我意向的一个习得部分。个人进入早期工作情境后，由习得的实际工作经验所决定，与在经验中自省的动机、价值观、才干相符合，达到自我满足和补偿的一种稳定的职业定位。职业锚强调个人能力、动机和价值观三方面的相互作用与整合。职业锚是个人同工作环境互动作用的产物，在实际工作中是不断调整的。

1. 职能型（technical functional competence）：技术/职能型的人，追求在技术/职能领域的成长和技能的不断提高，以及应用这种技术/职能的机会。他们对自己的认可来自他们的专业水平，他们喜欢面对来自专业领域的挑战。他们一般不喜欢从事一般的管理工作，因为这将意味着让他们放弃在技术/职能领域的成就。

2. 管理型（general managerial competence）：管理型的人追求并致力于工作晋升，倾心于全面管理，独自负责一个部分，可以跨部门整合其他人的努力成果，他们想去承担整个部分的责任，并将公司的成功与否看成自己的工作。具体的技术/功能工作仅仅被看作是通向更高、更全面管理层的必经之路。

3. 独立型（autonomy independence）：自主/独立型的人希望随心所欲安排自己的工作方式、工作习惯和生活方式。追求能施展个人能力的工作环境，最大限度地摆脱组织的限制和制约。他们宁愿放弃提升或工作扩展机会，也不愿意改变自由与独立。

4. 稳定型（security stability）：安全/稳定型的人追求工作中的安全与稳定感。他们可以预测将来的成功从而感到放松。他们关心财务安全，例如：退休金和退休计划。稳定感包括诚信、忠诚，以及完成老板交待的工作。尽管有时他们可以达到一个高的职位，但他们并不关心具体的职位和具体的工作内容。

5. 创业型（entrepreneurial creativity）：创业型的人希望使用自己能力去创建属于自己的公司或创建完全属于自己的产品（或服务），而且愿意去冒风险，并克服面临的障碍。他们想向世界证明公司是他们靠自己的努力创建的。他们可能正在别人的公司工作，但同时他们在学习并评估将来的机会。一旦他们感觉时机到了，他们便会自己走出去创建自己的事业。

6. 服务型（service dedication to a cause）：服务型的人会一直追求他们认可的核心价值，例如：帮助他人，改善人们的安全，通过新的产品消除疾病。他们一直追寻这种机会，即使这意味着即使变换公司，他们也不会接受不允许他们实现这种价值的工作变换或工作提升。

7. 挑战型（pure challenge）：挑战型的人喜欢解决看上去无法解决的问题，战胜强硬的对手，克服无法克服的困难障碍等。对他们而言，参加工作或职业的原因是工作允许他们去战胜各种不可能。新奇、变化和困难是他们的终极目标。如果事情非常容易，他们马上变得非常厌烦。

8. 生活型（lifestyle）：生活型的人喜欢允许他们平衡并结合个人的需要、家庭的需要和职业的需要的工作环境。他们希望将生活的各个主要方面整合为一个整体。正因为如此，他们需要一个能够提供足够的弹性让他们实现这一目标的职业环境。甚至可以牺牲他们职业的一些方面，如提升带来的职业转换，他们将成功定义得比职业成功更广泛。他们认为自己在如何去生活、在哪里居住、如何处理家庭事情等问题的处理上以及在组织中的发展道路都是与众不同的。

【管窥之见】

每个人的职业选择和发展是需要足够了解自己的价值和兴趣所在。

第二节　职业生涯规划发展与探索

大学生择业是大学生职业生涯规划中的重要阶段。在择业过程中大学生常常会出现各种矛盾心理以及心理误区，一些心理困扰如不能得到及时地疏导和宣泄，则可能发展成为影响择业的心理障碍。这种不良的心理障碍一旦形成，就会严重困扰大学生的日常学习、生活乃至人生规划。大学生职业的选择与发展过程中，不仅要及时了解个体的心理状态，还要结合自己的性格和兴趣特长进一步探索属于自己的职业生涯，掌握职业生涯规划的发展规律与方法，才能找到合适的职业发展目标，才能充分地实现人生的价值。

一、大学生常见的职业发展中存在的问题及调适

（一）几种常见的心理困扰

新时代的大学生的成长和接受教育的背景是经济全球化，2000 年后出生的学生整体成长的环境较好，家庭经济水平相对平稳富裕，所以他们在成长中基本上没有体验过生活的疾苦和社会较大的矛盾冲突，更多地在家庭保护下长大，他们在精神上更多地追求自由与爱好，相对于以前的"80 后"的大学生更加开放、包容，乐于尝试新事物，但是不易吃苦，进取心相对不足，忽视传统优秀价值观的传承，缺乏独立思考能力，对时政关注不够，对就业形势也不了解，对职业生涯规划发展意识比较淡薄，很少在现阶段思考择业相关的问题，自身的择业需求也不明确，面对新时代高速发展的社会经济、复杂的社会环境变迁，职业要求及工作变得多元化，如果大学生对自我的认知有失偏颇，那么在就业过程中，难免会遇到前所未有的困难、挫折和冲突，心理上也会随之出现困惑和不适，引起各种心理问题。具体来说，主要存在以下问题。

1. 物质生活丰富，人生缺乏主动性

新时代大学生的生活条件相对富裕，比较注重享受，追求课余生活的丰富性，具有超前的消费观。他们严重依赖家庭，听从父母安排，依赖于网络，在现实中主动性差，不愿意积极参加社会活动，喜欢独处，较少了解社会和与他人互动，自然也缺乏对不同职业的认知。抗压能力差，具有较强的从众心理，经常怀疑迷茫与失去方向，很容易陷入负能量之中。大数据与网络技术的发展，一方面，促进了新时期大学生的成长，大学生在信息化时代中能够轻易地获取到庞大而复杂的信息；另一方面，新时代大学生思想较为开放，能够迅速地接受新事物，对新兴事物的敏感度高。但信息时代迅速发展及变化节奏较快，造成新时代大学生出现心理素质培养的缺失，很大程度上导致学生不具有较强的心理承受能力。很多大学生处于"421"（4 个老人，2 个父母，1 个孩子）的家庭环境中，出生及成长的整个过程都十分受宠，在步入大学校园之前都是由家长照顾，

只管用心学习便可，但是一旦进入大学阶段离开了家庭、家人的照顾，当在生活中遇到一些问题时则会产生极为强烈的不适应感。加上很多学生解决问题的实践能力弱，无法找到有效地解决问题途径与方法，并且经受挫折及承受压力的经验缺乏，很可能会出现多种心理问题，无法主动思考自己的人生规划，在个人面临就业选择的时候就容易迷茫。

2. 就业存在功利主义，忽略职业价值

新时代大学生乐观向上，敢于创新，积极享受网络带来的知识获取的便捷，拥有前所未有的开阔的全球视野，在其思想观念上较之以前的大学生已更加开放包容。他们在追求和实现自身价值的时候，就有了更多的选择和参考。但同时，他们在日常学习中又存在很强的功利性与目标性导向，较为推崇实用主义，盲目追逐经济利益，只看重待遇高低，而相对忽视职业的发展过程与价值，习惯性地寻找就业捷径，做事情之前也会衡量收益成本，期待在有限时间与精力内获得高额回报，这就容易在职业生涯规划过程中产生功利主义，而忽略职业价值和人生理想信念，缺乏职业思考与自身条件的匹配，从而容易半途而废，或者不明确职业目标和发展阶段，导致有些人一事无成。

3. 择业矛盾心理

大学生在进行职业生涯规划的初期，如何根据自己的专业特长、兴趣爱好选择适合自己的岗位和职业领域是未来能够长期从事该职业并实现自我价值的必要条件。面对众多就业机会，挑战与诱惑，初涉社会的大学生群体亦是充满兴奋与惊喜，然而现实的残酷也为大学生增添了不少困惑。一方面，求职者留恋条件舒适、经济效益高的大城市，同时又抱怨大城市带来的高生活成本。另一方面，求职者追求待遇好、收入高的工作，同时又畏惧高收入工作带来的各种压力与挑战。一项基于全国19个行业的收入差距研究显示，职工个人年均收入最高的三个行业依次是房地产业、金融业和计算机服务与软件业。这些行业是知识密集型的新兴产业，技术复杂程度较高，对求职者的受教育程度、知识储备、专业技术等各方面能力要求也较高，工作压力与挑战显而易见。以上两方面的因素带来大学生在职业生涯规划中的矛盾心理，梦想与现实的差距，机遇与挑战并存，无疑都使大学生在取舍、去留的问题上矛盾重重。

4. 择业依赖心理

大学生职业生涯规划是个人通过对自身和环境状况的分析，为了选择合适职业制订相关计划的过程。在这一过程中，无论是对自身情况的评估，还是对未来职业方向的定位，以及最后付诸行动，完成职业选择、实施具体工作，决定未来职业发展状况的始终是自己。然而，有些大学生在临近毕业的时候，对个人的职业取向毫不了解，对外界的职业市场不闻不问，将就业的希望寄托在学校或父母身上，始终处于一种观望就业形势的状态。高等学历、名牌学校、热门专业确实能增强个体求职竞争力，但这些并不能成为找到理想工作的充分条件。过分依赖这些有利条件，反而会使其成为成功就业的阻力。此外，父母在很多时候也会成为大学生依赖的对象。父母的意见和选择对一些自我意识发展较差的大学生会起到一定的支配作用。这类大学生未完成心理上的"断乳"，对自我的认识和评估主要依赖他人，对事物没有独立的见解，害怕承担自主选择带来的过失与责任，将职业生涯规划的主动权交于父母或他人。这种依赖心理会严重阻碍大学生的职业规划，进而影响将来就业。

5. 择业攀比心理

大学生在职业生涯规划过程中，要通过各种科学合理的评估，选出适合自己未来发展的职业。这种比较主要集中在各种因素的综合选择上，如地域选择、待遇选择、职位选择等。这些选择是以个人的性格特点、兴趣爱好以及能力专长为基础，然而不少大学生在这一过程中贪慕虚荣，忽略个人情况与需求，在同学朋友之间比较工作待遇、社会地位、所在城市的经济效益等，产生了盲目的攀比心理。更有甚者将个人的攀比扩大到家庭势力的攀比，追求父母的金钱和权力带给自己职业发展道路上的便利。如此一来，职业生涯规划就失去了应有的价值，职业意义也就减弱，大学生求职者也失去了在社会上独立生存、立足的公平机会，并不利于自我价值的实现与职业生涯的长远发展。

6. 择业自卑心理

在大学生职业生涯规划过程中，客观准确的自我评价是职业选择和发展的基础。虽然顺利完成了高校的专业知识学习，但长期的校园生活使得涉世未深的大学生求职者缺少社会工作经验，对自己的评价过于保守，缺乏竞争的勇气，对职业生涯规划缺少应有的自信和预判。在自卑情结的驱使下，求职者通常会找出很多不利因素，比如岗位需求与专业能力不符、职位的未来前景不确定、薪水太低、离家太远等，并极力去避免这些可能情况的发生，害怕失败。他们从未真正考虑自己求职过程中的优势所在与真正需要解决的实际问题是什么，大胆努力地去追求成功。事实上，在职业生涯规划的任一阶段，问题与困难都始终存在，犹豫、彷徨与退却不是解决问题的办法，观望的策略永远也不会将一份心仪的工作带到面前。

7. 从众心理

大学生正处于自我意识快速发展但同时又没有形成稳定的世界观、人生观和价值观的特殊时期。在职业生涯规划过程中，难免参考多数人的选择，依赖别人的评价和建议，忽略自己的个性特点，产生从众心理。大学阶段职业生涯规划中的从众心理一般表现在以下两个方面。一是在职业选择上从众。高薪白领的工作一直以来受到众多大学毕业生的青睐，这里面不乏盲目跟风，未从个人实际情况、职业未来发展空间等角度出发的求职者。这类求职者一般以多数人的意愿和选择为标准，应对即将面临的就业危机，而非考虑个人职业生涯长期发展。二是在就业区域上从众。国内一线大都市聚集了不少来自外地的大学生求职者，就业机会多、发展空间大是北京、上海、深圳等国内大都市就业的优势，但很多求职者却没有看到在大城市生存的劳苦与艰辛，跟随大多数人的选择来到这里，反而使未来生活变得更加茫然。

（二）自我调适的方法

大学生职业发展过程中的心理调适本身就是认识和适应社会的一个过程，在求职过程中遇到困难，甚至经过几次挫折才最后成功这都是正常的；在就业中遇到许多心理冲突、困惑，产生一些不良情绪也是正常的，大学生要学会调节自己的心态，使自己能从容、冷静地面对就业这一人生重大课题，并做出正确、理智的选择。

1. 正确认识自我和社会，主动寻找机遇

正确评价自我、合理定位，对于大学生就业有重要意义。心理学研究表明，个人的自我评价越接近实际，自我产生的心理障碍就越少，适应社会的能力就越强。反之，过分地高估或低估自我就会在实践中出现焦虑、紧张不安以及狂妄自大等不良心理状态。因此，引导大学生进行正确的就业心理调适就必须帮助大学生学会合理地评价自我、认识自我。

面对择业，大学生除了要客观地分析就业环境外，最主要的是认识自己已经具备的内在素质和能力，明确自己未来的发展方向，同时认真分析自己的优势与劣势，测试自己的性格和气质，选择出最适合自己的职业岗位，这样才可以保证在择业过程中赢得主动。大学生要充分地认识到，求职的过程是一个双向选择的过程，不能先入为主地把自己定位于弱势地位。在求职择业的过程中一定要有主见，不要一味迎合用人单位，对自己的能力要有自信心，过分的谦虚不再受人推崇，只能埋没自己。另外应该从"天之骄子"的虚幻身份中摆脱出来，准确定位，调整心态，面对现实，寻求合理的起点才是明智之举。

2. 合理设计自己的职业生涯规划

合理设计自己的职业生涯规划是大学生通向成功的第一步。它可以使大学生充分地熟悉自己，客观分析环境，正确选择职业，采取有效的办法克服职业生涯发展中的各种困扰，从而实现自己的理想。

3. 适当调整自己的就业期望值

就业市场化、自主择业给大学生带来了机遇，同时也带来了挑战，一部分大学生对就业市场残酷的一面认识不足，对就业市场的客观实际了解不够。大学生要适当调整就业期望值，在职业生涯规划和职业发展观上确定自己正确的人生轨迹，要树立长远的职业发展观念，放弃过去那种择业"一次到位"的观念。再择业时要看得长远一些，学会规划自己整个人生的职业生涯。在当前大学生就业压力大的环境下应采取"先就业，后择业，再创业"的办法。先选择一个职业，在工作中不断提高自己的社会生存能力、增加实际经验，然后凭借自己的努力，通过正当的职业流动，来逐步实现自我价值。

二、职业生涯规划探索

（一）兴趣探索

兴趣是影响人一生生存职业发展的重要因素和心理基础，是职业的选择与发展稳定性的重要影响因素之一，兴趣是最好的老师，只有将能力和兴趣结合起来考虑，才更有可能取得职业生涯成功。获得诺贝尔物理奖的华人丁肇中说过："爱好比天才重要。"兴趣可以更好地辅助职业发展进步，职业生涯有了兴趣的力量加持可以走得更长远。了解个人的兴趣是职业生涯规划过程中进行自我探索的重要内容。本章节通过介绍霍兰德的职业兴趣类型索引，来对个体的兴趣与职业相关性进行科学的探索，让你更全面地了解你的兴趣特征，能更好地结合职业发展需求进行择业准备。

1. 兴趣是获得幸福感的来源

美国芝加哥大学心理学教授米哈利经过 30 多年的职业研究访谈，对几百个不同职业的人进行访问，探求什么东西是让他们感到幸福与满意的，研究发现，使人们感到源源不断地幸福和满足的是他们在体验着一种可以忘我、全身心投入自愿从事的某种活动或者付出的某个过程，他们享受着这一过程带给他们内心的满足与愉悦，并将其称之为幸福的感觉，人们在做自己喜欢做的事情时，即使很累很辛苦也是乐在其中，这便是兴趣所致，兴趣带来无穷的动力源泉支撑着工作或者职业的发展，因此，人们的幸福与兴趣密不可分。

2. 兴趣与职业生涯的联系

大量研究表明，兴趣与个人的工作满意度、职业倦怠、职业发展稳定性之间存在着明显的关系。人们往往拒绝坚持一份工作的重要理由之一就是无法对当前的工作产生浓厚的职业兴趣，这也会导致情绪低落、焦虑、恐惧、不安，甚至引发严重的心理疾病。

兴趣与职业的能力有密切的积极关联。人们更愿意在自己感兴趣的方面投入更多精力和物力，来发展与之相关的能力，由于发自内心的喜欢，人们更乐于从事由兴趣出发的工作或者职业，在能力培养方面，也会有更多的兴趣和积极性，从而促进对职业的发展需求，自身的兴趣成为职业发展的动力，相反，如果人们对某一职业没有兴趣或者强行参与，反而会导致能力低下，从而影响职业发展的成效，工作效率也不高。因此，人们的兴趣对职业生涯的选择与可持续发展有着重要而深远的影响力。在接下来的职业探索过程中，请认真考虑自我的兴趣所在，如实地去选择。

（二）性格探索

性格是职业生涯自我探索的重要内容之一，我们每个人都有与众不同的一面和独特性。性格是人对现实的态度和行为方式中比较稳定的心理特征的总和。职业性格是一个人对职业的稳定态度和在职业活动中习惯化了的行为方式所表现出来的个性心理特征，对个人的职业生涯规划有重要意义。每个人都有独特的个性，也就是说每个人的心理特征不同，看问题、处理事情的风格、方式也不同。有的人热情爽朗，有的人沉稳持重，有的人风风火火，有的人谨慎多疑，在职业选择和活动过程中，个人的性格会影响职业的发展。

性格对职业生涯规划有重要的影响，基于以下三个原因。

第一，性格是个体人格中具有核心意义的部分，几乎涉及其心理过程及个性特征的各个方面，与职业息息相关。

性格使一个人更加偏爱某一种而不是另一种环境，由于性格的不同，每个人在对不同环境的认知过程中，也表现出不同的个性化风格。从事与自己的性格不匹配的工作，个人的才能就会受到阻碍，会让你觉得整个工作状态都很"不对劲"。使一个人在某种职业中获得成功的性格，可能会让你在另一职业中大受挫折。因此在职业选择中，我们应尽可能充分考虑自己的个性特征与职业要求是否相适应，这样在工作中就能够满足你的独特欲望，能够发挥你特有的能力，还能利用你的个人资本，让你体验到更多的快乐和愉悦。

第二，在职业发展上，性格比能力重要，用人单位在选人上逐渐认识到性格比能力重要。这种认识在国外已经相当普及。其原因是，如果一个人能力不足，可通过培训提高，一年不行，两年；两年不行，三年，总可以开发出来。但一个人的性格与职业或岗位不吻合，要改变起来，可就困难了。所以，公司在招聘新人时，会将性格的测验放在首位，当性格与职业或岗位吻合了，才对其能力进行测验考察。如果性格与职业或岗位不吻合，再高的学历，再高的能力，也不予录用。

第三，性格无所谓好坏，关键看是否放对了地方，每一类性格都有与之相适应的职业范围。

职业心理学的研究表明，不同的职业需要具有不同性格的从业者，某一类职业工作能够体现出某一类共同的职业性格。例如，敏感型的人，精神饱满，好动不好静，办事喜欢速战速决，但行为常有盲目性，有时情绪不稳定。这类人适合的职业范围包括运动员、行政人员及一般性职业。情感型的人，感情丰富，喜怒哀乐溢于言表，不喜欢单调生活，爱刺激，爱感情用事，对新事物很有兴趣。这类人适合的职业范围包括演员、导游、活动家、护理人员等。思考型的人，善于思考，逻辑思维发达，有比较成熟的观点，生活、工作有规律，时间观念强，重视调查研究的精确性，但有时思想僵化，缺乏灵活性。这类人适合的职业范围包括工程师、教师、财务人员和数据处理人员等。想象型的人想象力丰富，憧憬未来，喜欢思考问题，有时行为刻板，不易合群。这类人适合的职业范围包括科学工作者、技术研究人员、艺术工作者和作家等。

因此，在进行职业生涯规划时，性格通常是重点因素，我们只有科学地了解性格特征，才能有效地进行职业的匹配和选择。

【知识链接】

运用 MBTI 了解性格

MBTI（Myers-Briggs Type Indicator，MBTI）是由美国作家尹莎贝尔·布里格斯·迈尔斯和她的母亲凯瑟琳·库克·布里格斯共同制定的一种人格类型理论模型，最后发展成为一种心理测评工具，被广泛运用于职业自我探索、职业选拔、性格测评、教育行业等工作中，帮助人们更科学地了解性格优势，合理匹配职业发展。该理论模型以瑞士心理学家卡尔·荣格划分的"两种倾向，四种心理类型"为基础，将荣格的心理类型理论付诸实践，经过二一多年的研究后，编制成了迈尔斯—布里格斯类型指标。迈尔斯在荣格的优势功能和劣势功能、主导功能和从属功能等概念的基础上，进一步提出功能等级等概念，并有效地为每一种类型确定了其功能等级的次序，又提出了类型的终生发展理论，形成了四个维度，如表9-2所示。

表9-2 类型指标介绍

维度	类型	相对应类型英文及缩写	类型	相对应类型英文缩写
注意力方向（精力来源）	外倾	E（Extrovert）	内倾	I（Introvert）
认知方式（如何搜集信息）	实感	S（Sensing）	直觉	N（Intuition）
判断方式（如何做决定）	理智	T（Thinking）	情感	F（Feeling）
生活方式（如何应对外部世界）	判断	J（Judgment）	理解	P（Perceiving）

四个维度如同四把标尺，每个人的性格都会落在标尺的某个点上，这个点靠近哪个端点，就意味着个体就有哪方面的偏好。如在第一维度上，个体的性格靠近外倾这一端，就偏外倾，而且越接近端点，偏好越强。MBTI具体类型见表9-3。

表9-3　具体类型

代码	名称	代码	名称	代码	名称	代码	名称
ISTJ	物流师型人格	ISFJ	守卫者型人格	INFJ	提倡者型人格	INTJ	建筑师型人格
ISTP	鉴赏家型人格	ISFP	探险家型人格	INFP	调停者型人格	INTP	逻辑学家型人格
ESTP	企业家型人格	ESFP	表演者型人格	ENFP	竞选者型人格	ENTP	辩论家型人格
ESTJ	总经理型人格	ESFJ	执政官型人格	ENFJ	主人公型人格	ENTJ	指挥官型人格

（三）职业探索

萨柏（Donald E. Super）是美国一位具有代表性的心理学家、职业管理学家。萨柏1953年在其生涯发展理论中提出个体发展会经历五个主要阶段：成长阶段、探索阶段、确立阶段、维持阶段和衰退阶段，1984年，他在研究了人们的职业探索后提出了著名的生涯彩虹图，通过生活的广度、生活空间帮助人们了解在个体发展的各个阶段个体所扮演的各种角色和职业角色的交互影响及其发展状况。

1. 成长阶段（0～14岁）

幻想期（10岁之前）：儿童从外界感知到许多职业，对于自己觉得好玩和喜爱的职业充满幻想并进行模仿。

兴趣期（11～12岁）：以兴趣为中心，理解、评价职业，开始进行职业选择。

能力期（13～14岁）：开始考虑自身条件与喜爱的职业是否相符合，有意识地进行能力培养。

主要任务：认同并建立起自我概念，对职业的好奇占主导地位，并逐步有意识地培养职业能力。

2. 探索阶段（15～24岁）

试验期（15～17岁）：综合认识和考虑自己的兴趣、能力与职业社会价值和就业机会，开始进行择业尝试。

过渡期（18～21岁）：正式进入职业，或者进行专门的职业培训，明确某种职业倾向。

尝试期（22～24岁）：选定工作领域，开始从事某种职业，对职业发展目标的可行性进行实验。

主要任务：通过学校学习进行自我考察、角色鉴定和职业探索，完成择业及初步就业。

3. 建立阶段（25～44岁）

尝试期（25～30岁）：个人在所选的职业中安顿下来。重点是寻求职业及生活上的稳定。

稳定期（31～44岁）：致力于实现职业目标，是个体富有创造性的时期。

主要任务：获取一个合适的工作领域，并谋求发展。这一阶段是大多数人职业生涯周期中的核心部分。

这个阶段中的个体可能会发现自己偏离了职业目标或发现了新的目标，此时需重新评价自己的需求，处于转折期。

4. 维持阶段（45～65岁）

主要任务：个体在该阶段内开发新的技能，维护已获得的成就和社会地位，维持家庭和工作两者间的和谐关系，寻找接替人选。

5. 衰退阶段（65岁以上）

主要任务：由于个体生理与心理机能的日渐衰退，逐步退出职业和结束职业，开始发展新的角色，寻求新的生活方式替代和满足个人发展的需要。

6. 纵贯一生的彩虹——生活广度

在个体的生涯彩虹图中，横向层面代表的是横跨一生的生活广度。彩虹的外层显示人生主要的发展阶段和大致估算的年龄：成长期（相当于儿童期）、探索期（相当于青春期）、建立期（相当于成人前期）、维持期（相当于成人后期），以及衰退期（相当于老年期）。

7. 纵贯上下的彩虹——生活空间

在生涯彩虹图中，纵向层面代表的是纵贯上下的生活空间，是由个体职位和角色所组成。萨柏认为个体在一生当中必须扮演九种主要的角色，依序是儿童、学生、休闲者、公民、工作者、夫妻、家长、父母和退休者。各种角色是相互作用的，一个角色的成功，特别是早期角色如果发展得好，将会为其他角色提供良好的关系基础。但是，在一个角色上投入过多的精力，而没有平衡协调各角色的关系，也会导致其他角色的失败。

如图9-2所示，半圆形最中间一层是儿童的角色，也是为人子女的角色。这个角色一直存在。早期个体享受父母的照顾，随着成长成熟，慢慢和父母平起平坐，而在父母年迈之际，则要开始多花费一些心力陪伴父母、赡养父母。

第二层是学生角色。一般从4～5岁开始，10岁以后进一步加强，20岁以后大幅减少，25岁以后便戛然而止。但在30岁以后，学生的角色又会出现，特别是40岁以后学生的角色几乎占有全部的生活空间，但几年后就会完全消失，直到65岁以后。这是由于在现在科技发展日新月异、知识爆炸的社会中，青年在离开学校、工作一段时间之后，常会感到自身知识已经不能满足工作需要了，所以重回学校来充实自我。学生角色在35～45岁回升，正是这种现象的反应。

第三层是休闲者的角色。这一角色在前期较平稳地发展，直到60岁以后迅速增加，这和退休有关。在现代生活中，平衡工作与休闲是一项非常重要的任务，特别是在快节奏、高效率的社会中。

第四层是公民。这个角色有着承担社会责任、关心国家事务的责任和义务。

第五层是工作者角色。一般在 25 岁以后，个体就要开始参加工作，从此以后，这个角色将成为其生涯中最重要的角色，相当长时间内都是涂满的，直到其退休。

第六层是持家者的角色，这一角色可以被拆分为夫妻、父母、祖父母、外祖父母等。在人进入老年之后，这个角色将成为生命中最重要的角色。

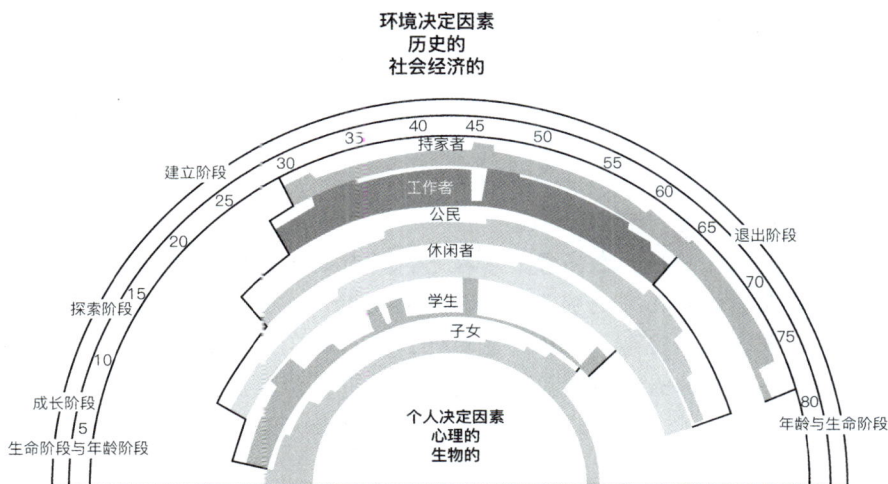

图 9-2　萨柏的生涯彩虹图

在生涯彩虹图中，萨柏认为一个人的职业生涯发展与个人在发展历程的各个阶段中所扮演的各种角色如儿童、学生、休闲者、公民、工作者、夫妻、家长等紧密相关。父母和退休者相匹配。人在某一阶段对某角色投入得多，会导致这一角色的成功，同时也可能导致另一角色的失败。他称发展的各个阶段为生活广度，称个人扮演的角色为生活空间。生活广度和生活空间交汇成为生涯彩虹图。生涯彩虹图描绘了生涯发展阶段与角色彼此间相互影响、多重角色生涯发展的状况。

【案例分析】

案例一：

小吴是一名 211 大学医学专业的学生，她来做职业生涯规划的心理咨询辅导，在会谈中她深刻地谈到：在自己 5 岁的时候，和妈妈在家里玩游戏的过程中，妈妈突然心脏病发作晕了过去。妈妈被紧急送到医院这件事让她一直害怕、恐惧生病，甚至影响到自己的性格，变得内向和胆小，后来上小学后就想当医生，当时还写了一篇作文获得了老师的称赞，之后她就立志当医生，但是又担心自己能力不足或者不适合，虽然高考后选择了医学专业，但她本科学习成绩一般，不清楚自己是否适合学医，对未来职业发展有些迷茫和非常担忧，不知道如何更好地定位自己，希望能够找到一些方法让自己更有目标感，在未来更有方向感。

诊断：学生小吴是典型的职业生涯发展困惑的心理问题。她虽然经历了母亲生病的危机事件，引发她想当医生治病救人的愿望，也确实经过努力考上了医学专业，但是由于成绩一般，导致她对自己的能力与兴趣无法全面地评估，对自己的未来发展产生担忧，没有努力的目标和方向，因此而感到无力与迷茫。对职业生涯发展想规划但是没有方法，本案例可以通过认知行为疗法，全面有效帮助小红理性认知当前的心理状态，结合她的专业特长以及医学职业，合理有效地指导她进行目标设定与建立。

策略： 在治疗手段上采用认知行为疗法，帮助当事人回溯自己的生命事件和体验，觉察成长的意义，认知职业的特性，结合自身的优势清晰地认知自己的兴趣爱好，克服挫折与恐惧，提高自信心，了解自己的心愿并践行自己的职业愿望，并把这份职业知觉带到未来的生命职业生涯规划探索中去，细化具体需要达成的目标，付出行动后坚持完成，让自己的职业选择更有方向感。

案例二：

小孙像很多大学生一样，在高考前填报志愿的时候才发现自己并不知道自己喜欢什么专业，尽管别人告诉自己"选你喜欢的就是最好的"，可是他发现原来自己并不了解自己的喜好，也很迷茫和疑惑，自己到底对什么感兴趣，无可奈何下听从父母的意见选择了他们认为适合自己的专业与学校，带着迷惑走进大学时代，却不知道未来什么样的职业才是适合自己的。自己的兴趣该如何发现，毕业后做什么样的工作才会不辜负自己。

小赵同学则是为自己太多的兴趣爱好感到烦恼，从小父母关了培养他的兴趣，让他学习过很多五花八门的知识与技能，什么钢琴、电脑编程、绘画、跆拳道、乒乓球、篮球、足球、演讲等，可是没有一样是他特别喜欢和讨厌的，有些学不太长久就放弃了，可是即将面临未来的职业选择，他万分苦恼，一直想弄清楚，到底自己对什么感兴趣，自己真正的兴趣爱好是什么。

小张喜欢文学创作，从小就希望能成为科幻小说家，没事的时候特别喜欢写作，有的时候还能获得一些文学创作奖，可是他的父母认为只有学好数理化才能有前途，他很孝顺，父母为他选择了机械专业，希望他成为工程师，他已经大二了，但每天都郁郁寡欢，无论自己如何努力，始终对这个专业无法感兴趣，想换专业又很困惑，陷入迷茫，该坚持自己的兴趣特长还是服从现实安排？难道他一辈子都要干自己不喜欢的事情吗？未来的选择让他痛苦不已。

诊断： 小孙同学在职业发展过程中产生的迷茫心理，主要是在成长过程中过多地听从他人的意见以及父母的安排，缺乏自己独立的感受与体验，因此，在认知上不够清楚自己的兴趣所在，缺少判断力；而小赵同学却是体验兴趣爱好过多，听从父母安排，可是对每一样兴趣爱好都缺乏毅力，也比较缺乏热情，基本上都是半途而废，有一定的挫败感，导致他失去热情，容易迷茫，对自己了解不够清晰，无法判断自己真正的兴趣点在哪里。因此需要重新构建对兴趣的认知和感受；小张同学面临兴趣爱好和专业选择的冲突，导致内心非常不安与痛苦，在职业发展与个人爱好有机结合并有效平衡自我职业发展和生活的过程中，需要学会对职业和生活做明确的区分，不能够把兴趣完全等同于职业发展来看待，这样容易混淆概念，导致巨大的内心冲突，从而影响未来的发展。

策略： 听完他们的故事，你们如何思考和看待兴趣对我们自身学习与未来发展的影响呢？如何全面地了解自己，发现和培养适合自己的兴趣，这是大学生普遍面临的问题，我们可以通过兴趣自我探索的方法，更好地去了解职业与兴趣的区别和结合，科学地剖析自己的成长事件及其激发兴趣的原因，并对心理成长活动路径和经历加以分析，来认知和重新感受自己的兴趣和快乐所在，有效通过认知情感回忆、行为角色的扮演来找回曾经刺激自己的一些重要兴趣感受事件，更好地了解职业向往和定位。

【管窥之见】
　　职业规划之前需要明确自己的信念与目标，更需要系统地思考与探索自身与外界的联系。

第三节　大学生职业生涯规划的管理

　　大学生涯是整个人生的重要阶段，是职业发展的准备期和管理期。依据阶段划分理论，大学生处在探索阶段。在这一阶段大学生还没有真正进入真实的职业领域，因此，要做一个真正意义上的职业生涯规划是不现实的。

一、职业生涯规划的准备阶段

　　大学阶段是为即将从事的职业进行能力准备。大学生职业生涯规划的重点应放在大学期间的学习、生活、社会兼职、社团活动，职业实习、个体能力体验与提升等方面，这也是大学生职业生涯规划与其他类型人员的职业生涯规划的主要区别。

　　（一）目标定位
　　1. 基本目标
　　大学生要明确完成学业（拿到毕业证、学位证）、提高综合素质、英语过级、担任学生干部等基本的目标和任务，还可在个人基础和特点上，适当提高和增加某些方面的目标，如考研、发表学术论文、参加各项比赛等。
　　2. 具体目标
　　大学生还要了解自我和职业倾向，提高沟通能力。主要措施是和高年级尤其是大四的学生主动交流大学生活及就业情况；通过网络媒体信息了解当下就业形势情况以及本专业的职业前景；积极参加学校的各项活动，学习人际交往技巧；学好基础课程，在学习上争取主动；初步确定职业方向，开始制定职业生涯规划。通过各种途径，积极参加招聘活动，加强职业体验实习，初步了解适合自己的职业，寻求和确定合适的工作。
　　（二）明确自身的优势
　　通过自我分析，旨在了解自身兴趣和能力，探索职业定位，推断未来可能的工作方向与机会，从而解决"我能干什么"的问题。

这一阶段可以通过专业的职业心理测试、对成长经历的探寻等手段，明确自己的兴趣爱好、个性特征、价值观等内容，并充分认识到以下三点。

第一，我学到了什么？在学校期间，我从专业学习中获得了哪些知识？参加过哪些社会实践活动？提高了哪些技能？

第二，我曾经做过什么？经历是一个人最宝贵的财富，往往从侧面反映出一个人的素质潜力，因而备受用人单位的关注，绝对不能忽视。

第三，我最成功的是什么？我做过许多事情，但最成功的是什么。成功的原因是自己的能力，还是其他？通过对最成功事例的分析，可以发现自我优越的一面，形成对职业规划的有力支撑。

（三）找出自己的不足

通过自己认真地剖析与评估，首先应找出自己的性格弱点。人无法避免与生俱来的弱点，首先必须正视并尽量扬长避短。还要认识到经验与经历中所欠缺的方面。有欠缺并不可怕，我们可以尽可能补上，怕的是自己还没有认识到。

（四）进行社会环境的分析

第一，进行社会分析。分析当前社会、经济发展的趋势，社会热点职业门类分布及需求状况，所学专业在社会中的需求情况，自己所选择的单位在未来行业中的变化等情况。

第二，进行组织分析。这应该是个人着重分析的部分。组织将是你实现个人抱负的舞台。西方关于职业发展有句名言：你选择了一个组织，你就是选择了一种生活。特别是现代社会越来越强调组织文化的建设，对员工的适应生存能力要求越来越高，在知己知彼的基础上，只有两者之间拥有更多的共同点，才是个人融入组织的最佳选择。

第三，进行人际关系分析。个人处于社会复杂的环境之中，不可避免地要与各种各样的人打交道，因而分析人际关系尤为必要。人际关系分析应着眼于以下几方面：个人职业发展中将与哪些人交往，工作中会遇到什么样的上下级、同事及竞争者，对自己会有什么影响，如何相处等。

二、大学生职业生涯规划的制定

大学生职业生涯规划一般经过树立生涯志向，进行自我剖析与定位，评估职业生涯机会，确定职业生涯目标，选择职业生涯路线，制定职业生涯策略并实施，对职业生涯设计进行评估、反馈与修正等几个步骤来撰写。

（一）职业生涯志向的树立

志向是事业成功的基本前提，没有志向，事业的成功也就无从谈起。俗话说，"志不立，天下无可成之事"。综观古今中外各行各业佼佼者，都有一个共同的特点，就是有远大的志向。立志是人生的起跑点，反映着大学生的理想、胸怀、情趣和价值观，影响着一个人的奋斗目标及成就。所以，大学生在制定生涯规划时，首先要确立志向，这是制定职业生涯规划的关键，也是职业生涯中最重要的一点。

（二）职业生涯目标的确定

职业生涯目标的确定，就是明确自己想成为一个什么样的人，在行政上达到某一级别，担任某一职务；在专业技术上达到某一职称，成为某一领域的专家。明确、正确的职业生涯目标是大学生职业生涯发展的关键。有了目标才有追求与发展的方向和动力。

（三）职业生涯自我剖析与定位

自我剖析就是要通过科学认知的方法和手段，对自己的职业兴趣、气质、性格、能力等进行全面认识，清楚自己的优势与特长、劣势与不足。自我剖析要客观、冷静，不能以点代面，既要看到自己的优点，又要正视自己的缺点。只有这样，才能避免设计中的盲目性，达到设计高度适宜。

（四）职业生涯机会的评估

职业生涯机会的评估主要是指分析内外环境因素对自己职业生涯发展的影响。人是社会的人，任何一个人都不可能离群索居，都必须生活在一定的环境之中。特别是要生活在一个特定的组织环境之中。环境为每个大学生提供了活动的空间、发展的条件、成功的机遇。特别是近年来，社会的快速变迁、科技的高速发展、市场的竞争加剧，对大学生的发展产生了很大的影响。大学生如果能很好地利用外部环境，就有助于事业的成功。因此，在进行职业生涯规划时，要分析环境的特点、环境对大学生提出的要求以及环境对自己有利与不利的因素等。

（五）职业生涯路线的选择

职业生涯路线，是指当大学生确定职业生涯目标后，应向哪一条路线发展，是向行政管理路线发展，还是向专业技术路线发展，或是先走技术路线，再转向行政管理路线，或是自主创业。未来职业发展是多元的，由于发展路线不同，对职业发展的要求也不相同。所以，在职业生涯规划中必须做出选择，以便使自己的学习、工作沿着预定的方向前进。

通常职业生涯路线的选择须考虑以下三个问题：我想往哪一条路线发展？这是通过对自己的职业价值、职业理想、职业动机等的分析，确定自己的职业目标取向；我能往哪一条路线发展？这是通过对自己的性格、特长、经历、学历的分析，确定自己的职业能力取向；我可以往哪一条路线发展？这是通过对自己身处的社会环境、经济环境、政治环境、组织环境的分析，确定自己的机会取向。

大学生可以对以上三个问题，进行综合分析，以此确定自己的最佳职业生涯路线，并开展职业生涯规划设计。

（六）职业生涯策略的制定和实施

职业生涯策略的制定和实施是指为实施职业生涯目标，制订相应措施方案并以实际行动予以落实。在确定了职业生涯目标后，就要制订相应的行动计划来实现它们，把目标转化成具体的方案和措施，分阶段、有步骤地进行。

（七）职业生涯规划的评估、反馈与修正

职业生涯评估是指在实现职业目标的过程中有意识地收集相关信息和评价，不断地总结经验和教训，自觉地修正对自我的认知，适时地调整职业目标。职业生涯规划书目录及大学生职业目标及行动计划书见表9-4、表9-5。

表9-4　职业生涯规划书目录

项目		内容	完善的策略
自我探索	我的兴趣		
	我具备的能力		
	我的性格		
	我的价值观		
外界探索	家庭环境分析		
	社会环境分析		
	职业环境分析		
	外界环境分析		
职业定位	职业目标		
	职业发展策略		
	职业发展途径		
	职业规划方案		
	职业评估和调整计划方案		
	自我探索总结		

表9-5　大学生职业目标及行动计划书

设定的目标	内容	具体行动方案
四年的目标		
二年的目标		
一年的目标		
半年的目标		
三个月的目标		
两个月的目标		
一个月的目标		
一周的目标		

俗话说，"计划赶不上变化"。影响职业生涯规划的因素很多，有的变化因素是可以预测的，有的变化因素则难以预测。要使职业生涯规划行之有效，就要不断地对职业生涯规划进行评估，修正职业生涯目标，调整职业生涯策略，这样才能在激烈的择业竞争中，赢得成功，走向辉煌。

总之，大学生职业生涯规划不仅是一个复杂的程序，还需要科学的方法，并要持之以恒，只有这样，才不至于浪费时间，才不至于毫无目标和毫无准备。

【管窥之见】

每个人都有他隐藏的精华，和任何别人的精华不同，它使人具有自己的气味。

——罗曼·罗兰

【心理测验】

【心理训练】

【心理微课】（请使用"知到 app"进行扫描学习）

职业生涯规划概述（一）　　职业生涯规划概述（二）

【推荐读物】

1. 里尔登，伦兹，彼得森，等．职业生涯发展与规划（第 3 版）［M］．侯志瑾，等译．北京：中国人民大学出版社，2014.

2. 莱文森．职业生涯的设计和管理［M］．李特朗，侯剑，译．北京：商务印书馆，2010.

3. 徐端华，樊富珉．做早起觅食的鸟儿：捉职业生涯的发展机会［M］．北京：国家开放大学出版社，2013.

4. 吴芝仪．我的生涯手册［M］．北京：经济日报出版社，2008.

5. 鲍利斯. 你的降落伞是什么颜色 ［M］. 彭书淮, 译. 北京：中国华侨出版社, 2014.

6. 黄新华, 余康发, 郭瞻. 筑梦未来——大学生职业生涯规划 ［M］. 上海：上海交通大学出版社, 2019.

【学习与思考】

1. 你对职业生涯的概念是如何理解的？
2. 你对自身的兴趣、爱好和能力有什么样的了解？
3. 结合自身实际谈谈职业发展中的心理困惑。
4. 根据自身的职业探索，对你的职业生涯规划发展制订一个计划。

第十章　面对挫折
——大学生挫折应对与压力管理

有困难是坏事也是好事，困难会逼着人想办法，困难环境能锻炼出人才来。

——徐特立

【学习目标】

知识目标：认识挫折的定义，了解挫折的组成部分，挫折情绪产生的原因，挫折的特征。认识压力的涵义，了解压力产生的原因，理解挫折与压力的两面性。

能力目标：了解常见的心理挫折，学会用正确的态度面对挫折与心理压力；学会减压和压力调适的方法。

价值观目标：通过对挫折与压力的认识与了解，培养学生坚韧、勇敢的心理品质，学会理性思考，接纳自己的不完美，允许自己暂时受挫但不失去生活的希望，树立正确的人生观与价值观。

【本章重点】

1. 挫折和压力的涵义及产生原因。
2. 大学生常见心理挫折及应对技巧。
3. 大学生压力管理策略。

【思维导图】

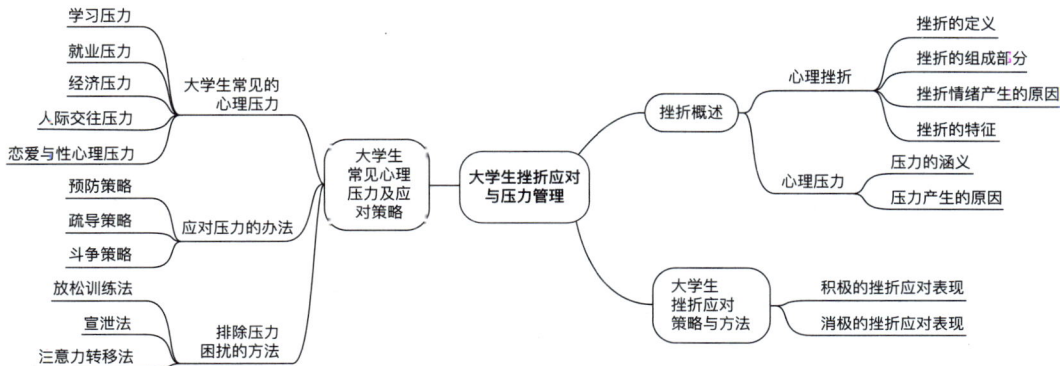

挫折与压力无处不在，它可能来自你的学业，可能来自你的父母，可能是因为你的身材与容貌，还可能来自学校的篮球赛、晚会、演讲台，或者可能来自暗恋或约会等，做一个青年人，从来不是一件容易的事。曾经，我们总以为，上了大学就好了，找到工作就好了，谈了恋爱就好了，考试结束就好了，可随着年岁的增长，好像一年难于一年了。这年头，就没人没有压力，没人不会遇到挫折，挫折与压力是人一生中不可避免的境遇，或许你只是还没有意识到呢！

第一节　挫折概述

一、心理挫折

（一）挫折的定义

心理学中的挫折通常是指个体在从事有目的活动的过程中遇到障碍或干扰，致使个人动机不能实现、需要不能满足时的情绪状态。这是一种消极的情绪状态。

（二）挫折的组成部分

一是挫折情境，即指那些使需要不能满足或动机不能实现的内、外障碍或干扰等情境状态或条件。

二是挫折认知，指个体对挫折情况的知觉、认识和评价，受个体的认知结构影响。一般可以分为两种情况：一是受挫者对真实挫折情境形成的认知，这是真实的挫折认知；二是对想象挫折情境（实际并不存在或被过度夸大其实）形成的认知。

三是挫折体验，指伴随着挫折认知，受挫个体对挫折情境所产生的轻视、排斥、否定、厌恶、内疚等消极情绪、情感体验（内隐行为）。挫折体验有表浅与深刻之分。

四是挫折反应，指受挫个体在挫折体验的基础上所产生的外显行为，如愤怒、焦虑、紧张、躲避或攻击、倒退等行为。挫折反应有激烈与轻微之别。

一般情况下，当挫折情境、挫折认知、挫折体验三者同时存在时，便构成了挫折心理，但在有些情况下，即使没有挫折情境，只有挫折认知和挫折体验这两个因素，也可以构成挫折心理。有时存在一个挫折情境，但受挫个体没有把它感知为挫折情境，所以挫折无从产生。可见，挫折情境与挫折反应之间并非必然有联系，往往要通过挫折认知来确定，挫折反应的性质及程度。挫折情境是前提，挫折认知是基础，挫折体验是核心，挫折反应是外显行为。

（三）挫折情绪产生的原因

研究者们从情绪心理学中对人情绪的研究和社会心理学中对情绪所引起的行为反应的研究，可以从源理论和挫折—反应理论两个方面来理解挫折情绪产生的原因。

1. 挫折情绪的产生源理论

这方面的理论主要探讨挫折情绪是怎样产生的，主要包括：本能论，需要和紧张的心理系统理论，社会文化理论，ABC 理论等。

（1）本能论

认为挫折情绪是由人的本能引发的。精神分析创始人西格蒙德·弗洛伊德认为，受快乐原则支配的本我的需求往往会与现实发生矛盾冲突，受到代表社会道德的超我的扣制，使本我的欲望不能实现，长此以往，就会产生挫折情绪。英国心理学家麦独孤（Mcdougall）认为，人类和动物的行为是由内在目的所策动的，而这一内在目的来自本能。每一种本能都与一种情绪相联系，人在活动中遭受挫折情绪以及由此引发的各种挫折行为反应，都是本能冲动的结果。

（2）需要和紧张的心理系统理论

勒温（K. Lewin）认为，个体在需要的压力下，会产生一种紧张的心理状态，激发起一种满足需要的动机，以求心理上的平衡，当这一需要得到满足，心理紧张就会很快消除；反之，心理就会产生挫折体验。

（3）社会文化理论

该理论重视社会文化中人际关系对个体挫折情绪产生的影响，主张通过加强人际交往、改善人际关系、增加人际关注来避免挫折的产生。罗杰斯认为，如果个体不能满足自己的现实需要，也得不到别人的关注时，其被他人积极关注的需要则得不到满足，这往往导致个体不认可自己，从而导致自我关注的需要也得不到满足，挫折感自然产生。

（4）ABC 理论

艾里斯（A. Ellis）认为，诱发性事件只是引起情绪及行动反应的间接原因，人们对诱发性事件所持的信念、看法等才是引起情绪及行为反应的直接原因。根据这一观点，要改变人的挫折情绪最重要的是调节和改变人的观念系统。

2. 挫折—反应理论

挫折—反应理论又包括三种类型：挫折—攻击理论，挫折—倒退理论和挫折—效应理论。

（1）挫折—攻击理论

挫折与攻击是一一对应的关系，攻击行为的发生总是以挫折的存在为先决条件，挫折的存在也总是导致某种形式的攻击。即人的攻击性行为是挫折的结果，挫折存在是攻击行为的前提。

（2）挫折—倒退理论

挫折—倒退理论认为，挫折导致倒退，即个体会在受挫折后表现出活动水平的降低。

（3）挫折—效应理论

挫折—效应理论认为，在挫折情境中，有目的的行为受到了妨碍，动机变化了，其他任何反应也变得更有可能发生了。

（四）挫折的特征

任何挫折都具有消极性和积极性两个方面。当人们在遇到挫折时，会体验到焦虑不安、心理紧张、注意力分散、记忆功能混乱等消极情绪；另外，挫折也会在其他时候起到积极的影响。在我们日常生活中有大量事实表明，一定的挫折能磨炼人的意志，增强人对逆境的忍受力，激励人发愤图强，最后取得成功。

因此，挫折的消极性和积极性都是相对的，也是可以转化的。转化是指当人们遇到挫折时，以积极的态度向挫折学习，将挫折变为动力，减少挫折的消极影响，寻找挫折积极的一面，以顽强的毅力继续奋斗，或重新调整目标，从而使需要或动机获得新的满足的心理过程和实践过程。面对挫折，个体有勇气去面对，有能力去调适，有意识去转化，是个体心理成长的必经过程，也是个体心理成熟的标志。

1. 普遍性

人的一生中经常会遇到发生不如意的事，挫折则是生活的组成部分之一，所以古人说"人生不如意十之八九"，说的就是这个道理，一帆风顺，只是我们的理想和期盼，波折不断才是人生常态，持有挫折具有普遍性这一观点，遇见挫折时才不会怨天尤人，心中郁结不散。

2. 两面性

挫折既有消极面，也有积极面。挫折会给人带来打击，也会给人带来烦恼和痛苦，但在带来失败的同时也磨炼了人的意志和性格，提高个体解决实际问题的能力，使人变得坚强，因此，有意识地去转化挫折的消极面，是个体成长与成熟的标志。

3. 暂时性

挫折只是代表个体在实现目标的过程中遇到了一些障碍，并不意味着他已经彻底失败。遭遇挫折后所产生的不良情绪也只是暂时的，如果个体能及时进行自我调整，就可以重新树立信心，摆脱不良情绪的困扰。

【知识链接】

奥运冠军们如何应对挫折

2022年北京冬奥会短道速滑冠军武大靖，回忆自己童年时期凌晨四点起床训练却不用闹钟是"因为喜欢，所以能起来！"东北的室外冰场十分寒冷，上冰十分钟脚就冻麻了，只能进屋子里暖一暖，再继续上冰训练。因为常年穿着冰刀鞋训练，他的整个脚部遍布着伤疤、老茧和变形的骨头。网络上曾有他双脚的照片，他说"我有一双很丑的脚"，可这却是"最美的勋章"，正是这双脚，托着中国队的梦想，一次次起飞！

自由式滑雪空中技巧冠军徐梦桃，在获得北京冬奥会冠军前，多次在训练和比赛中受伤，先后经历了四次膝部手术，一双膝盖伤痕累累，半月板已切除70%；面对伤病和挫折，徐梦桃不屈不挠，诠释了什么是真正的体育精神。

在人生的道路上，挫折是常见的。而面对挫折，不同的人会有不同的反应。挫折既会给人以打击，带来损失和痛苦；但也能使人奋进成熟，在磨炼和考验中变得坚强起来。

你曾经经历过哪些挫折，都运用了什么样的方式去面对？还有哪些方式是你可以去尝试着用来应对这个挫折的？如果再给你一次机会，你会选择如何应对？

二、心理压力

人在经历挫折后，有时会以压力的形式存在于心理活动之中，压力是人们最普遍的心理和情绪上的体验。适度的压力可以维持正常的心理和生理功能，有助于提高适应能力；过大的压力则会破坏身心平衡，危及健康，引发生理和心理疾病。

（一）压力的涵义

压力（stress）一词，或称为"应激"，在心理学领域主要指动物和人类紧张状态下的生理、心理和行为反应。一般可以从三个角度来理解压力，一是指环境中客观存在的某种具有威胁性的刺激；二是指具有威胁性的刺激引起的一种反应组型；三是指刺激与反映的关系。

当人们面临压力时会产生一系列心理、生理的反应。这些反应在一定程度上是机体主动适应环境变化的需要，它能够唤起和发挥机体的潜能，增强抵御和抗病能力。但是，如果这些反应过于强烈或持久，超过了机体自身调节和控制能力，就可能导致心理、生理功能的紊乱而产生疾病。

（二）压力产生的原因

压力产生的原因可称为压力源或应激源。压力源广泛地存在于我们的生活之中。有些压力源是稍纵即逝的，它能引起瞬间的兴奋和欢欣。有些压力源则持之以日、周或月，造成习惯性的高压反应，使人经常处于一种戒备状态，甚至导致心理失衡。我们所遇到的压力源可能在自身，也可能在环境之中。自身的压力源包括痛苦、疾病、记忆、罪恶感、不良的自我概念等，可称为"内因性压力源"，环境的压力源包括热、冷、噪声、其他任何无机性的刺激和有机性的刺激，可称为"外因性压力源"。压力可以划分为躯体性、心理性、社会性和文化性四大类压力源。

1. 躯体性压力源

躯体性压力源是指经由人的躯体直接发生刺激作用的刺激物，包括各种物理的、化学的、生物的刺激物，如过高或过低的温度、酸碱刺激、微生物、变质食物等。这一类刺激是引起生理压力和压力的生理反应的主要原因。

2. 心理性压力源

心理性压力源是指来自人们头脑中的紧张性信息。例如，心理冲突与挫折、不切实际的期望、不祥预感，以及与工作责任有关的压力和紧张等。心理性压力源与其他类压力源的显著不同之处在于它直接来自人们的头脑中。

3. 社会性压力源

社会性压力源是指造成个人生活样式上的变化，并要求人们对其做出调整或适应的情境和事件。这里的生活样式是指组成一个人的日常生活方式的许多"经验和事件"，包括居住地及居住环境、工作类别及工作场所的环境条件、饮食情况、个人生活习惯、娱乐活动的种类与时间、体力活动的程度、社会联系等。

4. 文化性压力源

文化性压力源，最为常见的是"文化性迁移"，如由一种语言环境进入另一种语言环境，或由一个民族聚居区、一个国家迁入另一个民族聚居区、一个国家。在这种情况下，一个人就将面临一种全新的环境、生疏的生活方式、陌生的风俗，从而不得不改变自己原有的生活方式与习惯，以顺应新的变化。

【管窥之见】

我们最值得自豪的不在于从不跌倒，而在于每次跌倒之后都能爬起来。

第二节　大学生挫折应对策略与方法

挫折是每个人都会遇到的问题，经受挫折是当代大学生健康心理发展的必经之路。当遭遇挫折时，人们都渴望迅速摆脱困境、减轻不安、稳定情绪，重新达到心理平衡，这种倾向称为心理自我防御机制。每个人在处理挫折和紧张情绪时，都自觉或不自觉地运用心理防御机制。由于个人的世界观、价值观、人生观的差异，适应能力、自我调适能力以及个性特征的不同，每个人所使用的防御机制也有差异，反映出来的强度大小也不尽相同，其中有些是积极的，有些是消极的，也有一些是妥协的。

一、积极的挫折应对表现

大学生受挫折后积极的应对行为是指通过自我意识的调节，个体"不屈不挠"，能较理性地、有控制地化逆境为顺境，努力摆脱挫折情境的行为表现。

根据本能论的观点，可以在心理层面、内在世界中以隐喻和象征的手法来满足欲望，如通过绘画把挫折情绪和感受画下来，折成纸飞机，抛向远方，象征着把挫折情绪与感受用力抛弃，随风消散。其次，可用"升华"作用来实现欲望，把低级的欲望引导到高级的活动中去，不使欲望以低级的方式得到满足，如歌德失恋后撰写《少年维特之烦恼》就是一种升华作用。

根据需要和紧张的心理系统理论，可以采取调整策略，降低需要，缓解紧张的方式，当既定的目标暂时无法实现或需要付出过大的代价时，较明智的做法是修改或降低目标的要求。如相貌普通的女孩，无法与漂亮的女生在容貌上争相媲美，但可以发奋学习，用能力、学识来填充自信，腹有诗书气自华，在学术、事业上取得的成就可以补偿容貌上的不足。

根据社会文化理论，可以采用加强人际交往、改善人际关系来应对挫折，如有些大学生因为生活作息规律不一样，有些同学习惯早睡早起，运动健身后再开启一天的学习生活，有些同学习惯晚睡晚起，经常踩着点进教室，作息时间差异大，导致宿舍矛盾冲突大，如果大家相互指责争吵无疑加剧了矛盾，反之，大家坐下来一起协商一个宿舍公约，比如晚上十点以后、早上七点以前大家的动作都尽可能地轻一些，晚睡的同学可以戴着耳机听听音乐，早起的同学提前准备好第二天要穿的衣物，尽可能减小动作的幅度等，当大家都能看到彼此的小心谨慎、体谅他人的行为表现后，哪怕是偶尔有些声响也能彼此接纳、认同对方，矛盾就自然化解了，通过有效协商，既保持了自己的习惯，满足了自己的需要，也照顾了他人的习惯和需要。

根据 ABC 理论，可以通过提高自己的心智化水平来应对挫折。心智化（Mentalization），是指在个体有意图的心理状态（如个人的欲望、需要、情感、信念和推理）的基础上，明确地或含蓄地把自己和他人的行为解释为有意义的一种心理过程。

二、消极的挫折应对表现

大学生受挫后消极的应对表现是指非理性的、失控的、没有目标导向、以情绪发泄为目的的行为表现，包括攻击他人和自己的危害性行为表现，主要有以下四种形式。

1. 自我否定型

当大学生的某些核心需求未得到满足，或非常期待的目标未能实现时，常常会引起异常浓厚的情绪，有时甚至会产生敌视心理，对自己丧失了信心，责备自己，出现悲观情绪，认为自己做什么都不行，没人喜欢，也不值得别人喜欢，甚至把自己关起来，长时间不吃饭、不睡觉，以看小说、打游戏、玩手机来麻痹自己。

2. 怒不可遏型

大学生遇到挫折时，可能会对自己产生挫折的人或事物直接进行攻击，将心中的愤怒情绪直接发泄出去，出现攻击行为，求得心理平衡。如对人怒目而视、反唇相讥、谩骂、拳脚相向等。

3. 自我逃避型

当个体不敢或没有能力应对可能发生的挫折情境而逃离现场或现实的行为，就是逃避。逃避有多种表现形式。

逃向另一现实，如有些学生对所学的专业不感兴趣，也不会努力去培养兴趣，甚至考试经常不及格也无所谓，转而把大量的时间和精力花在人际交往、社团活动、吃喝玩乐等方面，以求排解心中的焦虑和不安。

逃向幻想世界，从现实情境中撤退，逃向幻想的自由世界，在"白日梦"中寻求快乐，或者沉浸在虚拟的网络世界中避免挫折。

逃向心理疾病，如有些同学无力应对学习压力，选择"被抑郁"，开始无精打采、对什么都不感兴趣，直到去医院检查才发现自己抑郁了。或有些同学害怕考试，不能接受自己考得不好，考试前或考试中发高烧，使自己无法（继续）考试，这些都是个体借助于某种生理机能的障碍以避免面对困难和压力，它的产生往往是无意识的，与假病不同。

4. 逆反型

大学生受到挫折后，不是去总结经验教训，而是根据自己的情绪，盲目地反抗、抵触、排斥他人（尤其是老师、家长、权威）观点和建议的态度和言行，典型特点就是"你让我往东我偏要往西""你说这是对的，我偏认为这是不对的"，一意孤行，反向思考，哪怕事实和证据摆在眼前，他们也会选择忽略、回避甚至否认等。

【管窥之见】

不要辜负生活中的每一次挫折，乘挫折而飞，每一次挫折都是给予你一次转折的机会，给予你一次莫大的鼓励，要相信自己是个强者。

第三节　大学生常见心理压力及应对策略

人们对压力的反应有显著的个体差异，相同的刺激对不同的人所引起的反应是不同的。这取决于个体的认知、评价以及起调节作用的个性心理特征、个性倾向性和社会支持、个体健康状况等因素。

压力是由刺激引起的，不仅有害的、侵略性的刺激会引起压力，愉悦的、受欢迎的刺激也会带来压力。承受压力并非都是坏事。适度的压力是维持人们正常的心理功能和生理功能的必要条件，同时有助于人们适应环境、提高能力。可见，压力是我们生活的一部分，我们需要压力，正像需要食物与水分一样。生活中如果没有压力，我们就无法适当地成长，不管在生理、心理方面还是在社会方面。当生活中没有足够的刺激来引发生理激活状态时，我们通常会觉得厌烦，于是就会去寻找一些能造成压力的刺激。但是，如果在持续一段时间内有太多的压力，身体的细胞组织与器官就会发生变化，生理与心理便会出现不同的混乱甚至致病。因此我们需要学习处理压力，并将其应用于自己的生活、学习之中。

一、大学生常见的心理压力

（一）学习压力

在大学阶段，大学生们感触最深的压力就是学习压力，一方面，学习是学生的本职工作，承载着学生本人及家长对大学的期望与理想，大学生们既要学习专业文化知识，还需要培养和锻炼个人的综合素质能力，过重的学习任务给大学生带来巨大的压力；另一方面，学校的毕业要求、家长的期望、个体自身的理想抱负会加剧大学生的学习压力；其次，相比于中学阶段，大学生学习具有更大的自由，需要更高的自律，容易引发更高的内心负疚感与自我否定感。最后，社会对高学历、高素质人才的需求增加，考研热、考研难的问题，让大学生的学习面临巨大的压力。

（二）就业压力

目前，国家实行"自主就业，双向选择"的政策，给当代大学生带来了机遇和挑战，也同时带来了一定的压力。在竞争日益激烈的今天，社会对高学历、高素质人才的需求急剧增加，大学生就业总体上还比较乐观，但也存在着较大一部分学子就业难、难就业的现象。由于就业市场行为不规范，大学生只得多方面联系单位，处于长时间的等待与观望，在心理上产生了严重的焦虑情绪，而一旦与理想的工作失之交臂，也会很容易造成心理上的失落感和挫折感。

（三）经济压力

一些贫困家庭的学生，每到新学年来临的时候就开始为学费发愁。虽然国家颁布了助学贷款的好政策，积极鼓励高校学子通过贷款完成学业。但由于银行给予的贷款额度，只能保障学费和基本的生活费，额外的学习开支和生活开支难以保障。再者，作为新世纪的大学生，他们中大部分都不愿意再依靠父母，希望通过自己的努力来完成学业，到处打工、做家教，造成自己身心疲惫。另外，大学生的提前消费观念，攀比心态，物质的丰富带来了欲望的膨胀等，使大学生容易产生自卑心理，经济方面的压力无时无刻不在排挤着他们，使他们喘不过气来。

（四）人际关系压力

离开了中学时代熟悉的朋友圈，周围是陌生的人群，特别是面对来自不同地区的同学和室友，大学生要在这种条件下形成新的交友圈和社会支持系统。在与周围的同学从陌生到熟悉的过程中，在了解同学们的性格特点之后，难免会有些摩擦和冲突，产生或多或少的孤独感，这种孤独感进一步加剧，就会带来心理压力。还有的学生，由于对事物的观点看法、生活习惯与周围的同学不能融合，或者由于本身性格不合群，而遭到同学们的排斥，很容易感受到压力，产生受冷落、受歧视的心理。

（五）恋爱与性心理压力

很多大学生渴望与异性有亲密的接触，但是在爱情中会有一系列复杂、独特而微妙的情感体验，而这些对于单纯的大学生来说也是最容易产生心理困扰的地方。有的同学想恋爱，但又担心对方不接受自己。有的学生如果在恋爱阶段偷食了禁果，常会因此而恐惧、紧张，担心怀孕而流产，担心不洁而引发各种性病，这些都让大学生背上了沉重的包袱。

二、应对压力的方法

应对压力是指个体面对压力挑战时采取的一种有意识、有目的的调节行为。在日常生活中，压力是时时处处存在的，大学生应该学习并掌握一些应对压力的策略和措施，变压力为动力。

1. 预防策略

在压力到来之前可以采取预防策略。这类策略包括两个方面：一是防止或减少压力的出现，简单地说就是尽可能少惹麻烦；二是积蓄自我与社会的资源，增强抵抗压力的能力，做到防患于未然。具体方法如下。

第一，认清心理压力的普遍性。大学生要认清生活中充满竞争的现实，心理压力是无处不在的，因此要采取理性的应对态度，对已经出现或将要出现的压力有一定的思想准备。

第二，调整个人的期望水平。期望越高失望越大，大学生对自己的期望水平应该与自身能力水平和资源条件相符合。否则就有可能遭受失败的挫折和压力。

第三，改变易增加压力的行为方式。大学生活中的有些压力是可以通过改变自身的行为方式而得以避免的。那些喜欢赶时间、没有耐心、不安于现状、特别爱与人竞争的人体验到的压力更大，也更易于受挫。改变自己的行为方式，所感受到的压力可能会较以前轻。

第四，扩展应对资源。在生活中，大学生可以不断扩展各种资源，如强劲的身体，充足的自尊、自信和自控能力，坚强的信念与乐观的价值取向，丰富的知识与娴熟的专业技能，自主安排时间与生活的技巧，经济上的保障，可利用的物质工具，良好的人际关系，强大的社会支持网络等。这些资源充足了，自然就能够更好地应对甚至避免大学生活中的种种压力。

2. 疏导策略

压力来临时，可以通过自我疏导和调控来降低自己的心理压力，主要方法有三个。第一，以辩证的观点看待压力。发生在自己周围的事情都会具有两面性。

压力对自己来说，会给自己带来紧张、不愉快，也可能会给自己带来经验和启迪。而要使压力产生积极的一面，关键在于自己要对压力有积极的认知。面对压力，应该做一个积极思维者，寻找压力中的积极因素，以积极的方式解释压力，使自己走出压力的困扰。

第二，运用格言改变自己对压力的主观感受。在遭遇压力时，可以用格言来激励自己。比如可以在自己的床头上贴满各种格言警句来减缓心理压力。

第三，改变目标本身或降低要求。大学生在感觉理想目标与现实相差太远的情况下，应该意识到不能用过高的目标苛求自己、限制自己，应当对目标做出相应的调整。大学生可以根据社会现实和自己的能力、专业，设置合理的目标，逐个实现。为自己设定一个合理的目标，可以减轻由于目标得不到实现而产生的压力。

3. 斗争策略

在压力降临时，还可以采取斗争策略。这类策略具体包含以下方法。

第一，监视压力。对引起压力的事件给予积极关注，有助于我们冷静地分析事态的发展，客观地认识事件的前因后果，从而选取更为有效的应对措施。

第二，集中资源。当压力降临时，尽可能多地集中一切可以利用的资源以提高应对的成效。如果你想参加学校的某项竞赛，但是时间对你来说非常紧迫，这时你可通过充分利用现有的人力、物力与财力资源，并最大限度地调动自我的潜能来做好准备。

第三，搜寻解决问题的途径。有些事件之所以会给人带来压力，是因为我们一时找不到解决问题的办法。面对压力的问题，我们不可以回避，而是应该分析问题的实质，评估可利用的资源，寻找切实可行的解决途径，这样或许能够减少压力。

三、排除压力困扰的几种常用调适方法

面对压力，首先要做到的就是保持心情的稳定，调节自己的心态。这样才能使自己有一个更积极、适宜的心态去面对压力。下面，介绍三种调整情绪的方法。

1. 放松训练法

放松训练是一种很常用的方法，可缓解由于长期经受压力而产生的焦虑、紧张，增强调整情绪的能力。放松训练的做法可以分为如下五个步骤。

第一步，准备动作，坐在靠背椅或者平躺在床上，保持舒适的姿态，全身放松。

第二步，用鼻孔慢慢吸气，让空气在体内停留片刻，再用口和鼻慢慢把空气呼出去。这样进行几次深呼吸，并默默对自己暗示自己已经很放松了。

第三步，慢慢绷直脚部的肌肉，逐渐用力，直至用力的极限，体会肌肉绷紧的感觉，然后再慢慢放松，体会肌肉被放松后酸软无力的轻松感觉。用同样的方式，按照从下到上的顺序，顺次放松腿部、腹部、双臂和双手。

第四步，当全身都被绷紧、放松一遍之后，再做深呼吸，体会全身都松软、放松的感觉。

第五步，慢慢睁开眼睛，感到自己全身都休息了一遍，有充沛的精力去面对压力了。

2. 宣泄法

进行情绪上的宣泄是缓解压力、保持心境稳定的重要方法。一般有如下几种宣泄法。

倾诉法，即找一个自己信赖的人，例如打电话给远方的父母，或者以往的朋友、同学，把令自己烦恼的事情告诉他们，说出自己的想法。不一定非要从对方那里得到一些建议和安慰，只要他人给予相应的回应和理解，那么自己心中的"担子"就可能会有所减轻。

哭泣法，就是找一个合适的地方，放声大哭一场，宣泄自己内心的不平衡。

日记或书信法，即采用记日记写书信的方式，来释放自己的苦闷。

体育运动法，即多做一些体育运动，在运动后借助身体的舒畅感调整自己的情绪。

注意转移法。俗话说，"退一步，海阔天空"。面对压力，我们不能一味地做"当局者"，陷入疲于应付的境地而不能自拔。注意转移法就是通过做一些自己感兴趣的事情，例如听歌、打球、爬山、上网聊天看电影等，使自己的注意力暂时脱离，做到先"跳出压力事件之外，做一个旁观者"，调整一下自己的心情，从而使自己更加有效地应对压力。

【管窥之见】

鸡蛋从外打破，是食物；从内打破，是生命。人生，从外打破，是压力；从内打破，是成长。

【案例分析】

基本情况：刘某是一名女生，聪明俏丽，从小到大一直生活在幸福的家庭中，考入大学后，曾被评为"三好学生"，还担任了班干部。但后来在一次班干部的改选中她落选了，又在一次联谊会上唱歌跑了调，引起同学们的哄笑，她便觉得无法忍受，于是她开始认为世人都在与她作对。不久后的一个晚上，她走出校门，选择了轻生。

诊断： 刘同学遇到的是叠加性挫折事件，主要事件是改选落选和联谊会上唱歌跑调引起哄笑，这是挫折情境。挫折体验主要是无法忍受，或许还可能觉得羞耻、遮尬、无力、惭愧等。挫折认知是觉得世人都在与她作对，这是一种对想象挫折情境（实际并不存在或被过度夸大其实）形成的认知。挫折行为是全盘自我否定，并最终导致轻生。

策略： 刘同学遇见这样的挫折可以采取的应对策略有很多，第一种策略是调整认知。首先，盘点过去，刘同学可以回顾一下自己的过去，从小到大家庭幸福，顺利考入大学，又是"三好学生"，还是班二部，已经是一个很优秀的大学生了，是被多少人美慕的对象，过去的自己是如此的优秀。其次，分析现在，展望未来。班干部改选失败，或许是自己在以前的工作中有不足，或许是同学们的需求发生了变化而自己没能及时觉察，或许单纯的只是同学们觉得当班干部是个辛苦活，心疼她一直在付出等。无论是何种原因，都可以理解为这是给刘同学一个反思自己、不断成长的机会，她可以去体验别人做班干部时自己作为一个普通同学时一个他者的身份的感受与需求是什么，这样可以更好地理解什么才是一个优秀的班干部，为在将来的工作中做一名优秀的员工和领导打基础、做准备。联谊会上唱歌跑调，只是偶然事件，同学们当时笑一笑就过了，为大家带来欢乐，也是联谊会的目的之一，联谊会结束之后，大家不会一直记得，就算是个别同学偶尔记得，那也是属于自己的一段美好的回忆，比起那些一直不敢上台表演的同学来说，她已经很棒、很优秀了，如果是自己真的不擅长唱歌，也是通过这样的活动，更清晰地了解了自己的短处，避免了以后在更大、更重要的场合出差错。

第二种策略是勇敢面对，积极转化。刘同学面对两件挫折事件，心情低落是正常的，她可以把这两件事情的经过以及给她带来的烦恼与痛苦写在纸上，折成纸飞机，找一个空旷无人的地方用力地抛向远方，让这些令人尴尬、烦恼、痛苦的事情随风消散。并暗示自己：烦恼的事情都过去了。我依旧是那个优秀的令人美慕的"三好学生"。也可以主动和同学们打交道，说说话，观察大家对自己是否还像以前那样要好、和谐相处，并没有人处处与自己作对。过一段时间，她就会发现，偶尔的失败，也不是什么了不得的，自己成功的事情还是居多的，没有谁可以一直成功，暂时的失败是为了更大、更好的成功。

第三种策略是向外寻找帮助与指导。刘同学很苦闷的时候，可以找要好的同学、老师、家长去谈谈令自己苦恼和痛苦的事情，听听同学们是怎么看待这些事情的，听听师长们是如何理解挫折的，哪怕不能获得很好的指导与帮助，但只要把心事说出来，心情就好了一半了。如果担心同学、师长以后会嘲笑自己，不愿意他们知道自己为这些事情苦闷，可以去学校心理咨询中心预约心理咨询，咨询师很乐意倾听来访者的诉说，并会为来访者保密的。

【心理训练】

【心理微课】（请使用"知到 app"进行扫描学习）

认识压力　　　　大学生活压力考验　　压力管理之压力转换　压力管理之压力放松

【推荐读物】

1. 戴博德. 蛤蟆先生去看心理医生 [M]. 天津：天津人民出版社，2020.

2. 戈特利布. 也许你该找个人聊聊 [M]. 张含笑，译. 上海：上海文化出版社，2021.

【学习与思考】

1. 如何才能"化压力为动力"？

2. 你常使用哪些方法来减压，还有哪些方法是你以后会运用的减压方法？

3. 大学生面对挫折的应对策略与方式有哪些？

第十一章 畅游网络
——互联网与大学生心理健康

网络正在改变人类的生存方式。

——比尔·盖茨

【学习目标】

知识目标：了解网络心理健康的概念及标准；理解大学生网络心理的特点；掌握网络问题行为的表现及心理特质；了解网络成瘾治疗的基本方法。

能力目标：学会甄别网络问题行为及其心理特质。

情感与价值观目标：帮助大学生树立健康的网络心理，建立正确的网络观，培育网络使用的积极心理品质。

【本章重点】

1. 网络心理健康的标准。

2. 网络问题行为的表现、危害及心理特质。

3. 网络使用中积极心理品质及良好能力的培育。

【思维导图】

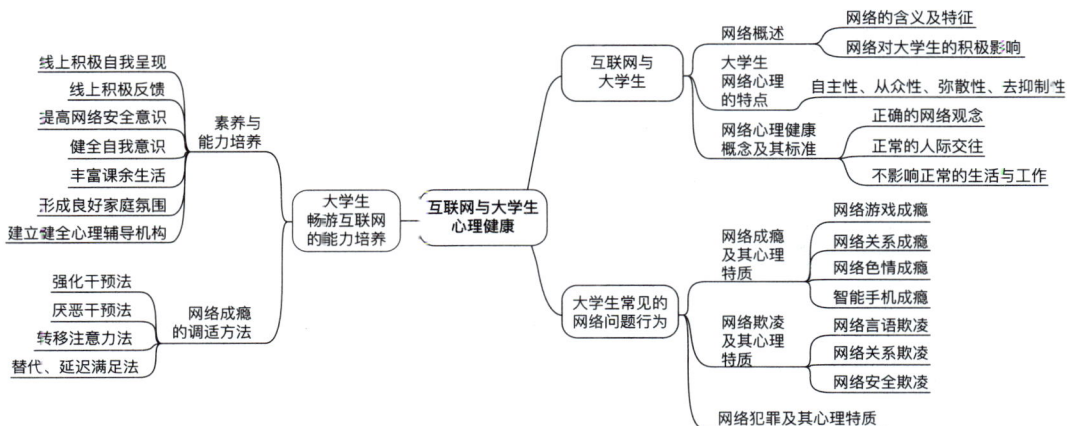

　　互联网始于 1969 年，目前全球互联网用户数量已突破 40 亿人，中国互联网用户数已突破 10 亿人。随着越来越多的人加入互联网大军，网络的作用已远不止"信息高速公路"，人们开始从社会、文化的角度对互联网的意义、价值和本质提出新的理解。网络已然成为现代生活的一部分。

　　大学生作为走在时代前沿的青年一代，正在不断从互联网中汲取新的思想理念与文化知识，形成全新的生活模式与学习方法，但也不可避免地要经受互联网带来的巨大浪潮，到底是成为乘风破浪的时代佼佼者，还是湮没在各种问题行为及心理之下？大学生需要跟随时代的潮流，保持网络心理健康，形成网络使用的积极心理品质，实现真正意义上的畅游网络。

第一节　互联网与大学生

互联网，对当代大学生来说是一个相当熟悉的名词，作为"00后"，许多大学生甚至可以说是互联网世界的原住居民，不管是在生活、学习还是交友中，互联网都占据了重要的位置。在互联网时代大背景下，我们需要进一步认识互联网的特性、认识使用互联网时自身的心理特质，保持网络心理健康。

一、网络概述

（一）网络的含义

网络是以电子元件为物理空间、以信息为主体内容的信息储存传播系统。网络被称为继报刊、广播和电视之后的"第四媒体"，它具有传播速度快、信息量大、受众与传播者可进行即时交流、互动等优势。还集多种媒体于一身，达到时空交融、视听兼备的综合艺术效果，营造出的情感氛围让人能获得更多感官刺激，进而得到精神上的满足与愉悦。从某种程度上说它改变了目前的文化和娱乐形态，为人类提供了与现实生活并行的一种独特的精神生活，成为一种全新而强大的社会力量。

（二）网络的时空特征

网络作为一种新的信息载体，具有一些独特的时空特征。

1. 开放性

网络是一个开放的空间，各种文化、思想、观念都可以在这里传播、相融、交流。人们可以自由地发表自己的观点而不受现实的约束。

2. 隐匿性

在网络世界里，人们可以隐匿性别、年龄、种族和社会地位等身份信息，同时避开了人与人之间面对面的接触，减少了陌生焦虑，以避免出现真实社会中的复杂状况，获得安全的需求满足。

3. 交互性

网络不同于其他媒体，它可以超越时空的距离交流和即时互动，在人们的交往中占据越来越大的重要性。

4. 丰富性

网络上几乎可以搜索到任何信息，具有独有的信息丰富特性。

5. 平等性

在网络社会里，由于它的无中心控制设计，每个人都有自己的 ID 号，大家的地位都是平等的。

6. 去抑制性

指个体在网络社会中比在现实社会中更不受约束和抑制，可以较为真实地表达自己。

7. 时尚性

网络信息的丰富和易于传递，使它能够汇集现实社会中所有最时尚、最潮流的元素，走在时代的前沿。

8. 便捷性

网络的便捷操作可以使人们超越时空的距离，随时享受网上提供的各种各样的服务，满足各种需求。

网络正是因为具有这些独有的时空特征，才具有了开放度高、包容性强的特征，且最初的信息通信工具，变为一种新媒体，甚至于成为意识形态的前沿阵地，这是越来越明显的趋势。网络正带着不可阻挡的冲击力改变着世界，这是不争的事实。

（三）网络对大学生的积极影响

1. 建立现代新观念

（1）刷新效率观念

网络具有发展速度快、更新周期短、开放程度高的特征，它以快捷的速度传送和处理巨大的数据、信息，有别于其他媒体，形成一种新的信息与通讯网络系统，这有利于青少年效率观念的形成。

（2）创新学习观念

互联网丰富的知识内容，为青少年提供了广阔的学习空间，大大拓宽了青少年求知的欲望和途径，包含了大量学习元素的儿童及青少年游戏不断涌现，不断实现寓教于乐。学校和教师的教学理念也不断更新，智能化教学、线上线下融合式教学等成为新的大趋势。

（3）形成全球观念

互联网的使用和迅速普及，使人们突破了国家、民族的界限，甚至是时空的限制，使世界成为一个整体，青少年在使用网络的过程中会逐渐形成全球观念，开阔心胸与视野，利于其潜能的发挥。

2. 增强人际互动性

（1）扩大互动范围

网络的无限性让使用者的社会接触范围大大拓宽，便捷的通信缩短了人们之间的距离，使人们的社会性得到空前的延伸和扩展，塑造了新型的人际关系。

（2）增强人际互助

交往的互助性是指在虚拟社会中人们利用网络发展的互助性行为。人们通过聊天、邮件交友、论坛游戏娱乐等多种方式交往，还可以通过网站建设、互助主页、货物交易、困难求助等多种途径增强人们之间的互助性。有研究表明，网络的匿名性、即时性、共享性等环境特点更容易促使网络利他行为的发生，比如论坛答疑、水滴筹等各种新形式的互助行为。

3. 增加人格丰富性

（1）体验和修正自我角色

网络创造的虚拟环境使青少年可以在其中不断地进行角色学习，理解角色间的行为规范，体会角色的需求和情感，了解和体验角色间的冲突，还可以通过网络群体成员间的互动，检验自己的角色扮演情况，最终这些角色体验都会通过迁移表现在现实生活中，促使其把握在现实社会中各种角色的尺度。网络成为人格发展的独特练兵场。

（2）形成独特的群体文化

随着网络的使用，青少年的人格发展从传统的社会教化转向自我社会化，网络的信息丰富、超越时空限制、即时互动等特点，帮助青少年不断锻炼着敏锐的信息获取能力和独特的传播交流方式，这些都对他们的价值观念、思维方式、行为方式产生着巨大的影响，在互动的网络群体中也逐渐形成了独特的角色群体文化，反过来也丰富着他们的人格发展。

（3）创造自我实现的新途径

网络社会的出现，提供了大量新的机会和获取成功的途径，在资源日益紧张的现代社会，创造了大量的虚拟与现实价值，提供了与以往截然不同的全新的自我实现途径。

4. 共享信息技术

网络的出现，打破了以往知识使用、传播的局限性，知识不再是只有少数人可以掌握的，网上图书馆、各种搜索引擎的使用都使人类几乎所有的知识集中起来，理论上可以被所有人使用，这极大地激发了信息、技术的革新、发展、进步，对人类的发展是一种颠覆性的促进和改变。

二、大学生网络心理的特点

（一）自主性

自主性是指行为个体按自己意愿行事的动机、能力或特性。网络的信息技术的共享性、实时性、丰富性的特点，使大学生可以不受时空的限制任意根据自己的喜好、特点、需求主动选择从网络世界获取信息。网络世界的匿名性，也使大学生可以自由地发布信息，与人交流，网络的使用者没有身份的高低贵贱之分，只要你是网民、只要你愿意都可以随意在网络上高谈阔论，侃侃而谈。智能手机的出现，更是让我们快速进入自媒体时代，大学生也可以成为拥有大批粉丝的博主，可以随时将自己的生活拍摄制作成微视频，人人都是自己的代言人。他们乐于利用网络分享自己的生活、发表自己的见解、展现自己的个性，而网络的普及与飞速发展也给大学生提供了更加便利的平台。

（二）从众性

大学生网络心理的从众性主要表现为学习从众、娱乐从众、消费从众、舆论从众、恋爱从众等。从众心理人皆有之，比如和大多数同学玩一样的游戏、看一样的剧可以找到更多的共同话题，拉近同学之间的距离。但凡事从众、盲目从众，反映的是大学生自我意识弱化、缺乏独立人格。心理尚未完全成熟的大学生在面对纷繁复杂的网络世界时，学习容易碎片化，消费容易追风、跟潮流，甚至会为了贪慕虚荣走上网贷的不归路，面对网络热点问题时，会在没有了解事情真相时就想当然地云做舆论的传播者，扰乱视听，责任感缺失，给个人和社会发展带来了不利影响。

（三）弥散性

弥散性在心理学中一般指情绪的泛化，或者心境的广泛性影响。这种情绪虽是由一个具体事件引发，却会扩散至其他无关的人、事、物。大学生情绪丰富、敏感、起伏大、易弥散，在网络世界中体验到的情绪容易持久地影响现实生活，断网后仍不能正常地回到校园学习生活中。比如在遭受网络言语攻击后，无助、自卑、自责等情绪会持续影响现实生活中对自我的认同。同时，情绪的弥散性还具有传播能力，能够一定程度上影响他人的心理和行为，如在网络上看到的一些不良事件或负面网评，自己也会不自觉地受到影响，或是加入网评大军中表达自己的情绪和想法。

（四）去抑制性

"抑制"在心理学研究中是指个体行为受到自我意识的约束，对社会情境维持一定的焦虑水平以及在乎他人评价等种种现象。与之相反，"去抑制"则以这些相同因素的缺乏或逆向为特点。大学生网络心理的去抑制性是指在社会规范和个体的内心准则都被大大削弱。虚拟网络环境中，大学生忽视了对自我行为进行克制，其言谈举止在网上表现出一种解除抑制的特点，与现实生活中的行为方式有较大的差别，甚至完全相反。比如，一个平时彬彬有礼的学生，在网络世界可能表现得言辞犀利、颇具攻击性，在网络世界变成键盘侠，催生助长网络暴力。网络世界的去抑制性会让学生更多地表现出心理的欲望和需求，展现更多面的自己。

三、网络心理健康概念及其标准

网络心理健康是顺应时代出现的全新概念，它虽然是建立在网络虚拟社会情境中，但仍是对现实生活中个体的心理健康状况的评价。简单地说，网络心理健康就是人们在使用网络时能够保持积极的心态，离线时能够保持心理的平衡，能够较好地把握虚拟与现实之间的关系，在虚拟性与现实性之间以现实性为主导，在线时和离线时能够保持人格的统一。网络时代心理健康的标准是什么，现在仍然没有明确的说法，比较普遍的看法如下。

第一，要有正确的网络心理健康的意识或观念。一个心理健康的人要具有正确的心理健康意识或观念，认识到心理健康的重要意义和现实价值，能够运用正确意识指导自己的心理和行为。同时，网络心理健康的意识还应包括对网络有正确的认知和态度。

第二，有正常的人际交往。人际关系协调，能够与周围环境保持良好的互动。具有健康网络心理的人，应该在离线时能够维持并发展现实正常的人际交往，并能够同周围环境和人保持良性互动。

第三，不因网络的使用而影响正常的学习、生活和工作。若因为上网而影响正常的学习、工作、家庭生活、人际交往，就属于网络心理不健康的范围，需要及时控制调整或治疗。

第四，能够保持在线时和离线时的人格统一。在线时能够积极主动地接受和处理信息，离线后能够迅速地从虚拟情境中走出来，而不是仍然沉溺于虚拟情境之中。

第五，不影响到身体健康，离线时身体没有明显不适应。在线的时间以身体健康为底线，以不影响身体健康为前提，离线后不会因使用网络导致身体感觉器官、消化器官、神经系统及其他的身体器官的功能下降或失调，能保持生理机体的平衡。

【管窥之见】

如果错过互联网，与你擦肩而过的不仅仅是机会，而是整整一个时代。

第二节　大学生常见的网络问题行为及其心理特质

有人说，网络的神奇之处在于你的优秀可以被迅速复制并放大，你的缺点也可以被迅速复制并放大，网络是一个充满神和魔的地方。那么，大学生在网络使用中容易出现哪些常见的问题行为呢？其背后又隐藏着怎样的心理特质呢？

一、网络成瘾及其心理特质

（一）网络成瘾的内涵

世界卫生组织定义，所谓网络成瘾症（internet addiction disorder），是指由于过度使用网络而导致的一种慢性或周期性的着迷状态，并产生难以抗拒的再度使用的欲望。同时会产生想要增加时间、耐受性提高、出现戒断反应等现象，对于上网所带来的快感会一直存在心理与生理上的依赖。

（二）网络成瘾的类型

根据网络成瘾者参加的网络活动不同，网络成瘾可以分为：网络游戏成瘾、网络关系成瘾、计算机成瘾、信息收集成瘾、网络色情成瘾、其他强迫行为，以及近些年新出现的智能手机成瘾。下面我们重点探讨四种大学生常见的网络成瘾行为。

1. 网络游戏成瘾

网络游戏成瘾即将大量的时间、精力和金钱都花费在网络游戏上。网络游戏成瘾分别于2013年和2018年被正式纳入《精神疾病诊断和统计手册》第五版（DSM-5）和国际疾病分类（ICD-11）诊断标准。在各类网络成瘾中，网络游戏成瘾比例高达82%。

2. 网络关系成瘾

此类成瘾者主要是通过聊天工具和网站聊天室等进行人际交流，沉迷于网络聊天交友而不能自拔，将网络上的朋友看得比现实生活中的亲人和朋友更重要。

社交网络在某种程度上能扩大朋友圈，获得关注，得到反馈，提升自信，得到满足。但是学生过度使用社交网络与其不断增加的心理症状有关，包括压力和焦虑症状。

3. 网络色情成瘾

网络色情成瘾指沉迷于成人话题的聊天室和网络色情文学。互联网的便捷性、丰富性和匿名性的三大特点，使得网络成为大学生获取色情内容的主要方式。使用户更容易形成过度关注色情的成瘾问题。

青少年时期是性观念发展的关键时期，过度的网络色情信息关注会影响性健康发展，使个体形成不正确的性观念。

4. 智能手机成瘾

智能手机的普及使网络成瘾行为从以计算机为媒介的成瘾行为模式逐渐转移为智能手机问题性使用这一新模式，主要表现为以智能手机为媒介的智能手机使用不当及社交网络成瘾。

智能手机成瘾与成瘾者的人格特质、精神困扰、社会支持等相关性较强，主要表现在以下三个方面。

第一，人格特质方面。大五人格理论（OCEAN）将人格特质分为五大要素：尽责性（具有胜任、公正、条理、尽职、成就、自律、谨慎、克制等特点）、外倾性（表现出热情、社交、果断、活跃、冒险、乐观等特质）、开放性（具有想象、审美、情感丰富、求异、创造、智能等特质）、神经质（具有焦虑、敌对、压抑、冲动、脆弱等特质）、宜人性（具有信任、利他、直率、依从、谦虚、移情等特质）。研究表明，神经质特质与智能手机成瘾关系密切，这类特质的人具有冲动、易情绪化、焦虑、逃避现实的特点，遇到外部刺激产生不良情绪时，可能更愿意通过智能手机来调节情绪或转移注意力。而外倾性、开放性、宜人性、尽责性特质明显的个体，更能有效利用自身条件以及内外部支持，如寻求亲友长辈的帮助、努力提升自身能力、转移注意力到其他兴趣爱好上等。

第二，精神困扰方面。手机成瘾行为是与焦虑症状相关的一种人际关系依赖的表现形式。"错失恐惧症"者担心忧虑自己缺席的时候，他人正在获得有益的经验，以至于希望与他人保持联系。而这种对社交压力的高感知程度与手机成瘾行为呈正相关。比如，很多同学都有睡前必须刷完朋友圈并逐一点赞的强迫行为，笑称"批阅奏折"，生怕错过任何一个朋友的任何一个动态。同时，情绪不稳定的人群可能因过度的情绪反应导致在与人面对面交流中的表现差强人意，他们倾向于通过反复检查手机微信、短信来努力维持社会关系。抑郁人群也更容易对智能手机成瘾，他们虽然对社交排斥的敏感度增加，但使用社交媒体的频率存在增加的趋势。比如使用手机点外卖、购物等反而能避免现实生活中令人不安的社会交往，线上人际互动的形式也能满足抑郁人群的情感需求。

第三，社会支持方面。研究显示社会支持与智能手机成瘾呈显著相关。社会支持水平低的学生，更倾向于通过各类手机APP获得积极的情感体验，比如微信聊天、刷抖音等，手机的方便、快捷、易得性也使得学生大大增加了手机使用时长。提升大学生社会支持水平，有助于他们在现实人际交往过程中获得积极的情感体验，从而降低他们使用移动网络的动机。

（三）网络成瘾的心理学理论

精神分析理论认为，一个人的人格由本我、自我、超我三个部分组成。网络成瘾者为了调和本我与超我的矛盾，常用的心理防御机制是否认与逃避。否认自己网络成瘾，不能面对现实，无法承认及面对自己学业、人际关系等方面的失败，而是幻想自己会成为网络游戏高手或是沉浸在虚拟的网络关系中。

人本主义的理论认为，人有生存的（生理需要、安全需要、感情需要）和成长的（尊重需要、自我实现的需要）两类基本需要。这些需要的满足可以促进现实自我与理想自我的接近，使人格处于和谐状态。反之，当需要无法满足时，现实自我与理想自我的差距拉大，内心冲突随之加剧，会带来怨恨、痛苦等。网络满足了人的归属和爱的需要。网络中人与人之间的交流是广泛、间接、隐匿、安全、多选择的，无需面对面，也不用随时回应对方，可以完全表达自己，甚至是表达在现实生活中不被允许的一部分，而不必担心失去面子或危及自己的实际利益。可以掩饰和美化外貌及性格中的缺陷，还可以大大缩短现实生活中建立一段人际关系所需要花费的几年、十几年的时间，在网络中也许只是几分钟、几个小时就可以建立起一段关系。而一些具有特殊价值的群体或者在现实生活中难以找到认同的群体，也可以在网络中找到支持和认同。

认知—行为模型认为，可将引发网络成瘾的因素分为不直接引起网络成瘾的远端因素和直接引起网络成瘾的近端因素。网络色情成瘾属于特殊性病态网络使用行为，引发它形成的远端因素包括网络的特点（如方便、快捷）、网络色情的特征（如匿名性、隐蔽性、方便、免费）、心理问题（如焦虑、抑郁倾向）等，它们不直接引起网络色情成瘾但却是引起网络色情成瘾的必要因素。

【知识链接】

中庸思维与大学生网络成瘾

中庸思维源于中国传统文化，是非常具有中国人特色的一种典型思维方式。那么，在中国传统文化熏陶中成长起来的这一代大学生，中庸思维与网络成瘾有何种关系呢？其作用机制又是怎样的呢？

中庸思维是指个体在特定情境中思考如何整合外在条件和内在需求，并充分考虑行为后果的一种思维方式，包含多元思考、整合性和和谐性三个维度。有研究显示：中庸思维通过降低同伴冲突对网络成瘾起到一定的抑制作用。

这项研究结果告诉我们，要善于挖掘中华传统文化，在家庭教育、校园文化、心理辅导等方面深植中庸思维。重点关注并促进大学生人际关系和谐，降低网络成瘾的风险。

（四）网络成瘾对身心的危害及表现

网络成瘾损害大学生的身心健康，导致学业荒废、工作无序、人际关系淡漠、情绪低落、思维迟缓，甚至产生自残和攻击的意念和行为，社会功能严重受损等情况。

1. 影响身体健康

长时间沉迷于网络可引起植物神经功能紊乱和体内激素水平失衡，使人的免疫功能降低，引发心血管疾病、胃肠神经官能症等。由于玩游戏时全神贯注，身体始终处于一种姿势，眼睛长时间注视显示屏，会导致视力下降、肩背肌肉劳损等情况。

2. 造成认知障碍

网络成瘾者一旦停止上网便会产生上网的强烈渴望，难以控制对上网的需要或冲动，这种冲动使其不能从事别的活动，工作学习时注意力不集中、不持久，对周围现实环境的感受力和记忆力减退。由于长期运用视觉形象思维，导致逻辑思维活动迟钝。沉迷于虚拟世界，对日常工作、学习和生活兴趣减少，缺乏时间感。

3. 导致心智情商失常

网络成瘾者常常处于不敢面对现实的心理冲突之中，导致情绪低落、悲观、消极情感自我迷失。常出现的情绪问题有抑郁症、躁郁症、焦虑症等。

4. 损害行为抑制功能

成瘾程度越严重的个体其反应抑制功能受损越严重，常常会表现为行为控制障碍等问题，如上网时间越来越长，经常超出计划时间，在网络游戏下线后也容易继续幻想游戏中角色的行为。

5. 形成严重的学业困扰

学生沉溺于互联网带来了大量教育上的问题，大部分学生学习习惯变差，学习成绩下降，并伴随显著的留级、逃学甚至辍学的现象。有研究表明，在成绩急剧下滑、考试不及格的大学生中，沉迷网络者占80%。

6. 引起人际关系恶化

在网络虚拟世界中投入大量的时间，会减少个体在现实生活中的人际互动，如网络游戏成瘾者容易出现人际疏远、人际冷漠等现象。

7. 造成严重的心理冲突

一个人长期沉溺于一个精心构筑的虚幻世界中，那么其性格极易发生扭曲，从而产生自轻自卑的心理，甚至导致极端行为的发生。

二、网络欺凌及其心理特质

（一）网络欺凌的概念及类型

网络欺凌是利用数字媒体技术，通过反复实施的敌意攻击，有意对某人身心造成实际或潜在伤害的暴力行为。常见的网络欺凌类型有通过电子手段传播谣言、辱骂他人、煽动、威胁、未经他人同意发布他人私密的图片与视频、故意禁止他人进入网络社交圈等。总体可以分为以下三类。

1. 网络言语欺凌

网络言语欺凌是反复向受害者发送令人生厌的、侮辱性的信息，直接通过网络粗鲁地谩骂对方，使某人气愤、痛苦的行为。

2. 网络关系欺凌

网络关系欺凌是在网络上散布某人的谣言、故意将某人从群组中排除以致使某人的声誉受损、人际关系受到破坏的行为。

3. 网络安全欺凌

网络安全欺凌是反复向某人发送威胁的话语使其感觉到受威胁和恐惧、在网上公开他人的隐私信息、利用网络技术监视某人的生活的行为。

（二）网络欺凌的心理模型

BGCM 网络欺凌模型是一种典型的网络欺凌心理模型。当青少年第一次尝试网络欺凌后，攻击者就可以从网络攻击行为中获得收益并学习到实施欺凌的方法，使其认为在网络上实行攻击比在线下隐蔽性好，并且不像传统霸凌对身体条件有要求。网络的匿名性、与身体条件的无关性这两个网络环境的关键因素，再加上不断对网络攻击方式的了解学习，强化了实施网络欺凌的态度，导致了网络欺凌行为的产生。

（三）网络欺凌对身心的危害及表现

网络欺凌具有普遍性、匿名性、难终止、易扩散、更不容易被受害者报告等特点，因此与传统欺凌相比，网络欺凌也可能对受害者造成更加严重的身心伤害。

第一，对躯体和情绪的影响。导致诸如焦虑、抑郁、恐惧、创伤性应激障碍等情绪问题，且经常伴随躯体化问题，如头痛、胃痛、睡眠问题等。

第二，对自我价值感的影响。自我价值感是一个人的客体自我在社会生活中对主体自我的积极情感体验的认知和评价。遭受网络欺凌的受害者容易将负面的攻击性语言等内化为对自身的评价，长此以往，会产生低自我价值感、低自尊、自卑等问题。

第三，对心理控制感的影响。控制感是指个人能够控制外部事物和环境的感知和感觉，是人类的一项基本需求。因为网络欺凌具有匿名性、易扩散性等特点，且经常伴随着威胁或公开个人隐私，对受害者来说大大降低了其自我的心理控制感，感觉无法控制生活，容易产生"宿命论"。

三、网络犯罪及其心理特质

（一）网络犯罪的概念及类型

网络犯罪指的是利用网络作为犯罪的场所或者利用网络来作为犯罪的客体所实施的犯罪行为。当前，我国大学生网络犯罪侵犯的客体范围以政治、金融和商业等领域为主，犯罪表现形式复杂多样，如借用网络实施新的传统犯罪、网络入侵、网络智能化犯罪、非法传播色情视频等，同时，大学生也可能成为网络犯罪的受害者，如网络诈骗、非法网络贷款、非法网络刷单等极易盯上大学生群体。

（二）网络犯罪的心理成因

导致网络犯罪的主客观原因是多种多样的，客观方面来说，包括家庭、学校、社会的多种因素共同作用，如不良的教育方式，社会媒体对于网络犯罪的不当渲染，民众的普遍计算机网络安全意识及能力不足，网络犯罪的高成功率和低破案率等特性。从主观方面来说，网络犯罪的心理成因主要可以分为以下四种。

第一，好奇涉猎心理。大学生正处于生理、心理的发育阶段，精力充沛、好奇心强烈。好奇心理是大学生网络犯罪的常见心理之一。

第二，贪财图利心理。在不劳而获、爱慕虚荣、相互攀比等心理作祟下，一些大学生会把目光转向网络，利用网络的开放性、隐蔽性、易操作性等等点，试图在网络上赚快钱，从事网络刷单、网络诈骗等非法勾当，或是为了提前消费走上非法网络贷款的不归路，甚至侵犯知识产权窃取计算机信息资源、商业机密、国家秘密等。

第三，嫉妒报复心理。大学生之间的相互攀比容易使其产生嫉妒心理。当心理失衡无法改变时有些人甚至会产生破坏和报复心理，一些青少年在受到不良影响或是非法组织拉拢时，反社会情绪强烈，往往利用网络这种低成本方式作为报复的手段。

第四，错误的自我实现心理。如前所述的非法入侵他人计算机系统、非法获取或公开他人信息等行为，有时不仅仅是为了满足好奇心，更是为了展示自己的计算机才华，博得社会的关注和认可。

【管窥之见】

要想自由，必先有我，要有自我，必先自主，要有自主，必先自制。

第三节　大学生畅游互联网的能力培养

在信息时代，网络的运用越来越广泛，这是不可阻挡的趋势。网络是一把双刃剑，正如《全国青少年网络文明公约》呼吁：我们要善于网上学习，不浏览不良信息；要诚实友好交流，不侮辱欺诈他人；要增强自护意识，不随意约会网友；要维护网络安全，不破坏网络次序；要有益身心健康，不沉溺虚拟时空。合理、有效地利用网络资源，让网络成为帮助学生健康成长的良师益友，是身处网络时代的大学生的必备素养与技能，也是家庭乃至整个社会仍需努力探索的重要课题。

一、畅游互联网的素养与能力培养

（一）线上积极自我呈现

线上积极自我呈现是指个体在社交网络中有选择地展现个人感受以及理想化的自我

形象，并通过一定印象整饰策略去进行形象管理。比如微信、QQ 等各种社交软件都有头像展示、自我介绍、空间展示等，网络的线索有限性，也使得积极的自我呈现相较于现实生活来说更容易实现。线上积极自我呈现有利于个体获得更多积极评价和社会支持，降低孤独感、抑郁和焦虑情绪，提升自尊水平、生活满意度和主观幸福感。

（二）线上积极反馈

线上积极反馈主要表现为在线上关系中给予对方积极的关注和接纳，如微信点赞、发表积极的评价等。线上积极反馈可以拉近人际关系，获得更多社会支持，提高个体的社会适应性。有数据显示，个人线上好友与线下好友的重合度达到 70%，线上积极反馈实际上也是维护现实生活中人际关系的有效方法。此外，有研究证明，高自尊水平的人对社交网络中的积极信息更敏感，低自尊水平的人却对消极信息更敏感，他们常会"过滤"掉那些对自己的积极性评价。在网络使用中，应鼓励低自尊青少年在线上积极自我呈现的同时多关注他人积极的社会反馈，促进幸福感等积极心理品质的发展。

（三）提高网络安全意识

防止网络诈骗的关键一环是提高全民网络安全意识。2021 年，全国破获的电信网络诈骗案件就高达 44.1 万余起。然而很多涉世未深的大学生仍不太关注网络安全知识，认为自己不可能被骗，点一个链接不可能网络中毒或者被转走钱财，甚至因赚快钱的想法入伙刷单，殊不知这已是犯罪行为。在日常生活中，大学生应重视参加网络安全知识学习，如在网络娱乐中，如何保持清醒、避免沉迷，在网络社交中，如何加强个人信息的保护，防止隐私泄露。

（四）健全自我意识

青少年如何正确认识自我、积极悦纳自我是成长当中的一个重要环节。理性、平和地认识和接纳自我，统一并整合线上、线下自我角色，能减少网络成瘾的风险，自我积极悦纳也能减少网络欺凌受害者内心的负面体验，自我意识的健全也能减少因贪财图利心理引起的网络诈骗以及因嫉妒报复心理而实施的其他网络犯罪。

（五）丰富课余生活

参加各种科技兴趣活动、体育锻炼、文艺沙龙活动，培养各种兴趣爱好，充分感受到现实生活中的乐趣，就不易被虚幻而颓废的网络世界吸引而成瘾。

（六）形成良好的家庭氛围

父母作为青少年生活的管理者，与青少年相处时间较长，关系较为密切，应加强在青少年与互联网交互作用中的主导地位，树立正确的教育观念，因材施教，不要期望太高，以减轻子女的心理压力，并给予更多的情感支持、理解与接纳，以缓解及消除子女的负性情绪。有研究表明，家庭缺少幸福感或父母管教子女方法不当的青少年，最容易变成互联网的俘虏。因此，作为与青少年生活、关系最为密切的父母，要创造良好的家庭氛围，避免青少年因生活中缺少温情与关爱而沉溺于互联网。

（七）建立健全青少年心理辅导机构

学校应及时发现青少年的心理问题并及时解决，同时为在校青少年建立身心健康档案。对那些有社交恐惧倾向、孤独、抑郁、焦虑、对他人疑心重、缺乏自信等负性心理特征的青少年重点关注，开展心理辅导，防止负性心理特征的青少年沉迷于网络，产生网络成瘾。

大学生要做到畅游互联网，一方面需要培养互联网素养与能力，形成使用互联网的积极心理品质，从而实现用互联网创造更美的生活，另一方面，也要谨慎避免因过度使用互联网造成的网络成瘾问题。

二、网络成瘾的调适方法

随着对网络成瘾的研究逐步深入，研究者们发现，网络成瘾分为五种：正常上网过多成瘾；成长问题上网成瘾；心理障碍上网成瘾；性格问题上网成瘾；精神疾病上网成瘾。不同类的网络成瘾各有特点，其治疗方法也是不同的。

长时间上网成瘾者，其体内五羟色胺分泌失衡，五羟色胺是人体大脑内控制情绪、心境的元素，是管理心理和情感的最重要物质。所以多数网络成瘾不仅仅是一种心理问题还是一种内分泌失衡的神经系统疾病，其治疗必须以药物和物理治疗为主，心理治疗为辅，由专业的心理治疗师和精神科医师运用专业医疗技术进行治疗，而其治疗的重点不再仅仅是上网的行为，而是家庭、成长创伤、人格、心理障碍、精神疾病等引发行为的因素。

网络成瘾的治疗技术有打破定势、借助外力制止、制定目标、制作提醒卡片、制作个人清单等。认知行为疗法采取经典的行为成瘾（冲动性购物、病理性赌博）治疗手段对青少年网络成瘾进行心理矫治，具体可以采用厌恶疗法（药物厌恶法与想象厌恶法）、系统脱敏法、强化干预法、转移注意力法、替代和延迟满足法、团体辅导法等。

（一）强化干预法

强化是使有机体增强某种反应重复可能性的力量，它可以分为奖励与惩罚两种。在实际操作中，这种干预方法使用最为普遍，效果也最好。在网瘾的干预中，奖励的使用条件是，一旦发现成瘾学生有减少上网的行为，就给予奖励、表扬或肯定性评价；惩罚的使用条件是，一旦发现上网时间增加，立即给予处罚。处罚可以是物质性的，如取消获得其最想要的东西的权利，也可以是精神上的，如校纪处分等。

（二）厌恶干预法

厌恶干预指采用惩罚性的厌恶刺激来减少或消除一些适应不良行为的方法，常用的做法有橡皮圈拉弹法、社会不赞成法、内隐致敏法等。橡皮圈拉弹法是由成瘾学生预先在自己手腕上套上一根橡皮圈，当他坐到计算机前准备上网时，自己用力拉弹手腕上的橡皮圈，使其手腕有强烈的疼痛感，从而提醒自己的行为。也可借助外力如让闹钟发出尖利的噪音等，来促使自己停止上网。社会不赞成厌恶干预主要是运用图片、影视、舆论等手段，使学生在上网的同时产生一种来自社会的压力，并在心理上造成威慑，从而达到戒除网瘾的目的。内隐致敏法又叫想象性厌恶干预，是指用想象上网过程和结果的办法，使自己对上网有厌恶感，从而逐步减少上网时间，直至戒除网瘾。这种方法可与橡皮圈拉弹法结合使用，效果会更好。

（三）转移注意力法

学校或班级通过组织各类有意义的文体活动，让成瘾学生参与其中，从而转移他们的注意力，减轻他们对网络的迷恋程度。

（四）替代、延迟满足法

一方面学校和教师要帮助学生培养替代活动吸引其注意力，同时要弄清上网学生的上网习惯，然后反其道而行之，在原来上网的时间安排做其他事情；另一方面了解问题学生的上网时间（起初要控制上网时间，不必绝对戒除），将其上网总时间列表，纳入周计划，在可以控制的前提下逐步减少上网时间，最终实现戒除网瘾的目标。

【案例分析】

张同学，男，19 岁，大一学生。从小学到高中成绩都比较好，人也比较听话，高考意外失利后，家长劝其复读。在复读这一年里，张同学认识了好几个社会上的"小混混"，开始逃课上网，有时候甚至整晚不回家，成绩一落千丈。父母考虑安全问题为张同学在家购置了一台电脑，张同学一开始承诺只在完成作业后玩电脑，却演变成经常上网七八个小时。因父亲拔断网线而和父亲大打出手。张同学表示自己压根不想来这所大学读书，要读也要去离家远点的学校，他喜欢的是计算机专业，但父母非要逼自己学现在这个专业，所以他一开始也没打算好好读，觉得这些都无所谓了，只有上网才能找到乐趣，只有上网才觉得生活更充实，时间过得也更快。

诊断：张同学的问题属于网络成瘾。上网占据了他的身心，他将上网作为逃避现实和烦恼的手段，无法控制上网冲动，不断增加上网时间，会因父亲中断网络而情绪失控，因迷恋网络严重影响学业及家庭关系。

策略：转移张同学注意力，发掘他更多感兴趣的领域，如学习乐器、担任干部、加入社团等。指导家长改变家庭教养方式，营造和睦温馨的家庭氛围。运用心理治疗方法改善成瘾状况，如使用厌恶干预法、系统脱敏法、认知疗法等。

【管窥之见】

网络生存能力将是未来社会衡量适应能力的一个重要方面。

【心理测验】

【心理训练】

【心理微课】（请侵用"知到app"进行扫描学习）

互联网使用障碍概述　　　　正念呼吸训练

【推荐读物】

1. 刁生富，张艳，刁宏宇．重塑人工智能与学习的革命［M］．北京：北京邮电大学出版社，2020．

2. 沈超．网络谣言群体态度研究［M］．北京：北京邮电大学出版社，2020．

3. 李杰赓．大学生网络成瘾干预路径研究［M］．北京：北京理工大学出版社，2018．

4. 李宏利．网事在心：网络的心理影响及行为分析［M］．北京：北京交通大学出版社，2015．

5. 乔伊森．网络行为心理学——虚拟世界与真实生活［M］．北京：商务印书馆，2010．

【学习与思考】

1. 如何合理看待和运用网络？

2. 当智能手机问题性使用出现时，应如何看待和应对？

3. 在网络使用中如何培育自己积极的心理品质？

第十二章　活出精彩
——大学生生命教育与心理危机应对

懂得为何而活的人，几乎"任何"痛苦都可以忍受。

——尼采

【学习目标】

知识目标：了解生命的内涵特征及意义；了解心理危机的评估及干预方法。

能力目标：掌握探寻生命的方法，提高应对心理危机的能力，做好人生的规划。

情感与价值观目标：学生能理解生命，珍爱生命，创造有意义的人生。

【本章重点】

1. 生命的内涵及特征。

2. 大学生对生命价值的理解与困惑。

3. 生命价值的确立与追求。

4. 心理危机的形成过程与干预方法。

【思维导图】

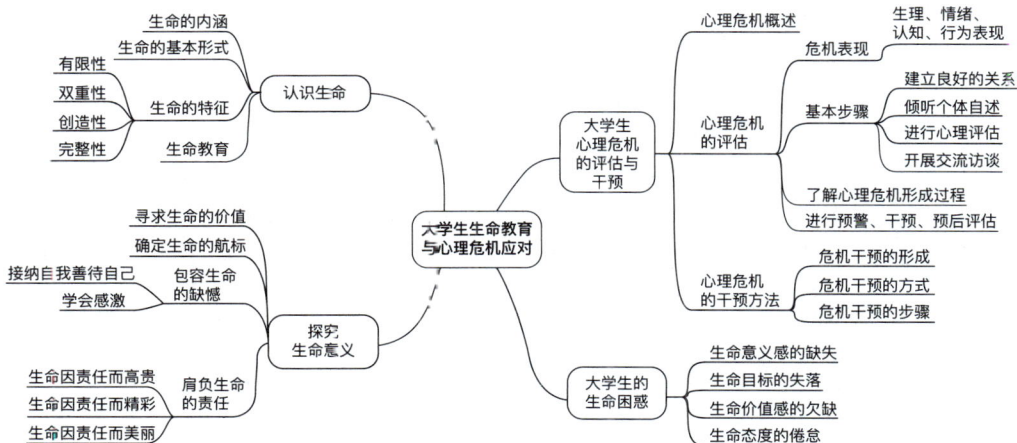

　　生命只有一次。生命可贵，生命无价。生命意义对心理健康的影响已经被心理学研究所证明。缺乏对生命意义的认识就有可能被生存的空虚感所笼罩，产生内在的挫折感，这也是大学生自杀的主要原因。了解面对压力和困境时摆脱痛苦的方法，以及改变对自杀的误解，不仅可以预防自杀，更可以使大学生认识生命，尊重生命，欣赏生命，珍爱生命，活出精彩人生。人生是个有始有终的过程。我们每个人都无法决定生命的长度，但我们可以掌握自己生命的宽度，即实现生命的意义，活出人生的精彩，展现自我的价值。生命总会面临无尽的挑战，唯有探索生命的意义，培养尊重生命的态度，关怀、珍爱每一个生命的价值，热爱生活，积极乐观，你才会拥有一个丰富、无悔的人生。

第一节　认识生命

一、生命的涵义

生命作为生命教育的核心限定词，是理解生命教育的关键。

什么是生命？生命的涵义很复杂，不同的学科、不同的研究者对生命有不同的定义。从广义看，生命是指一切具有新陈代谢力、繁殖力、生长力和环境适应力的生物体，《韦伯百科全书》就是从这个意义上理解生命的。《大不列颠百科全书》也是从广义上来理解生命的，它对生命的定义是：生命是由许多相互关联的有机反应的开放系统所组成的。因此，从广义上我们可以把一切生命有机体的存在都视为生命的存在，"生命表现为无数植物和动物的形态"。从狭义上看，生命专指人的生命。我们在这里只研究狭义的生命概念，即人的生命。

二、生命的基本形式

根据生命存在的不同层次，生命分为自然生命、精神生命和价值生命。生命的完整性包括从生到死的整个过程，包括认知、情感的统一。

自然生命亦即肉体生命。饮食代射、生生息息、衰老病死，这是生物学层面的。这重生命如人的脚，虽"低俗"，却是后两重生命的基础和"载体"。这是生命的最低状态，当然也不乏精彩和灿烂。光有它，太可怜；而没有它，更可怜，一切都将无从谈起。说到底，它是"1"，后面的都是"0"；爱惜、尊重和敬畏它是人生的首义。

社会生命亦即人际生命。生活角色、权利义务、社会关系是社会学层面的。这重生命如人的躯体，背负着人生的诸多意义，承上启下展现风采，位居生命的中间状态，有着10倍于"1"的生命质量，更精彩、更灿烂。

精神生命亦即永恒生命。传感真谛、承系天地、永世长存，这是心理学和哲学层面的。这重生命如人的头颅，主宰着人生大义，为最高层次，至少有着100倍于"1"的生命质量，最精彩、最灿烂。

三、生命的特征

（一）生命的有限性

人的生命有限性表现在三个方面。第一，生命存在的时间有限，人的自然寿命一般是七八十岁，最多百十来岁。第二，生命的无常性，表现在生老病死、旦夕祸福等不可预测的事件，任何人都逃脱不了，任何人都必然走向死亡。第三，个体生命的存在不能离群索居，不食人间烟火，每个人都需要别人的帮助支持和关怀。正是生命的有限性才促使人去努力思考、发奋创造，积极生活去实现自己生命的意义。

（二）生命的双重性

在人的生命体中存在着两种生命：一是人作为肉体的存在物是自然界的一部分，受自然规律的决定和制约，具有自然性；二是人作为精神的存在物要受到道德规律的决定和支配。每个时代、每个人都必须面对这种矛盾，人的这种双重性、矛盾性及其之间的作用是人的生命存在的最根本的动力。人在生命的双重性中寻求生命的意义，实现生命的价值的。

（三）生命的创造性

人的生命本身就是一个不断成长、发展、生生不息的过程。生命就是运动，不间断的运动，一切静止就是死亡。但生命比单纯的持续运动更为丰富，生命乃是在此基础上不断产生新内容的创造性运动，生命的基本特点就是创造性。

人通过创造去把握生活的变化，通过创造去发现生命的意义，通过创造去实现对自己生命的认识、把握和超越。每个人的生命过程都是不同的、独特的。

（四）生命的完整性

马克思说过，人以一种全面的方式，也就是说，作为完整的人，把自己的全面本质据为己有。德国哲学家雅斯贝尔斯也非常强调人的生命的完整性，他认为人的生命虽然有年龄、自我实现、成熟、生命可能性等不同形式，但是，人的生命的完整性却是一个毋庸置疑的事实。将人的存在形态分为三种，是为了更深入地认识、了解、领悟和研究生命。

【知识链接】

纪录片《生门》口，以李家福主任为首的医疗团队用专业的技术突破重重艰难险阻，迎接高危孕妇诞下的小生命，并用幽默的方式耐心答疑；纪录片《生命缘》中以"医院特种兵"协和急救科为代表的北京、上海的顶级医疗队任攻克医学难关，拯救生命的同时让我们看到了器官捐献的意义。武汉协和医院的《沪心跑男》是一部极其精彩的微电影，护心团队争分夺秒取回心源及时送至手术台上，重新点燃患者的生命希望，他们是中国最拼的心脏移植团队，五年来共实施心脏移植手术500余台，位居中国第一，其中四分之三的手术是利用休息时间通宵完成的。他们不辞劳苦奔赴潜在性供体所在地，克服航班延误、堵车等种种困难。医生们一直用他们的专业、敬业守护着人类的生命。

美国医生爱德华·特鲁多的墓志铭是"有时是治愈，常常是帮助，总是去安慰"，医者仁心。医护们攻关克难，患者和病魔的殊死抗争，死者家属对器官捐献的深层解读，是人性善意的光辉，是一首首生命的赞歌。从纪录片中，我们见证了生，目睹了死，延续了爱。任何生命都具有自身的价值，生命来之不易，请敬畏生命。跨过生命的门槛，韶华易逝，请珍惜生命的缘分。余生很长，切莫慌张。

四、生命教育

"生命教育"（life education）一词原本是在美国二十世纪六十年代作为应对社会中的吸毒、自杀、他杀、性危机等危害生命的现象的对策而出现的。生命教育是通过唤起人们对生命的热爱，消解对生命的威胁。随着生命教育在全球被逐渐推广和认同，不同国家和地区也出现了形形色色的生命教育，例如死亡教育、寒冷教育、孤独教育等。1979 年澳大利亚成立"生命教育中心"，主要致力于药物滥用、暴力和艾滋病防治等。美国还利用网络开展生命教育，开设有生命教育和资源网等。自二十世纪九十年代始，中国教育界的生命意识逐渐抬头。世纪之交，一些学者开始陆续介绍与传播其他国家或地区的生命教育，于是，生命教育真正登堂入室，逐渐成为国内教育热点课题。

关于生命教育的内涵，不同的学者分别从教育的目的、功能、过程、内容、基础和维度进行了阐释。本书采纳王兵博士的界定，把生命教育界定为：生命教育是从人的生命的现实性出发，遵循生命发展的原则，借助优良的生命资源，选择恰当的教育方式，引导和帮助受教育者建构生命认知、涵养生命情感、锤炼生命意志、掌握生命技能、创造生命价值、实现生命意义，促进自我生命和谐发展、自我生命与他者生命和谐共处的教育活动。

每一个生命的诞生都是一个奇迹，每一个奇迹都有一个不同的成长过程，每一个过程都终将有一个独特的、不可复制的、真实的意义内涵。思考生命的意义，追问生存的价值，这不仅是人与动物的本质区别，也是人类生命主体意识的觉醒。

西方经济学中有一个木桶原理：许多木板箍成的木桶盛水量的多少，取决于最短的那块木板。若要使此木桶盛水量增加，只有将短板换掉或加长才成。

一个人的生命好比一个由许多块木板箍成的木桶，你的每一个方面都是一块木板，因为你的出身、人格、情绪情感、意志、文化修养、为人处世、机遇运气、个人努力程度等优劣不齐，而最短的那一块"板"则决定了你的人生内涵。因此，每一个人都要对自己的生命做全面深刻的思考。如果一个人时常进行这样的思考，那么他的生活就不会落后，生命就会有光彩，生命的内涵就会充实起来。

【知识链接】

活出生命的意义

一名在战役中失去双腿的年轻士兵因陷入抑郁而企图自杀。有一天，他的朋友注意到他变了，他的面容从沮丧变得庄严而神气。士兵就是因为阅读了《活出生命的意义》一书才发生了如此巨大的转变。《活出生命的意义》曾经感动了千千万万的人，它被美国国会图书馆评选为最具影响力的十本著作之一。到今天，这部作品销售已达 1200 万册，被翻译成了 24 种语言。

这本书的作者，著名心理学家弗兰克尔是二十世纪的一个奇迹。在那个时期，作为犹太人，他的全家都被关进了奥斯威辛集中营，他的父母、妻子、哥哥全都死于毒气室中，只有他和妹妹幸存。所有财物都被掠夺，所有价值都遭破坏，他们每天经受着饥饿、寒冷和拷打的折磨，时时企望着结束自己的生命。在这种条件下，他怎能够发现生命值得留恋呢？弗兰克尔不但超越了这炼狱般的痛苦，更将自己的经验与学术结合，开创了"意义心理治疗法"，替人们找到了绝处再生的意义，也留下了人性史上最富光彩的见证。正如弗兰克尔所说，人所拥有的任何东西都可以被剥夺，唯独人性最后的自由，也就是在任何境遇中选择自己态度和生活方式的自由不能被剥夺。

弗兰克尔一生对生命充满了极大的热情，67岁开始学习驾驶飞机，并在几个月后领到驾照；80岁时还登上了阿尔卑斯山。弗兰克尔认为，生命意义不是由我们自己创造的，而是要人们去探索的。人生的基本动力，即寻求意义的意志，而神经症患者恰恰缺乏这种意志。

在弗兰克尔逝世后，有人这样评价他：英雄稀有，他静静地出现、发光，在世界上留下印记。他不再是当年在集中营里被编号为119104的待决囚徒，而是让人的可能性得以扩大的圣者。

【管窥之见】

生命这东西，它属于人且只有一次，如能正确地运用它，让其在奋斗中闪耀出绚烂，在平凡中呈现出真实，那么，一次也足矣。

第二节　大学生的生命困惑

人与动物最大的不同就在于人会寻找生命的意义和价值。我为什么而活着？我的存在价值在哪里？我要追求什么样的生活？人生的真谛是什么？这是大学生们不停地求索，却总是解释不清、思考不透的问题。由此也带来了大学生对生命问题的诸多困惑。

一、生命意义感的缺失

生命意义感是意义治疗创始人弗兰克尔（V. E. Frankl）最早提出的，他认为人最基本的原始动机是追寻生命意义，当一个人缺乏生命意义感时，人就会产生空虚、无聊、厌烦的感觉，严重者会导致"心灵性神经官能症"。一些大学生从小到大，活着似乎永远是别人告诉他应当怎么活，他自己从来没有思考过生活的意义。因此当生活失去了意义时，他就倍感焦虑迷惘，乃至痛苦。他们觉得生活百无聊赖，因而常逃课旷课、沉迷于网络游戏中、吸烟酗酒、打架斗殴，甚至伤害自身及他人生命等。这些现象都是缺乏生命意义感的表现。

大学阶段是青年期的一个重要发展和转折时期，大学生正处于身心日趋成熟且又面临心理"断乳"的生命重要过渡时期，也是其人生观、世界观、价值观形成的关键时期。此阶段的生命意义感的缺失对大学生的心理健康会产生一定的不利影响，容易引发心理和行为问题。

二、生命目标的失落

目标是生活的动力。一些大学生不知道自己学习生活是为了什么。为了国家的前途、民族的命运？这些目标看起来太大太远，跟自己的现实联系不起来。为了个人的幸福、快乐？这些似乎太虚、太空，感受不到，把握不住。当找不到一个终极目标时，一些大学生便在社会浮躁心理的诱惑下，追逐名利，把打工挣钱作为自己的主业，荒废了学业；有的人把恋爱视为人生的第一要义，把全部时间花费在了卿卿我我之中，一旦爱情遭遇了危机，便也失去了人生的方向；有的人在现实生活中找不到目标，便在网上消磨时间打发时光，从游戏中获得暂时的快乐，从虚拟中获得暂时的充实。

三、生命价值感的欠缺

价值感是一个人生活的依据，是一个人生活动力的来源。一些大学生不能正确认识自我，接纳自我，他们很自卑。当他们看轻自己、觉得自己无价值时，生活上一遇挫折，便极易产生心理问题。甚至会放弃自己的生命。例如，当学习成绩不理想时，他们会倾向于否定自己的学习能力，对自己失去信心；当失恋特别是对方主动提出分手时，他们会倾向于认为"我不好，我不值得爱"；当就业找不到理想的工作时，他们会倾向于认为"我不行，所以公司不要我"。那些选择轻生的大学生，就是全然看不到自己存在的价值，认为自己的人生彻底失败，因而放弃了自己的生命。

四、生命态度的倦怠

心中缺少明确的人生目标，生活就会缺少动力。当大学生们面临繁重的学业、复杂的人际关系、纷扰的爱情、艰难的就业时，就出现了种种情绪上的倦怠：孤独、寂寞、痛苦、烦恼、失意、迷茫、困惑、疲惫、无奈……它们剪不断，理还乱。

在消极的生活心态的笼罩和侵蚀中，一些大学生不能积极乐观面对现实生活，害怕和回避生活中的矛盾和冲突，消极度日，过一天算一天。

【管窥之见】

生命由自己去主宰，谁不能主宰自己，就永远是一个奴隶。生命的真正意义是活得充实，活出自我，活出平安。

第三节　探究生命意义

生命其本身是无意义的，偌大的世界有你不多，无你不少。但当生命赋予了人，便注定会有意义了。人为了生存，为了活好、过好，自然有了不息的追求，而这种追求便赋予了生命的意义。那么，生命的意义到底是什么呢？

一、寻求生命的价值

生命价值是人的价值的重要组成部分。人作为有生命的存在物，但又不同于一般生命，因为一般生命只是具有"物"的价值，而人的生命却具有"生命价值"。裴多菲说："生命的多少用时间计算，生命的价值用贡献计算。"人的生命价值具体表现为生命存在的价值、生命延续的价值和超越生命的价值。无论是寿命的长短还是个人享受的多少，个人在延续生命过程中所创造价值的大小才是衡量人的生命延续价值的唯一正确尺度。

德国存在主义哲学家马丁·海德格尔站在哲学理性思维的高度提出"向死而生"这个重大的死亡哲学概念，其本质是用"死"这个概念来体现"生"的价值，以此激发人们内心的生命活力。这就像中国古人所说的：置之死地而后生。海德格尔这种"向死而生"人生哲学概念，让人们明白了我们每个人的生命是可以延长的，这种延长是内在的。通过珍惜生命中的每分每秒，让生命焕发出积极进取意识和内在活力。通过提高生命中每时每刻的质量和效率，来提高生命的密度，延长生命的长度，从而使生命的意义和价值在有限的时间内展现出无限的可能性。

正如奥斯特洛夫斯基曾说过的："人最宝贵的东西是生命。生命对每个人只有一次。人的一生应当这样度过：当回首往事的时候，他不会因为虚度年华而悔恨，也不会因为碌碌无为而羞愧；在临死的时候，他就能够说：'我的整个生命和全部的精力，都献给了世界上最壮丽的事业——为人类的解放而斗争。'"既然生命只有一次，我们还有什么资格漠视生命？生命是美好的，我们都应珍惜生命敬畏生命，敢于直面人生，从而活出生命的价值。

二、确定生命的航标

理想是生命的航标，它指引生命前进的方向。大文豪雨果说："有了物质才能生存，有了理想才能生活。"人生理想是人类特有的一种精神现象，是人生的奋斗目标，是人们对于未来的一种追求、一种希望、一种向往。我为什么活着？我要成为一个什么样的人？我要如何度过自己的一生？这是我们每一个人都必须思考的问题。大学时代是我们探讨这些问题，形成人生理想和目标的黄金时期。

【知识链接】

哈佛大学有一个非常著名的关于目标对人生影响的跟踪调查。该项调查的对象是一群智力、学历、环境等条件都差不多的年轻人，调查结果发现：

27% 的人，没有目标；

60% 的人，目标模糊；

10% 的人，有比较清晰的短期目标；

3% 的人，有十分清晰的长期目标。

25 年的跟踪调查发现，他们生活状况十分有意思。

那 3% 的人，25 年来几乎都不曾更改过自己的人生目标，他们始终朝着同一个方向不懈地努力。25 年后，他们几乎都成为了社会各界顶尖的成功人士，他们中不乏白手创业者、行业领袖、社会精英。

10% 的人，大都生活在社会的中上层。他们的共同特点是，那些短期目标不断地被达到，生活质量稳步上升。他们成为各行各业不可缺少的专业人士，如医生、律师、工程师、高级主管等。

60% 的人，几乎都生活在社会的中下层。他们能安稳地生活与工作，但都没有什么特别的成绩。

剩下 27% 的人，他们几乎都生活在社会的最底层，他们的生活都过得很不如意，常常失业，靠社会救济，并且常常在抱怨他人，抱怨社会。

调查者因此得出结论：目标对人生有巨大的导向作用。成功在一开始仅仅是一个选择。你选择什么样的目标，就会有什么样的成就，就会有什么样的人生。

三、包容生命的缺憾

生活中，一些大学生总爱为自己没有得到的东西抱怨：抱怨家境不如别人的好，抱怨没考上理想的大学、理想的专业，抱怨学校条件不好，抱怨工作不好找，抱怨社会对自己不公平…他们忽略了自己所拥有的一切。一位大学生在反省了自己后写道："我们习惯了依靠习惯而抱怨。可是世界上幸福的人都有着相似的幸福，而不幸的人则是各有各的不幸。当你抱怨没有鞋穿时，别人没有的却是穿鞋的脚。你还有一双健全的脚，你可以跳跃，可以奔跑。即使没有鞋、赤着脚，但是双脚落地的瞬间那是最真实的存在感。这时，是否有一双鞋还有那么重要吗？"

（一）接纳自我善待自己

法国作家罗曼·罗兰说过："每个人都有他隐藏的精华，和任何别人的精华不同，它使人具有自己的气味。"的确，每一个生命都有其不同的天赋，兴趣和气质，你的生命是独一无二，与众不同的，世界上没有一个人能代替你！每一个生命不仅是独特的，而且是有限的。生命属于我们只有一次，任何代价都换不回来，我们必须热爱生命，珍重生命。生命本身就是一个奇迹，从空间上说，至少到目前为止人类是宇宙间已知的、唯一的智慧生物；即使在生物学上，一个生命的诞生也是众里挑一的偶然事件。弗洛姆说，地球上只有一个你，你要珍爱自己。人间最不幸的人莫过于那些生而厌者。每个人都有一生，如果不是快乐地充满希望地接纳自己的话，生命就失去了意义。一个人热爱生命，首先要关爱自我。接纳自我是关爱自我的前提。一个人需要全面地无条件地接纳自我的一切，包括自己的长处和不足、自己的顺境和逆境、自己的成功与失败，永远不要过分追求完美。因为每个人都有欠缺，只有接纳了自己的不完美，自我才能活得真实，才能真正做到爱自己。只有懂得爱自己的人才能够更好地付出自己的爱去爱别人。试问一个不懂得善待自己、享受生活快乐的人又怎么懂得珍惜生活、享受生活，又怎能懂得善待别人？

（二）学会感激

感激是对生命给予的领略，感激是对生存状态的释然；感激是对现在拥有的在意，感激是对有限生命的珍惜。感激是一种处世哲学，是一种生活态度，是一种人生智慧。怀着一颗感激的心生活我们会时时发现生活的美丽，感受生命的快乐。所有快乐的人都心怀感激，不知感激的人不会快乐。

对别人心存感激，向他人、向世界奉献爱，这是成熟人性的一部分。你的生命中凝聚了父母、老师、同学、朋友……许许多多人的爱和付出，你要感激成长中帮助过你的每一个人。感谢父母，是他们给予了你生命和爱；感谢你从小到大的老师们，是他们启迪了你的智慧，教会你怎样做人；感谢伴你一路成长的同学朋友们，是他们给予了你友谊，给予你克服困难的勇气和力量；感谢人生道路上相遇的每一个人，你从他们那儿得到过恩惠；即使那些带给你不愉快的人，也催化了你的成熟。感激是一个爱的链条。人们付出爱接受爱，感受爱，再付出爱……生命就在这种爱的传递中得到了滋养和成长。

四、肩负生命的责任

维克多·弗兰克曾说："每个人都被生命询问，而他只有用自己的生命才能回答此问题；只有以'负责'来答复生命，因此，'能够负责任'是人类存在的最重要的本质。我们是生命的歌者。"我们的生命不仅是我们自己的，还是家人的、朋友的、社会的。尊老爱幼，宽容谦让，珍惜生命，倾情回报，这都是我们的责任。世界因生命的存在而精彩，我们的生命因责任而升华！俄国著名作家车尼尔雪夫斯基也说过："生命，如果跟时代的崇高责任联系在一起，你就会感到它的永垂不朽。"这是生命与责任的关系，就像鱼和水，两者密不可分。可以这样说，责任是生命的依托，如果丧失了责任感，生命就会成为枯枝败叶，没有鲜活的生气与价值。

（一）生命因责任而高贵

人间最珍贵的莫过于生命。而责任却给生命增加了生存的价值，增添了生命的活力，渲染了生命的色彩！责任在中国思想史上最初有两种含义：一是表示臣民对君主、帝王，对"天"主动尽职和效忠；二是表示个人对自己行为的不良后果和过失负责。在西方思想史上，古希腊哲学家苏格拉底把"责任"看作是"善良公民"为国家和人民服务所应具备的本领和才能。可见人的责任不是从人的生理需求和本能欲望中自发产生的，也不是上帝规定的，而是由人的职责、使命和任务规定的。归根到底是由人们所处的社会地位决定的。

（二）生命因责任而精彩

1. 生命因承担和履行社会的责任而显得亮丽

世界上的每一个生命都是唯一的，都是不同寻常的。生命的意义绝不在于一己之享受，既然来到这世界就有责任为人类的进步、社会的繁荣，做一个高尚的、对社会有益的人。生命是一种与生俱来或后天萌发的责任，承担和履行这种责任的过程就是探索和实现生命价值的过程。生命因承担和履行着对自己、对他人、对社会的责任而显得亮丽、充实和富有意义。

2. 生命不同的时期有不同的责任

生命不同的时期有不同的责任，而懂得和敢于承担责任的人，即使被命运踩在脚底下也能够沿着命运的躯体爬向成功的巅峰。早在明末清初时期，我国大思想家顾炎武就发出了"国家兴亡，匹夫有责"的呐喊。华夏悠悠五千年，有屈原投身汨罗，虽九死其犹未悔；有杜甫闻官军收河南河北，"漫卷诗书喜欲狂"；有陆游晚年悲痛地喊出"家祭勿忘告乃翁"；有文天祥被捕入狱豪情挥洒"人生自古谁无死，留取丹心照汗青"……这些英雄，他们出色而悲壮地尽到了个人生命对于国家的责任。

（三）生命因责任而美丽

1. 个人对社会都负有使命和责任

在现实生活中，人们彼此之间存在着种种社会联系，并对社会和他人承担不同的责任、任务和使命。凡是在共同生活和活动的地方都有责任和义务存在，也可以从个人对民族、国家、阶级、政党团体等的关系中发生。人作为一个民族、国家、社会、团体和家庭的成员，就负有对民族、国家、社会、团体和家庭的使命、责任或义务，因而也就有对社会和他人履行这些社会义务的责任。

2. 真的勇士敢于直面惨淡的人生

人从母体呱呱坠地起就有了责任。童年时代的责任是健康成长，学生时代是学习，工作后便是对职业岗位负责。一旦明确了自我的角色，就要敢于承担，不管这种责任是多么大还是多么小。责任不是甜美的字眼，它有时具有岩石般的冷峻。一个人真正了解到责任时，责任如同一份人生礼物已不知不觉地落到你的肩上。它是一个让你时时不得不付出和呵护的。而它时常给予你的是灵魂和肉体上的痛苦。每个人的人生都不是一帆风顺的，抱怨没有用，逃避不可能，想飞也只是梦想。人生是现实的，现实的人生需要用现实的方法来处理。

因为责任，我们必须在逆境中挣扎，只有挣扎才会使山穷水尽变得柳暗花明，才会使悲剧性的生命变得伟大。当人身处痛苦与灾难仍然能够自觉地选择某种道德及利他的行为时，他便无形中把痛苦与灾难转换成了某种人生的成就；因其有此成就，而使他在痛苦与灾难之中获得了意义与价值；因其有意义与价值，而使他有了活下去的愿望与追求；其有了这样的愿望与追求，他就有可能在最为艰难的处境下，在最痛苦的状态里生存下去，从而使自我的生命保有了尊严。

3. 珍爱生命是一种责任

社会责任感表现为不畏艰辛地承担生活中应当承担的责任，多为他人和社会着想，勇于自我牺牲，不是一心追求个人的享乐。

生命的责任同人生一样，也是一个过程，它随着生命主体之生命的延展而有所发展。换言之，生命的责任本身也具有其自身的生命，此即责任的生命。

负责任的生命在发展的过程中，既可以随着人生阅历的增加而有所提升，如孟子所说的"穷则独善其身，达则兼济天下"；也会有减弱或消失的情况出现，如导致人生意义的失落，甚至导致对生命的否定等。因此，对于责任的生命，我们也要保证其能够健康地发展。这就需要首先肯定人是一种"意义的存在"，在此基础上，进一步正视生命的责任，通过对"生命的责任"与"责任的生命"的相互诠释，进一步肯定人之生命存在的意义与价值，以弥补现代人的人生意义的失落，重新确立起现代人的安身立命之本，重建现代人的精神家园。

【管窥之见】

不同的人，对于生命意义的理解，则各有不同。只有懂得生命真谛的人，才可以使短促的生命延长而富有真实的意义。

第四节　大学生心理危机的评估与干预

一、大学生心理危机概述

"危机"概念的内涵较为宽泛，可以包含"突发事件""紧急状态""灾害"和"灾难"等其他几个概念。常常发生的事情，不算是危机。危机事件如果时间拖得很久，也不再是危机。危机事件指生活中突如其来的意外事件，任何对个体或者群体产生足够大的压力而超过他们应对能力极限的冲击性事件都是危机事件。比如：地震、水灾、空难、疾病、恐怖袭击、战争等突发事件。

心理危机指当个体面临突然意外事件时，手足无措，因原有的应对方式或应对资源无法解决而出现的一种心理失衡状态。通常表现为：处于精神濒临崩溃的状态，表现出极度恐慌、紧张、苦恼、焦虑、忧郁，甚至产生轻生的意念。

确定危机需要符合以下三项标准：

①存在具有重大心理影响的危机事件；

②引起急性情绪混乱或认知、躯体和行为等方面的改变，导致当事人的主观痛苦，但又不符合任何精神疾病的诊断；

③当事人用平常解决问题的方法暂不能应付或应付无效导致当事人的心理、情感和行为等方面的功能水平较危机事件发生前降低。

个人危机的类别主要包括三种。一是发展性危机，指成长过程中急剧的变化所导致的异常反应。如青少年成长的转折时期由于缺乏知识技能而出现适应不良。二是境遇性危机，指个人面临无法预测的、突发事件时出现的危机。如疾病、失去亲人等。三是存在性危机，指伴随重要人生问题而出现的内心冲突与焦虑。如人生意义、人生目的、自由、快乐等。

心理危机人人会有。危机通常会危及生命安全或伤害当事人及其他无辜的人。若处理不当，会严重影响正常生活秩序，更会扩散成为社区或社会的问题。处理得当，个体会从中汲取教训，转危为安。近年来，大学生心理危机问题越来越为人们所关注，对大学生开展及时有效的心理危机干预成为高校面临的紧迫课题。

【知识链接】

2007 年 11 月 1 日起实施的《中华人民共和国突发事件应对法》中将"突发事件"界定为"突然发生，造成或者可能造成严重社会危害，需要采取应急处置措施予以应对的自然灾害、事故灾难、公共卫生事件和社会安全事件"。比如最近二十年发生过的非典、禽流感、埃博拉病毒等影响至全国、全世界的公共卫生事件。

危机理论最先由林德曼（Lindemann）于 1944 年提出，同时他还发展了"痛苦工作"的概念，该概念是当前危机干预理论最为重要的基础。林德曼强调在强烈的悲痛面前，人不能沉湎于内心的痛苦中，而要让自己感受和经历痛苦，发泄情感，否则容易产生不良后果。痛苦工作包括对丧亲的哀痛，体验哀痛，接受丧亲的现实，在失去亲人的情境下调整生活。

心理危机不是一种疾病，而是一种情感危机的反应。具备四个基本特征：是一种短暂的临时状态；是一种混乱与崩溃状态；当事人无法用通常有效的方法来处理所面临的特殊困境；有获得新的良性结果的潜在机会。

二、大学生心理危机的评估

心理危机是一个动态的过程，其评估也是一个动态的评估；只有了解产生大学生心理危机的影响因素和原因，才能做出准确的评估。在大学生心理危机预防与干预的不同阶段，因评估的条件不同、要求不同而评估的方式方法也不同。

（一）大学生心理危机表现

陷入心理危机状态中的大学生，会在生理、情绪、认知和行为上有一定的表现和反应。这些反应相互作用、相互影响，而且一种反应的加剧，将可能导致其功能水平的全面下降。

1. 生理表现

陷入心理危机的大学生，生理反应主要表现为身体免疫力下降、胸闷、头晕、失眠、食欲不振、胃部不适、敏感、紧张等。这是因为，在心理危机状态下，植物神经系统、下丘脑—腺垂体靶腺轴和免疫系统对身体生理反应的调节功能会发生改变。

首先是植物神经系统。当机体遭受某些刺激的强烈侵袭时，这个系统的活动常有明显的增强。处于这种状态下，人的心律、心肌收缩力、心排血量和血压都增加。同时，凝血时间缩短，儿茶酚胺分泌增多，中枢神经系统兴奋性升高，人和动物变得警觉、敏感。

其次是下丘脑—腺垂体—靶腺轴。下丘脑肽能神经元分泌的神经肽调节着腺垂体的活动，而肽能神经元的活动又受到脑内神经递质和体液中性激素、肾上腺皮质激素与多种代谢产物的调节和控制。腺垂体是人体内最重要的内分泌腺，起着上连中枢神经系统、下接靶腺的桥梁作用。

最后是免疫系统。免疫系统的反应既可以表现为功能减退，也可以表现为功能活动增强。心理神经免疫学的研究表明，大脑作为环境同免疫系统间的协调者，在调节机体对各种应激源的免疫防御中起重要作用。强烈的情绪活动，特别是消极的情绪，通常会抑制免疫系统的功能，其结果便是降低人的抗病能力。

生理反应没有得到及时有效干预，将会影响大学生心理健康，导致大学生身体素质的下降，产生各种疾病，严重者甚至可以导致死亡。

2. 情绪表现

情绪是人的一种心理活动，是有机体对客观事物是否符合其主观需要而产生的态度和体验。陷入心理危机的学生，其情绪反应一般表现为焦虑、恐惧、抑郁、愤怒、沮丧、紧张、绝望、烦躁、害怕等。如课堂上常无精打采，学习上心不在焉，交往上冷淡孤僻，生活上闷闷不乐，整日垂头丧气等。如果学校老师和同学足够细心，这些情绪表现是很容易发现的。不良情绪过强或持续存在，大学生的社会功能将受到损害，导致心理素质下降，易产生各种心理问题，严重时可能出现神经症乃至精神疾病。

3. 认知表现

认知是指人认识客观事物、反映客观事物的特性与联系，并揭露客观事物对人的意义和作用的心理活动。在心理危机状态下，大学生感知觉功能可能受损，易出现记忆力减退、思维反应迟钝、认知不合理等现象。

此外，认知和情绪之间存在着相互影响的关系。合理的认知会引起适度的、适当的反应，而不合理的认知会导致不适当的情绪和行为反应。愤怒、恐惧和抑郁情绪反应又会反过来破坏人的心理平衡，而心理平衡是准确感知、记忆和逻辑思维的前提。消极情绪会与当事人消极的自我评价互为因果，或形成恶性循环。

4. 行为表现

心理危机中的行为表现是大学生为排解和减轻痛苦感而采取的一些防御手段。如上课无法集中注意力、不能专心学习；回避他人、逃避困难；发生对自己或他人的破坏性行为，行为和思维情感不一致，出现过去没有的异常行为；产生物质依赖，吸烟、酗酒等。

（二）了解大学生心理危机形成过程

要了解大学生心理危机形成过程可以从以下五个方面入手。

一是要了解心理危机形成的基本过程，包括开始时间及变化的频率、幅度、趋势。

二是在认知方面如有侵犯、威胁或丧失，则要确定和描述是生理与环境方面、心理方面、社会关系方面，还是道德与精神方面的。如果有多个认知反应存在，根据主次标出次序。

三是在情绪方面要对情绪进行确定和描述，如愤怒、敌意、恐惧、焦虑、沮丧、忧愁等。

四是在行为方面要确定和描述是否有接近、回避、失去能动性的情况。

五是在生理变化方面，包括心血管、肠胃系统和睡眠情况。

（三）大学生心理危机评估的基本步骤

1. 与被评估者建立良好的关系是开展评估的基础

如果被评估者存在较大阻抗时，一方面会不配合评估，使评估难以继续；另一方面会导致评估者难以区分被评估者叙述的真假。

2. 倾听个体自述

心理危机的评估首先要同被评估者了解其心理危机产生的过程，目前的困难，有何企图、计划和行动。可能的情况下，要了解他对家庭环境、成长历程的看法及应对机制。

3. 进行心理评估

有的大学生在心理评估时，会有意无意地回避，甚至欺骗、否认一些问题与想法，因此向大学生本人了解情况后，如条件允许可通过专业心理测试发现一些人格因素。

4. 与被评估者父母亲友同学老师访谈

与大学生访谈，是验证个体自述的真实性最直接、有效的方法，是了解、解释产生心理危机原因的有效途径。

（四）进行预警评估

预警评估是针对有自杀意念、计划或行为的大学生进行的。通常以大学生中出现直接或间接的打算自杀言论、行为等现象为标准，发现有符合预警标准的现象，必须按照高校心理危机处置的预案进行处置。预防评估标准不仅要使专业心理咨询师和危机干预专家掌握，还要普及到学生骨干，甚至每个学生，这样才能真正发挥预警机制的作用。

（五）进行干预评估

干预评估通常在大学生实施自杀过程中采用，在此种情况下没有足够的时间做全面的评估，此时心理危机的评估主要是在保证安全的前提下，快速评估处于心理危机的大学生自杀危险的严重程度，为心理危机干预提供依据。干预评估标准通常以危机源及自杀意念强度、计划可行性、准备充分性、实施坚决性等因素来综合评估。

（六）进行预后评估

预后评估是针对心理危机干预后，其心理康复状态如何，判断其是否适宜继续学习的评估，本着对学生负责的态度，通常需要做全面的评估，不仅要了解产生心理危机的情况，还要分析产生心理危机的原因，以及目标心理康复状况。因此，大学生预后评估的结论，绝不能简单化为是或否。要客观描述心理变化的过程，分析导致心理危机的原因，根据心理危机的评估标准，说明今后可能的发展趋势，并为下一步心理危机预防工作提供建议与意见。

三、心理危机的干预方法

危机干预指对处在心理危机状态下的个人采取明确有效的措施，使之最终战胜危机，恢复心理平衡，重新适应生活。危机干预是短期的、问题取向的，其目标是尽可能快速且直接地让来访者的危机状况产生改变。针对易感个体或群体进行危机干预，能够防止和减轻人们危机后的不良心理反应，避免心理痛苦的长期化和复杂化，促进其社会适应和心理康复，提高社会应急能力。

（一）危机干预的形式

危机干预依据不同的对象和方法分为三种基本形式。

一是对处于心理失衡状态的个体进行简短而有效的帮助，使他们度过心理危机，恢复生理、心理和社会功能水平。

二是紧急状态下的危机干预，即当事人面临生死抉择的紧要关头，如跳楼，割腕等，在这样紧急的状态下对当事人进行有效的帮助，使其脱离危险。

三是重大灾难性事件，如大地震、重大火灾、空难、海难等事件发生后，心理学和医学、社会工作人员对受灾幸存者以及亲人、抢险救灾人员、目睹灾难发生人群等进行心理援助和支持，以防止出现创伤后压力症候群。

危机干预是短程和紧急心理治疗，本质上属于支持性心理治疗，目的是解决或改善当事人的困境，以任何最有效的方法避免其发生恶性事件，以解决问题为主，帮助当事人获得对生活的自主控制感，渡过难关，一般不涉及人格的塑造。

（二）危机干预的方式

危机干预的方式主要有：热线服务、心理健康教育讲座、个别干预、团体干预、班级辅导、信函及网络、家庭和学校干预、社区工作、宣传手册。心理热线作为一种迅速便捷的，超越空间的，及时有效的心理服务形式已经有几十年的发展历史，目前在世界各国被广泛应用于排忧解难、心理援助、危机干预等服务中。

【知识链接】

樊富珉教授几种有代表性的成熟的危机团体干预：

6+1模式：危机干预中的减压团体；

画说灾难：危机干预中的艺术减压模式；

认知行为模式：危机班级团体辅导过程；

支持性团体：减压与重建关系辅导；

全人健康模式：身心灵团体辅导模式；

积极心理治疗取向的危机干预团体。

（三）危机干预的步骤

一般状态的危机干预主要有以下五个步骤。

1. 提供咨询员本身的资料，迅速与当事人建立信任关系

在紧急状态下，咨询员接近当事人后应首先自我介绍，并且要着重介绍自己的身份和称谓，如果有头衔和以往经验均可向当事人介绍，以迅速与当事人建立信任感。

2. 理解当事人的感受，为当事人提供精神支持

凡轻生者都有痛苦、悲哀或者愤怒的情绪，绝望是自杀危机形成的关键。

一般当事人在开始时情绪会非常激动，不允许援助者接近。此时，谈判者与当事人要保持一个适当的距离，利用同感的回应，对轻生者低落情绪的理解，是对轻生者最大的精神支持。在这种情景下，当事人通过言语的表达与哭泣达到情感的宣泄。

3. 提供支持系统，让当事人有情绪表达的对象

生活中的重要他人是当事人的支持系统，在当事人的允许下可以直接到达现场向当事人表达此时内心的感受，给予当事人安慰与支持，让当事人感受到一种温暖。当然，如果是引起当事人激愤的对象最好不要第一时间达到现场，以免引起当事人情绪的波动；另外，不要将所有重要他人统统带到现场，家人太多造成情绪紧张也可能会使当事人处于混乱状态无法安静。

4. 提供安全的物质保障，防止当事人一意孤行

如对跳楼的情景，110警察和消防队员应迅速到位，消防队员在楼下架起气垫，当事人看到以后由于担心跳下去不死而犹豫不决，而此时也是对当事人的一种支持。

5. 接近当事人实施援助

在情感支持、劝说的过程中，谈判者要密切掌握当事人的情绪变化，在当事人接受的情况下，伸出援助之手，拉回当事人，将当事人带出危险现场。如果是在高楼的平台，当事人如果愿意可以自行走回来。但是在有的情景中，当事人自己爬到阳台栏杆的外面，他要用自己手脚的力量支持自己站在栏杆上，当事人在情绪激动的情况下不会感觉到危险和疲劳，但在长时间的支撑和宣泄后，可能会出现衰竭状况，此时，即使当事人有求生的愿望，靠当事人自己爬回来也是不可能的。因此，救援者要有恰到好处的迅速反应，使紧急援助获得成功。

【管窥之见】

青春期学生容易出现心理波动，若不及时发现容易引起心理危机。如何在最短时间内发现学生的心理问题、迅速判断各种可能性、快速启动相应预案，从而防止危机事件的发生，是值得每一位学校老师、同学关注、思考、付诸行动的事情！关注别人有时就是关注自己！

【心理训练】

【心理微课】（请使用"知到 app"进行扫描学习）

生命的意义　　　　增加生命的宽度　　　　生命的本质　　　　结束语
——向死而生　　　　　　　　　　　　——生产、发展、繁衍　　——衷心的祝福

【推荐读物】

1. 刘济良，王定功. 提升生命——生命教育的温情守望. 北京：中国社会科学出版社，2017.

2. 弗兰克尔. 活出生命的意义［M］. 吕娜，译. 北京：华夏出版社，2014.

3. 肖川，曹专. 生命教育：朝向幸福的努力［M］. 北京：新华出版社，2020.

4. 詹姆斯，吉利兰. 危机干预策略：第七版［M］. 肖水源，等译. 北京：中国轻工业出版社，2018.

5. 樊富珉. 团体辅导与危机心理干预［M］. 北京：机械工业出版社，2021.

6. 张亚林，曹玉萍. 心理咨询与心理治疗技术操作规范［M］. 北京：科学出版社，2014.

7. 王兵. 幼儿生命教育研究：理论之基与实践之途［D］. 长沙：湖南师范大学，2021.

【学习与思考】

1. 你追求的人生价值是什么？怎样实现自己的人生价值？

2. 大学生心理危机的表现是什么？如何进行心理危机的评估？

3. 当心理危机事件出现时，如何进行危机干预？

参考文献

[1] 范肖冬. ICD-10 精神与行为障碍分类 [M]. 北京：人民卫生出版社，1993.

[2] 傅安球. 实用心理异常诊断矫治手册 [M]. 上海：上海教育出版社有限公司，2019.

[3] 高兰. 大学生心理健康教育——心灵成长自助手册 [M]. 2版. 北京：教育科学出版社，2018.

[4] 葛明贵. 大学生学习心理研究 [M]. 合肥：合肥工业大学出版社，2010.

[5] 郭念锋. 心理咨询师基础知识 [M]. 北京：民族出版社，2005.

[6] 刘儒德. 学习心理学 [M]. 北京：高等教育出版社，2010.

[7] 刘省非. 大学生心理健康教育（师范版）[M] 北京：航空工业出版社，2019.

[8] 彭贤，李海青. 人际关系心理学 [M]. 北京：北京交通大学出版社，2013.

[9] 宋晓东. 情绪掌控，决定你的人生格局 [M]. 成都：天地出版社，2018.

[10] 肖崇好，王晓平. 青少年发展与学习心理 [M]. 上海：华东师范大学出版社，2021.

[11] 徐国立. 大学生学习与心理指导 [M]. 北京：中国人民大学出版社，2014.

[12] 许又新. 神经症 [M]. 2版. 北京：北京大学医学出版社，2008.

[13] 岳晓东. 爱情中的心理学 [M]. 北京：机械工业出版社，2009.

[14] 张翼. 大学生人际交往心理素质训练手册 [M]. 北京：科学出版社，2019.

[15] 桑德拉-切卡莱丽，诺兰-怀特. 心理学最佳入门 [M]. 周仁来，等译. 5版. 北京：中国纺织出版社，2021.

[16] 弗洛姆. 爱的艺术 [M]. 李健鸣，译. 上海：上海译文出版社，2018.

[17] 迈尔斯. 社会心理学 [M]. 侯玉波，乐国安，张智勇，等译. 北京：人民邮电出版社，2020.

[18] 津巴多，埃温特·约翰逊，薇薇安·麦卡恩. 津巴多普通心理学 [M]. 邹智敏，肖莉婷，译. 北京：机械工业出版社，2017.

[19] 卡耐基. 人际关系与说话艺术 [M]. 陈礼，译. 苏州：古吴轩出版社，2022.

[20] 格里格，津巴多. 心理学与生活 [M]. 王垒，等译. 北京：人民邮电出版社，2014.

[21] 西沃德. 青少年心理压力管理手册 [M]. 刘丹，译. 北京. 世界图书出版公司，2007.

[22] 刘易斯，哈维兰-琼斯，巴雷特. 情绪心理学 [M]. 南莎，译. 北京：电子工业出版社，2015.

[23] 霍克. 改变心理学的40项研究 [M]. 白学军，译. 北京：人民邮电出版社，2010.

[24] 布里特. 了解人类行为的50个心理学实验 [M]. 曹平平，译. 北京：人民邮电出版社，2020.

[25] 木瓜制作，原田玲仁. 每天懂一点 人际关系心理学 [M]. 郭勇，译. 长沙：湖南文艺出版社，2017.

[26] 葛枭语，李小明，侯玉波. 孔子思想中的君子人格——心理学测量的探索 [J]. 心理学报，2021，53（12）：1321-1334.

[27] 黄常荣. 正念训练联合阿戈美拉汀片治疗网络成瘾伴发抑郁患者的效果观察 [J]. 实用临床医药杂志，2021，25（3）：43-46.

[28] 黄希庭. 人格研究中国化之我见 [J] 心理科学，2017，40（6）：1518-1523.

[29] 汪恭敬. 《大学生职业生涯规划与就业素养》课程融入思政理念的实践探索 [J]. 创新创业理论研究与实践, 2021, 4 (18): 75–77, 85.

[30] 王晶瑶, 刘果, 杨姝同, 等. 心智化: 概念及其评估方法 [J]. 国际精神病学杂志, 2017, 214-218.

[31] 张超, 鲁光启. 思想政治教育中大学生压力管理的对策研究 [J]. 思想政治教育研究, 2014, 88–91.